CHOP SUEY

Andrew Coe

A Cultural History of Chinese Food in the United States

雜碎

美國中餐文化史

獻給珍妮

各界推薦

「安德魯・柯伊談論兩個熱愛美食的國家，聊歷史、政治和飲食，講述精彩絕倫的故事，記述中西文化史，告訴讀者，美國人是如何從原本討厭中國菜變成熱愛中國菜。」

——蘿拉・夏普羅（Laura Shapiro），
著有《烤箱裡的美食：一九五〇年代美國創新晚餐》
（*Something From the Oven: Reinventing Dinner in 1950s America*）

「這本書占有重要的一席之地，愈來愈多書籍認真探討美國飲食、移民與種族之間的關係。」

——何夏・戴樂（Hasia R. Diner），
著有《美國移民飲食：移民年代義大利人、愛爾蘭人和猶太人的飲食之道》
（*Hungering for America: Italian, Irish and Jewish Foodways in the Age of Migration*）

「雜碎這道菜裡有鮮脆的蔬菜、順口的麵條、切丁的肉塊，口感與味道平衡得恰到好處。雜碎是在二十世紀初期發明的，原因很簡單，當時大部分的美國人不像現在那麼講究飲食。安德魯・柯伊把這段歷史寫得饒富趣味、鉅細靡遺，向讀者解釋，為什麼早期的中國餐廳老闆，像是我公公和婆婆，要賣他們覺得美國人喜歡吃的菜餚，不賣他們自己喜歡吃的菜餚。」

——蘇綏蘭（Susanna Foo），兩度獲「詹姆斯比爾德獎」（James Beard Award），
也曾獲「羅伯蒙戴維卓越美食獎」（Robert Mondavi Culinary Award of Excellence）

「我一直很好奇，中國菜豐富多變、精緻美味，怎麼會演變成美國每個城鎮的中國餐廳賣的那種中式外帶菜餚。柯伊把故事說得饒富趣味，透過跨文化的飲食交流，說明在中美兩國，兩國人民的關係是如何起起伏伏的。這本書令我無法釋卷，不過用餐時間到了，去吃中國菜囉。」

——瑪莉安・內所（Marion Nestle），紐約大學營養學教授，
著有《吃什麼才營養》（*What to Eat*）

「只要知道一個民族吃什麼，為什麼吃，怎麼吃，就能深入瞭解那個民族。在《雜碎》這本書裡，安德魯・柯伊治學嚴謹，敘事引人入勝，記述中美兩國的文化與飲食，令人讀得手不釋卷，口水直流。鄭重向世界上所有領袖、外交官以及喜愛中國菜的人推薦這本書。絕對不是開玩笑的！」

——亞瑟・施沃茲（Arthur Schwartz），
著有《亞瑟的紐約菜：自以為是的歷史與超過一百樣傳奇的食譜》
（*Arthur Schwartz's New York City Food: An Opinionated History and More Than 100 Legendary Recipes*）

「從廣泛的視角探討中國菜與美國社會如何相互影響，完美融合美食與歷史。」

——《華爾街日報》（*Wall Street Journal*）

「極具啟發意義的研究，探討美國如何愛上中國菜，從一七四八年美國第一批美食特使，到今天全美各地各式各樣、多如牛毛的中國餐館。」

——《邦諾書評》（*Barnes & Noble Review*）

「原來我家人對真正的中國菜瞭解如此之少，但是不只我們如此，安德魯·柯伊寫出了這段引人入勝的歷史，說出了原因。」

——《西雅圖時報》（*Seattle Times*）

「柯伊這本書讀來趣味橫生，本身就有點像『雜碎』，涇浜話的使用、中式猶太潔食菜餚、大地震之後舊金山華埠的新風貌、華埠與白人奴隸之間的關係、康提基俱樂部引領的廣式菜熱潮，都有觸及。我們吃到的中國菜大都是混雜式菜餚，柯伊記錄的這道菜，或許不一定是道地的中國菜，但確確實實在美國青史留名。」

——《哥倫布電訊報》（*Columbus Dispatch*）

「根據飲食作家柯伊所述，美國人在超過兩個世紀以前就喜歡喝中國茶，還有為了使用筷子而傷腦筋。這本書雖然薄小，但卻挑戰大議題，來來回回說明美國與中國和中國人的關係，還有最重要的，與中國菜的關係。……這本書跟書裡的主題一樣，包含很多不同的元素，每種元素都摻雜一點點，充實完整地淺談這個大主題。」

——《出版者週刊》（*Publishers Weekly*）

「柯伊寫的這段歷史著實令人稱奇，充滿饒富趣味的軼聞趣事。」

——美國圖書館協會《書單》雜誌書評（*ALA Booklist Starred Review*）

「作者將美國的文獻鑽研得相當透澈，敘事趣味橫生，能增廣見聞，尤其是尼克森造訪中國的趣事。」

——《圖書館學刊》（*Library Journal*）

「描寫美國對中國菜的愛恨情仇……這本書經過審慎研究，把故事寫得生動活潑，淺顯易懂。講述對中國人和中國菜的誤解，有些故事令人捧腹，也有些故事令人震驚。」

——《金融時報》（*Financial Times*）

「安德魯．柯伊實在是十分優秀的作家……他深入研究史料，以流暢的文筆描繪故事，寫得鉅細靡遺，引人入勝，用更加清晰的洞見來頗析這個我們自以為熟悉的主題。」

——《寫作網》（*Writers Cast.com*）

目次

導讀　郭忠豪（臺北醫學大學通識教育中心助理教授）　011
第一章　各種動物的鞭和燕窩　023
第二章　大蒜在舊毯子上腐爛的味道　059
第三章　糙米和水　085
第四章　金山上的中式花園　121
第五章　美味的中國菜　161
第六章　美式雜碎　197
第七章　大啖北京烤鴨　231

致謝 273
註釋 275
參考書目 289

導讀

郭忠豪（美國紐約大學歷史系博士，現任臺北醫學大學通識教育中心助理教授）

一、紐約的中餐回憶與「美式中餐」研究

二〇〇五年八月我第一次到美國，既不是參加旅遊團，也不是參加暑假英語研習營，而是直接進入紐約大學歷史學系攻讀博士班。開學前還一派輕鬆地悠遊於大蘋果的每個角落，紐約的一切事物都讓我感覺新奇有趣。然而，開學後卻進到另外一個世界，每學期修習三門課程，老師皆安排數量驚人的英文專書閱讀，上課前要完成當週的回應報告，對留學生來說分量頗重。此外，博士班均為討論課（seminar），老師通常只花十分鐘介紹書籍背景，之後就開放學生相互討論，發言不僅要言之有物，且要針對書中內容提出觀點與評論，還要回應其他同學的發言，對於英文並非母語的我來說壓力很大。每次上完課後確實收穫滿滿，增加不同領域的學識知識，但也精神耗盡體力虛脫。

在繁忙的留學生活中，每週五早上到「法拉盛」（Flushing）的華人超市採買食材是我重要的生活調劑，看到來自台灣的繁體字食品讓我倍感溫馨，漂泊的心情有所慰藉。除了在超市採買下一週食材外，也順便在法拉盛飽餐一頓，這裡有來自大江南北的各式菜餚，從粵菜、江浙菜、湘菜、川菜、東北菜到台菜應有盡有，每週選一家不同的餐館大快朵頤，離去前也會索取一張菜單，回家仔細研究菜

餚名稱與照片，肚子餓時也頗有望梅止渴之效果！

在紐約居住幾年後，我的中菜版圖逐漸擴大，除了每週必定造訪的「法拉盛」之外，自然也不能錯過與紐約大學（N.Y.U）近在咫尺的曼哈頓「華埠」（Chinatown）。它是紐約第一個唐人街，也是遊客造訪紐約不可錯過的知名景點。紐約有多條地鐵可抵達華埠，地鐵車站內以具東方風情的磁磚標示「華埠」中文名稱。出了地鐵站，街上盡是人潮，有販賣游水海鮮的小販，有按圖索驥找尋知名餐館的遊客，也有寫著「台山」、「新會」與「開平」字樣的老廣東移民會館。「華埠」以勿街（Mott Street）、包厘街（Bowery Street）與堅尼街（Canal Street）為中心，向四周發展，附近景點有林則徐銅像（The Statue of Lin Zexu in New York）、孔子大廈（Confucius Plaza）、老聖巴德利爵主座教堂（The Basilica of Saint Patrick's Old Cathedral）與美國華人博物館（Museum of Chinese in America），當然還有為數眾多的中菜餐館（以粵式為主）。曼哈頓的「華埠」雖然不如皇后區「法拉盛」幅源廣大，但位居紐約下城（downtown）精華地段，往南可到著名的金融中心華爾街（Wall Street），往北則是小義大利（Little Italy）與充滿文藝氣息的蘇活區（Soho），且發展較早，有許多充滿歷史記憶的建築與人文風情，因此在美東華人發展歷史上占有重要地位。

除了「法拉盛」與「華埠」之外，曼哈頓也有不少老牌中餐館，例如東村（East Village）的「大四川」（East Village Grand Sichuan International）、中城（Midtown）的「五糧液」（Wu Liang Yu）與諸多政商名流都造訪過的「山王」（Tang Pavilion），這些餐館的中菜道地（通常從台灣或中國聘請廚師來美），又融入部分「美式中餐」元素（例如備有華人與洋人各自喜愛的菜餚），我欣賞這些中餐館保留老派紳士的

五糧液餐廳（攝影：莊士杰）

山王大飯店（攝影：莊士杰）

用餐氣氛，例如聘請穩重成熟的男服務生，穿著整齊體面的西服並結上蝴蝶結，餐桌細節也相當講究，桌上鋪著潔白如雪的桌布，刀叉筷子擺放整齊，顯得高尚優雅。此外，受到美式飲食的影響，餐館內多設有小型酒吧，提供顧客正式用餐前小酌兩杯，我尤其喜愛這種輕鬆氣氛。

博士班畢業後，我的紐約中餐回憶不僅未曾消失，反而可與學術研究結合。近來英文學界開始以「食物」作為「研究方法」，討論議題多元且累積相當學術成果，就筆者熟悉的東亞飲食研究，有許多學者投入「中國食物」與「日本食物」的研究。[1]部分學者也關注北美華人的移民歷史與飲食變遷，以「雜碎」（Chop Suey）作為「研究方法」考察十九世紀以降華人與美國社會的互動以及「美式中餐」的發展。除了安德魯．柯伊（Andrew Coe）這本專書外，曼德森（Anne Mendelson）討論華人來到北美後遭受的歧視、唐人街的建立以及「美式中餐」如何被美國社會大眾接受。[2]Bruce Makoto Arnold等人編輯的 *Chop Suey and Sushi from Sea to Shining Sea* 專書，討論在美華人與日人經營的亞洲餐館如何面對美國飲食文化的挑戰、調整與變遷。[3]最後，陳庸（Yong Chen）討論「美式中餐」如何從負面且飽受批評的陌生食物，逐漸轉變成正面且為美國社會擁抱的「族群菜餚」（ethnic cuisine），強調「美式中餐」符合美國社會「大眾消費」（價格便宜）與「物質充裕」（分量甚大）兩項特質，因此受到不同族群的歡迎。[4]上述研究反映華人移民與「美式中餐」的研究議題日趨重要！

二、本書內容與論點

本書作者是安德魯．柯伊是美國研究華人飲食的知名學者，二〇〇九年出版這本書，率先提出「美式中餐」的重要性。爾後，不少學者受其啟發，紛紛以「雜碎」（Chop Suey）做為研究議題，考察十九世紀以降美國華人飲食文化的變遷過程。

第一章名為〈各種動物的鞭和燕窩〉（Stags' Pizzles and Birds' Nests），作者描述一七八四年二月來自美國紐約的「中國皇后號」（Empress of China）正準備前往中國廣州進行貿易。這艘船的船長是約翰格林（John Green），另一位關鍵人物是貨物總監蕭三畏（Samuel Shaw），美方帶來銀幣與人參，準備到中國交換茶葉、絲綢以及瓷器。當時清朝與美國彼此陌生，但是西歐國家從大航海時代之後已陸續來到東亞，進而與中國有所接觸。一七八四年八月，在法國船隻「崔坦號」（Triton）協助下，美國的「中國皇后號」抵達廣州，雙方在不斷溝通之下圓滿完成任務，美方也換取到武夷茶、熙春茶、南京布與尊貴瓷器，這趟成功的首航激起美東商人對於中國貿易的興趣。相較於十七世紀就來到遠東進行貿易的「英屬東印度公司」，美國對於中國的瞭解甚少，只能透過歐洲傳教士的著作（例如《中華帝國全志》與《中國旅行家》）瞭解中國的風土民情。然而，這些資料記載著許多古怪傳說與冒險經歷，強調中國人會吃狗肉、貓肉、青蛙與老鼠等，帶給美國人相當負面的形象。爾後，隨著交流日趨頻繁，美國商人逐漸瞭解中國的風土民情與飲食特色，帶來華人喜愛的海瀨皮、檀木、海參與燕窩，換取中國的茶葉、絲綢與瓷器。文章最後以傳教士衛三畏（Samuel Wells Williams）的一段話形容中國食物的味道，就像是「大蒜在舊毯子上腐爛的味道」，以如此方式形容中國食物確實令人印象深刻！

第二章名為〈大蒜在舊毯子上腐爛的味道〉（Putrified Garlic on a Much-used Blanket），作者討論一八四二年清朝與英國「鴉片戰爭」後，美國也亟欲打開中國貿易市場，派遣特使萊布顧盛（Caleb Cushing）

前來澳門談判，大清帝國則派出兩廣總督耆英，一八四四年雙方在澳門望廈村簽訂《望廈條約》（又稱《中美五口貿易章程》）。此後，美國逐漸看重中國貿易市場，對於中國文化（包括飲食文化）也感興趣，注意到中國菜的內容、用餐禮儀、筷子的使用以及祭祀文化等。

第三章名為〈糙米和水〉（Coarse Rice and Water），本章透過清代著名詩人袁枚及其《隨園食單》討論中國飲食文化的多樣性。作者先從遠古談起，燧人氏教導使用火來烹飪食物，伏羲氏強調捕魚打獵的重要性，以及神農氏遍嚐百草並開啟種植農作物。接著，作者介紹中國古代聖者提出了許多與飲食相關的政治與生活哲學，例如孔子強調「食不厭精，膾不厭細」，老子倡導「治大國如烹小鮮」。此外，作者也以廚師伊尹為例說明廚藝對中國飲食的重要性，並解釋古代中國如何藉由祭祀禮儀宣示統治權。華人重視的「食療同源」也說明食物同時具有「食用」與「補身」的效果，是中國飲食文化中重要的保健養身之道。中國幅員遼闊且食材多元，不僅透過廚藝展現誘人味道，特定食物也受到政治與社會的影響，變得具有傳奇性，例如筆者曾透過「鰣魚」考察明清中國的鰣貢制度與品饌文化，[5]也以「鱉」為例探討「食補觀念」在傳統中國、近代日本與當代台灣的實踐過程與消費變遷。[6]作者在本章提出許多有趣的飲食議題與觀念，若讀者對於「古代中國飲食儀式與思想」有興趣，可參考歷史學家胡斯德（Roel Sterckx）撰寫的 *Food, Sacrifice, and Sagehood in Early China* 一書。[7]如果讀者對於「食物與環境」有興趣，也可參考人類學家安德森（E. N. Anderson）撰寫的 *Food and Environment in Early and Medieval China* 一書。

第四章名為〈金山上的中式花園〉（Chinese Gardens on Gold Mountain），從一八六〇年代出現在舊金山的中國食物開始討論。受到淘金熱的影響，湧入舊金山的華人數量增加，中式餐館也隨之出現，多以價格便宜著稱，此時美國人也開始消費中餐。華人陸續在加州各地建立「唐人街」，不僅捕撈魚類水產，也自己種植蔬菜販售。然而，華人諸多陋習包括賭博、溺嬰、吃狗肉與吸鴉片等引起美國社會的批判，加上社會文化與飲食習慣的殊異，許多美國人排斥甚至厭惡華人與中餐，此後政治人物也發起排華運動。另一方面，美國商界人士卻認為華人辛勤工作的態度有助於美國經濟發展。除了淘金之外，華人也開始擔任美國家庭內的幫傭，更重要的是，開始有華人移工投入美國鐵路的興建工作。

第五章是〈美味的中國菜〉（A Toothsome Stew），本章討論十九世紀紐約華埠的中餐發展。當時不少歐洲人（德國、愛爾蘭與義大利等）陸續來到紐約，華人也在此建立唐人街。相較於過去一面倒的負面觀點，此時中餐角色開始轉變，例如受過高等教育的華人編輯王清福開始反駁中餐的負面觀點，提出中式菜餚使用多種食材且烹飪方式多元，並且嫻熟處理水產海鮮與本草植物，這些特徵在西方飲食相對少見。另外，一八九六年李鴻章訪美也帶來了「中國熱」，刺激了美國社會的中餐消費。此時，紐約中餐館已經跨出華埠（Chinatown）範圍，在曼哈頓、布朗士與皇后區也可吃到中菜。隨著華人在美東增多，波士頓、紐黑文、費城、華盛頓特區以及亞特蘭大等城市也開始出現「唐人街」。

第六章名為〈美式雜碎〉（American Chop Suey），論述二十世紀初期美式中餐逐漸普遍，坊間雜誌、烹飪食譜與家庭手冊也出現中餐烹製方式。中餐館除了提供菜餚外，也開始出現俱樂部與表演秀，藉此吸引更多人消費。此外，中餐議題也進入美國主流社會，包括電視節目、電影情節、戲劇表演、歌曲內容與小說撰寫，成為各項創作的題材。其中，甚為有趣的是美國猶太人消費中餐的變遷過程。二十世紀初期，猶太人多從東歐與俄國來到美國，猶太人的飲食規範（Kosher）與中餐有些衝突，例如不吃豬肉與貝類。不過，猶太人也發現兩者飲食的相似之處，例如使用大蒜、洋蔥、芹菜與雞肉調味，且中餐甚少使用乳製品烹飪。在此情況下，猶太人開始吃起中餐，再加上中餐館對猶太族群沒有歧視、中餐館在聖誕節等重要節日依舊營業的便利性，以及新世代猶太人對傳統飲食規範有不同的解讀，皆使中餐更受猶太族群歡迎。此外，二次大戰時期，中國加入盟軍（The Allies）抵抗軸心國（The Axis），也改變了美國人對於中國以及中餐的既有印象。

第七章名為〈大啖北京烤鴨〉（Devouring the Duck），本章討論二次戰後美國中餐館的發展與變化。第一個重大變化是二次大戰前後，美國政府修正了幾項移民法案，包括一九四五年的《麥諾森法案》（Magnuson Act of 1943），允許在美居住華人成為美國公民；一九四五年的《戰爭新娘法案》（War Brides Act），允許二戰軍人將海外戰場的配偶與子女帶回美國（約有六千名中國婦女進入美國）；一九六五年又通過《移民暨國際法》（Immigration and Nationality Act），廢除移民數量限制，且移民結構從過去以歐洲為主轉變為以亞洲與中南美洲移民為主，促使許多香港人與台灣人湧入美國，他們扮演了提升「美式中餐」品質的關鍵角色。第二項重大事件是一九七二年美國總統尼克森（President. Richard Nixon）訪問中國掀起的「中國熱」，透過電視節目的轉播以及平面媒體的報導，美國人觀賞並瞭解中美雙方在「國宴」上的互動與飲食細節，特別感興趣的是中國準備的「北京烤鴨」與「茅台酒」，以及總統尼克森使用筷子用餐的經過。此時「美式中餐」趨向多元，包括川菜、湘菜、川揚菜、粵菜與台菜陸續在美國出現，由台灣廚師彭長貴發明的「左宗棠雞」（General Tsao Chicken）也傳到美國，成為今天

「美式中餐」的知名菜餚。

閱讀完本書後，我腦海中塵封甚久的飲食記憶紛紛浮現，這本討論「美式中餐」的專書主題清晰，寫作方式幽默有趣，又使用豐富的史料考察「美式中餐」的變遷過程，包括食譜、報紙、期刊、回憶錄、傳記文學、藝術作品以及飲食研究的論文，確實是一本值得仔細品味的好書！

三、結論：有待探索的海外華人飲食

我曾經與兩位好友郭婷與胡川安共同撰寫一本名為《食光記憶》的小書，我寫的是二次戰後台灣人在紐約地區經營餐館的變遷，記錄了幾個動人的故事，包括台灣留學生李正三與郭正昭經營日本料理的故事（包括元祿壽司、櫻花與將軍系列），蕭忠正、張亞鳳與翁英俊等人創立的「蜀湘園集團」，呂明森創立且轟動法拉盛的「紅葉台菜」，以及新世代台灣移民經營的「珍珠奶茶」。[8]

當我完成台灣移民在紐約經營餐館的初步研究後，發現華人在北美的餐飲議題還有很多值得探討的空間。首先，就華人族群而言，目前的研究多探討廣東移民，他們率先將「中國食物」（粵菜）帶進美國，同時也是「美式中餐」（American Chinese food）的開創者，對其傳播貢獻甚大。不過，二次戰後國際局勢改變，台灣移民來到美國數量增多（以舊金山、洛杉磯與紐約等大城市為主），不少人投入餐館經營，許多餐館是由本省人與「外省人」（例如大陳人）合作經營。一九五五年在美國「第七艦隊」護航下，不少大陳人從浙江外海大陳島撤退到台灣，之後又去到美國，輾轉到華埠向廣東廚師學習廚藝，擔任美國中餐館廚師。這些台灣移民（本省人與外省人）經營的餐館，推出了有別於傳統華埠以粵菜為主的中菜，本省人熟悉台菜與日本料理，外省族群擅長川揚菜與湘菜，這些菜餚相當程度改變了戰後美國「中餐」的型態與味道。[9]可惜的是，學界對於二次戰後美國中餐館的變遷較少研究。

到了一九八〇年代，中國文化大革命結束並採「改革開放」政策，此時溫州人與福州人輾轉來到美國紐約，也改變了華人餐飲的生態，例如溫州人收購不少台灣人經營的餐館與超級市場，福州人則聚集在曼哈頓下東區，也在布魯克林第八大道（Eighth Avenue）發展出紐約的第三個唐人街，上述移民族群的變遷與唐人街型態的改變在未來均值得深入研究。

除了華人族群議題外，美式中餐內容的改變也值得研究。美式中餐最初以「雜碎」（Chop Suey）方式出現，之後有炒麵（Chow Mien）、揚州炒飯（Yeung Chow fried rice）與芙蓉蛋（Egg foo young），爾後又出現左宗棠雞（General Tsao Chicken）、青椒牛（Pepper beef）、糖醋肉（Sweet and Sour pork）、麻婆豆腐（Mabo tofu）與雲吞湯（Wonton soup）等。一九九〇年代之後，隨著華人移民人數攀升，美國大小城市也出現相對正宗的大江南北菜餚。上述現象不僅反映美國各地華人移民結構的改變，同時也說明中菜在美國社會的接受度與日俱增。

在美國讀書期間或者到各地參加學術會議，只要時間許可，我會造訪每個城市的唐人街，不僅可以迅速獲取當地的社會與生活資訊，同時也可嚐到亞洲菜餚。從二〇〇五年至今，我造訪了紐約曼哈頓華埠、皇后區法拉盛以及布魯克林第八大道，也去過華盛頓特區、波士頓、費城、聖地牙哥、洛杉磯（市區華埠以及小台北蒙特利公園）、舊金山、西雅圖、芝加哥、休士頓與夏威夷以及加拿大溫哥華、多倫多與蒙特婁等城市的唐人街。此外，墨西哥、倫敦、巴黎、布魯塞爾、阿姆斯特丹、布里斯本、墨爾本、坎培拉以及雪梨等地的唐人街也曾留下我的足跡。上述唐人街規模不一，餐飲味道不同，發展歷史各有殊異。但不變的是餐桌菜餚上呈現出來的是華人在異鄉努力創業的歷史！

最後，我誠摯地推薦《雜碎：美國中餐文化史》給對於飲食文化有興趣的讀者，英文原著內容豐富有趣，中文翻譯洗鍊準確，讀完這本書籍，彷彿從頭到尾把華人移民美國後的菜餚重新嚐過一次！

CHPATER 1

第一章
各種動物的鞭和燕窩

STAGS' PIZZLES AND BIRDS' NESTS

一七八四年二月，某個寒冷的早晨，中國皇后號（Empress of China）從紐約港啟航，展開野心勃勃的遠征，對美國而言，這是史無前例的探險。掌舵的是船長約翰．格林（John Green），身高六呎四吋，個性好勝，曾經服役於大陸海軍（Continental Navy），航海經歷豐富，多次前往歐洲與加勒比地區。不過，以前的經驗在這次航行派不上用場，他只能靠一本英國領航員教範來引航，旅途中會行經哪些暗礁、淺灘、港口，會碰到什麼樣的貿易風，教範記載的相關資料甚少。如果能順利抵達目的地，格林船長估算這趟航行得耗時超過一年，甚至長達兩年。中國皇后號展開了美國人首次前往中國的旅程，在那個時代可說是相當於一九六九年前往月球的旅程呢！

船航行到開闊的大西洋上，由於運載巨大重量，壓得木頭嘎吱作響。貨艙裡的桶子裝著將近兩萬美元的西班牙銀幣，還有三十噸採自賓夕法尼亞州和維吉尼亞州的乾燥高山人參根。中國皇后號的主人是美國這個年輕國家的幾名商人，權大勢大，想要用銀幣和人參交換中國的茶葉、絲綢和瓷器。格林船長把甲板上下的剩餘空間都塞滿了食物和飲料，讓船上的四十二名船員飲食無缺，這些給養足夠船員在海上待十四個月。淡水足夠供大家喝五個月，還有四十八桶含酒精飲料，主要有特內里費白葡萄酒、馬德拉烈酒、白蘭地酒和「牙買加老烈酒」（蘭姆酒）。葡萄酒和白蘭地酒是要給幹部喝的，一般船員如果渴了，只能將就著喝會燙喉嚨的蘭姆酒。

登上中國皇后號的美國人，攜帶傳統食材。在前往地球另一端的旅途中，他們會吃適合航海旅行食用的泛北大西洋（是指從美國到不列顛群島）的傳統食物。主食是鹹牛肉、鹹豬肉、馬鈴薯和麵包。幹部吃的食物和一般船員吃的，品質上天差地別。圈有雞的籠子，還有關著綿羊、豬和山羊的圍欄，都牢牢地固定在甲板上，圈養這些牲畜就是要讓幹部有新鮮的肉可吃。幹部吃的麵包是軟嫩的，由船上的廚子現烤；一般船員就得啃硬得像石頭、還長了蟲子的硬麵餅。幹部的晚餐有奶油、培根豌豆湯、烤肉、肉餡餅、煮熟的馬鈴薯和高麗菜、起司、蘋果、調味料，還有蛋糕或布丁作為甜點。由於他們是在嚴冬時出航，因此幾乎完全沒有新鮮蔬菜。一般船員餐餐都是一成不變的鹹肉、馬鈴薯和硬麵餅，摻和著豌豆和其他豆類，配著在船上釀的無味啤酒入胃。一般船員每個星期有三次定量配給的蘭姆酒可喝，星期六有加菜，就是一塊葡萄乾糖漿布丁。幹部和一般船員都會吃海上的特別餐點，叫作水手雜燴，是用鹹牛肉、硬麵餅和馬鈴薯摻雜一起燉煮。不過，同樣地，一般船員只能吃小碎肉，幹部才能吃和著高麗菜、紅蘿蔔和馬鈴薯一起燉煮的肥美肉塊。船上的每個人都會在食物裡頭加醋調味，預防壞血病。（譯註：壞血病是缺乏維生素C所造成的。由於船員長期食用不新鮮的食物，缺乏維生素C，容易罹患壞血病，當時據說醋能夠預防壞血病。）

航行一個月後，中國皇后號登陸鄰近非洲沿岸的維德角群島（Cape Verde Islands），把船側邊的漏洞修補好，船員搬了一些幹部要飲用的水和新鮮食物上船，有幾隻雞、幾頭山羊、兩頭豬，還有一些柳丁。下一段航程持續了三個月又十八天，這期間，大家幾乎沒有看到陸地或其他船隻。「只看得到天空和海洋，百無聊賴。」船務長寫道。旅程快結束時，大家都好想吃新鮮的肉，於是抓了一些在船附近飛來飛去的鰹鳥，丟進鍋子裡煮來吃。名叫蕭三畏（Samuel Shaw）的幹部記錄道，鰹鳥「很瘦，魚腥味又重，一點都不好吃」。船員們本來也想誘捕一隻信天翁，結果信天翁扯斷繩子逃跑了。

戴著貴族假髮的蕭三畏是中國皇后號的貨物總監，也就是商務代理人，是船上第二重要的人。二十

蕭三畏（1754-1794），中國皇后號的貨物總監，中美貿易的先驅。蕭三畏在日誌中記錄了美國人初次接觸中國菜。（圖片來源：維基百科）

九歲的他，生於波士頓，年紀輕輕就「注定要從商」。一七七五年，他加入美國軍隊，後來獲得拔擢，到喬治．華盛頓麾下一名大將軍身邊當副官。一七八三年，美國獨立戰爭結束，大家肯定蕭三畏的表現，認為這個年輕人前途不可限量。傳記作者寫道：「他在美國軍隊中展現出善於處理商務的才幹，判斷精準，引人注目，獲得眾人青睞；有一群資本家組成協會，想要打開美國與中國之間的商業交流，聘請他擔任這次航海任務的商務代理人。」[1]滿懷壯志但身無分文的他，馬上就答應。

七月中旬，大家終於看到爪哇岬（Java Head）；覆滿樹林的爪哇岬位於巽他海峽（Sunda Strait）上，巽他海峽則位於爪哇島與蘇門答臘島之間。船在爪哇島的繆灣（Mew Bay）拋錨，穆斯林原住民搭乘兩條獨木舟，前來兜售雞、魚、烏龜、蔬菜、水果、椰子，甚至要把活生生的猴子賣給船員當寵物。有兩艘法國船隻停泊在海灣裡，其中一艘是崔坦號（Triton），也要前往中國。當時法國人和美國人格外友好，因為法國人在美國獨立戰爭中支持美國人。蕭三畏和其他美國幹部受邀到崔坦號上用餐——「餐宴很精緻，彷彿在岸上接受款待一般。」[2]法國船長主動表示要帶領中國皇后號走最後一段旅程，美國人滿心感激地答應了，因為爪哇島和中國之間有許多島嶼和地圖上沒有標示的淺灘暗礁。啟航之前，法國人和美國人花了一天，到附近一座島上種植玉蜀黍、燕麥、豌豆和其他豆類、馬鈴薯。工作結束後，他們暢飲馬德拉葡萄酒和法國香檳，慶祝菜園完工，希望返航時能夠有所收穫。

一七八四年八月二十三日，在海上航行六個月後，美國人終於看到了中國大陸。他們抵達廣東省海岸，中國東南部的珠江河口。他們在這裡遇到一艘中國漁船，船上的船員是他們第一次見到的中國人。他們花十塊美元請漁船船長帶他們往上游走。迂迴繞過幾座河岸附近的岩質島嶼之後，中國皇后號和崔坦號在珠江河口西岸的澳門市下錨。這塊殖民地從十六世紀起就由葡萄牙統治，明顯有著南歐風貌，許多用白漆粉刷的大房子，街道狹窄曲折，還有綠色的樹木和庭園。中國皇后號鳴放問候禮炮，澳門市旋即從堡壘以禮炮回應。蕭三畏隆重地升起當時被稱為「大陸旗」（Continental flag）的紅白藍三色旗，這是美國人第一次在「那片水域展示國旗」。翌日一大早，一名穿著絲綢長袍的中國海關檢查員登船，記錄船隻的詳細資料以及來自何處。最後他在一張紙上蓋了一個大印，准許中國皇后號繼續航行，深入中國。在他離開之後，大批中國小船蜂擁包圍這艘美國商船，船主們兜售著蛋、糖和麵包樹。兩天後，中國皇后號起錨啟航，沿著珠江，前往北方六十哩的廣州市。

從澳門航行到黃埔港口的這段旅程，是當時旅行作家最喜歡寫作的主題，而從黃埔還要往上游走十二哩才會抵達廣州。這段兩天的旅程讓歐洲和美國的航海者首度真正接觸到中國的人民，目睹當時世人最津津樂道的國度之一的中國的景致。當他們朝北航行時，河上因各式各樣的船隻而愈來愈擁擠，有形狀古怪的捕魚船、體積龐大的平底貨船和中國海軍戰船。顯然有些船上是住著一家人，還在上面養了一群鴨。有些漁夫掌著船，用馴養的鸕鷀捕魚；漁夫用鐵環箍住鸕鷀的喉嚨，避免鸕鷀把捕獲的魚吞下去。西方國家的商船行經中國堡壘，堡壘砲台上畫著令人生畏的老虎和鬼怪。地貌逐漸變得平坦，船員們先看到竹子和香蕉樹，接著觸目所及的皆是稻田，延綿數哩。兩天後，他們抵達黃埔，深吃水船只能往上游航行到這裡為止，而在那裡，已經有一排高高的桅杆在等候了。

一七八四年八月二十八日，中國皇后號在黃埔下錨，鳴放十三響禮炮，向停泊在此的船隻致意。法國、丹麥、荷蘭和英國的商船全都回以禮炮。很快地，這些商船的幹部便前來拜會蕭三畏和格林船長，率先前來的是法國人，他們協助美國人把船停泊好，並且安排美國人進入廣州。格林船長生怕有人還未耳聞美國人已戰勝英國人，於是隨身攜帶協議書副本，包括英美和平協議，以及美國與歐洲各大強權所簽署的協議。兩天後，美國幹部搭乘一艘中國「官印」船進入廣州。當他們慢慢靠近這座城市時，景物、聲音、味道——身處於中國的文化衝擊——著實令他們招架不住。他們經過九層樓高的佛塔，還有寺廟、稻田、柳丁園，又經過幾處堡壘，有數百、乃至於數千艘漆著耀眼色彩的船。他們偶爾會聽到敲打鐃鈸銅鑼的聲音，中國船隻互相問候的方式是敲打鐃鈸銅鑼，不是鳴放禮炮。

從河上，美國人只能隱約瞥見廣州市，一層樓的建築排成一條線，彷彿沒有盡頭，擋住了視線，而且大都是擠在河岸地區的倉庫。在那些建築之間，美國人處處可以看見有雉堞的城牆，城牆後面，偶爾會出現屋頂，遠處有佛塔，城裡則有一些大寺廟，屋頂全都是用瓦片砌成的。待在廣州的四個月期間，格林和蕭三畏始終未曾獲准入城。他們只能登上一處附屬於一處貿易特區的碼頭，碼頭面積十二英畝，位於城牆西南角的河濱一帶。中國人在這裡蓋了十三棟兩、三層樓高的倉庫，外面是白色的，陽台上有圍欄，正面朝著河面。這些建築被稱為「洋行」，因為外洋「代理商人」——歐洲貿易公司的商務代理人——不只住在洋行，也在洋行工作。皇帝明令，在中國只有這處貿易特區是西方國家人民或多或少能自由進出的。

回到美國之後，蕭三畏向美國外交部長約翰．傑伊（John Jay）呈報這次任務（美國外交部長一職後來改為國務卿）。蕭三畏與許多歐洲的旅行家不同，認為自己沒辦法討論中國的生活與文化：

中國朝廷警戒甚嚴，嚴格縮限人民與訪華外國人的一切往來僅限於一座城市的郊區。取得資訊的機會少之又少，我們難以瞭解中國的國家典章制度，以及人民一般風俗習慣。因此，在廣州觀察到的資訊甚少，不足以提供我們進行準確的評斷。[3]

這是推託之辭，蕭三畏其實是美國首次探訪中國的領隊。在蕭三畏出訪中國前後，有許多親歷中國的經驗比他少、但著述卻相當廣泛的作家。比較可能的原因是他其實對中國沒有那麼感興趣。接下來的半個世紀，主導美國與中國接觸的是一群精明謹慎但卻心胸狹窄的新英格蘭商人，而蕭三畏就是那群人首次派出的代表。遼闊複雜、歷史悠久的異域中國就在門外，但是他們滿腦子只想著賺錢。確實是如此，蕭三畏描述在廣州的經歷時，開頭就這樣寫道：「先來談談生意吧。在這裡做生意看起來沒多困難，或許也很單純，就跟其他國家差不多。」[4]

廣州的洋行是一小群中國富商開設的，朝廷准許他們與外國貿易公司做買賣，其中權勢最大的是英屬東印度公司，又稱為「可敬的公司」（Honorable Company），在洋行特區的中心據有一間占地寬闊，就在中央廣場上的洋行，洋行正面外頭有英國米字旗飄揚著。英國商人和中國官方之間關係複雜，雙方互相批評對方傲慢。東印度公司倚仗位於加爾各答總部的強大英國海軍撐腰，在南亞和東南亞各地做買賣。然而，在中國，皇帝卻規定他們只能在廣州做生意，不准他們到其他廣大中國的市場，拒絕接見他們的代表，甚至連英國國王親派的特使也拒絕接見。在廣州，英國商人偶爾會發洩心中的不滿，在洋行區擁擠的街道上，毆打倒楣讓他們撞見的苦力。對中方而言，與東印度公司做生意的主要好處是皇帝能賺進巨額收入。但是中國人認為，主要壞處是外國人無禮、愛爭吵、固執，完全不願意遵循中國禮俗。皇帝認為，要是讓他們再深入帝國，只會破壞中國社會的和諧。眼下，貿易繼續進行，因為有錢賺；不過，雙方都可以預見未來可能會爆發衝突。

對於這種貿易關係，蕭三畏自然是認同歐洲人這邊。然而，他初次來到中國，加上祖國如此年輕，他著實沒有資格選邊站。他最關心的是手上的生意：賣掉人參。美國人剛開始借住在法國人所租的洋行，但是很快就自己租了地方做生意。美國洋行的一樓劃分成一間倉房、一間帳房和一間庫房；美國人則是住在二樓。房東提供了一群中國幫傭，從廚師到雜工，應有盡有；他們幫美國人搬貨，還有打理所有大小事。為了與這些幫傭和中國商人溝通，美國人必須學習當地做生意所用、混雜著洋文的簡單中文，稱為涇浜中文，英語稱之為「pidgin Chinese」。

「pidgin」這個詞，中文譯成涇浜話，很可能是源自於「business」這個字，是商務的意思，八九不離十，因為涇浜話主要用於生意買賣。涇浜話是由葡萄牙語、英語、與廣東話混雜組成的獨特語言，還摻雜了一些印度話。這種貿易行話因為需求而擴充；從孟加拉灣到西太平洋，異族之間的貿易需要一種能夠互相溝通的語言。「Go catchy chow-chow」就是涇浜話，意思是「fix something to eat」，也就是「弄點東西來吃」，聽起來像極了父母在與頑皮不聽話、故意假裝沒聽到的孩子講話。中國人和歐洲人都懶得去學生意夥伴的母語，因此雙方在各種互動中都講涇浜話。（可以這麼說，當雙方講涇浜話時，都認為自己高對方一等。然而，當代英美人士記述在廣州的生活時，都只記錄中國人講的話，這會使讀者感覺作者把說話的中國人當小孩子看待；很難尊重講話如此拙口笨舌的人。）

對蕭三畏而言，首要的問題是要向中國人解釋美國人到底是哪國人：

我們是史上首度搭船造訪中國的美國人，中國人花了一點時間才能完全理解英國人和我們之間的差異，他們稱我們為「新民族」（New People）。我們用地圖向他們說明美國幅員遼闊，現有人口不斷增加，他們大喜過望，期待能把中華帝國的產品賣給美國的廣大市場。[5]

蕭三畏原本也擔心，在廣州的歐洲貿易代表團會歧視美國人，畢竟，美國才剛滿八歲，在世界舞台只是個還在學走路的小孩子，而且不久前才與擴張中的世界帝國強權英國打完一場浴血戰役。他很高興地發現：「不論是對美國或美國人民，歐洲人一直都很尊重地關照我們，令我們受寵若驚。」[6]法國盟友的盛情款待是預料中的事，但是竟然連英國人也熱情招待美國人。剛抵達廣州的那幾個星期，各家洋行紛紛邀請美國代表團到各自的住所享用豐盛的餐宴。

蕭三畏雖然沒有明說，但是參加那些餐宴一定搞得他很焦慮。在十八、十九世紀，人的聲譽和舉止關係密切，大家認為，愈是有社交魅力的人愈是文明。一個人公開表現出來的行為是一種表演，在場的人會時時加以評判；在這些表演中最重要的莫過於用餐。誠如約翰森博士（Dr. Johnson）所說，用餐時刻是文明生活中最重要的一刻。在美國，蕭三畏曾經與美國的將軍同桌用餐，但是他之前從來沒有到過外國，沒有體驗過外國的用餐禮俗。《切斯特菲爾勛爵予子紳士禮儀建議書》（*Lord Chesterfield's Advice to his Son, on Men and Manners*）是當時美國獨立戰爭之後唯一出版的一本禮儀書，對於餐桌禮儀提出的首要建議就是：每位紳士都應該「學習上流社會那種閒聊或漫談，上流社會人士聚在一起，都喜歡閒聊」；另外，也要學習切餐點的技術：「如果有人說自己不會切餐點，就好像在說自己不會擤鼻涕一樣；切餐點不只簡單，而且是必須會的。」[7]

在廣州，蕭三畏深刻察覺自己的社會地位頂多只能算不確定。他的東道主都是老於世故的歐洲人，是幾百年貴族傳統的直接繼承人。蕭三畏和美國代表團都是鄉下人，幾乎算是邊疆居民，住在幾近荒蕪的地方，距離歐洲文明中心十萬八千里。他們必須表現得文雅有禮，因為只要一個失足，不僅會丟了他們自己的顏面，也可能會危及在中國經商的計劃，還敗壞國家聲譽。

不過，讓蕭三畏最為驚惶不安的，八成是東印度公司邀請他到豪華的住所用餐吧。這些英國商人實質代表擴張中的世界帝國強權英國，主宰商業界，位高權大，生活奢侈豪華。在洋行二樓有一間圖書館、一間撞球室、一間小禮拜堂，還有一間寬敞的餐廳，名為「大廳」（Great Hall）。蕭三畏一走進這間餐廳，就看見天花板垂著水晶吊燈，牆上掛著國王和公司所有董事的畫像。有幾扇門通往陽台，從陽台上就可以眺望珠江。長長的餐桌擺設有三十個座席，滿桌銀製燭台、餐具和高級瓷器，閃閃發亮。賓客完全依照位階入席，首席英國商人是東道主，蕭三畏坐在他旁邊，作為首席嘉賓。雖然餐點是由中國廚師準備的，但是全都是高級歐洲菜。在十八世紀，歐洲菜深受法國影響，使用少許中世紀香料調味（包括丁香和肉豆蔻），偶爾加入英屬印度的咖哩。用餐分為兩個階段，每個階段至少十道菜，從奶油濃湯到烤野鴨，還有牛奶凍。接下來是餐後甜點，新鮮與乾燥的水果和核桃。從頭到尾大家盡情暢飲著進口酒，包括紅酒、白酒和馬德拉葡萄酒。還不時敬酒，敬酒時，所有用餐的人都站起來，敬英國國王、美國總統、中國皇帝，也敬在座用餐的人生意興隆。就算是波士頓、紐約和費城最有錢的人，也沒辦法舉辦比這更奢華的餐宴。

顯然，美國人在這場餐宴中表現得相當得體，通過了這場社交測驗。用餐過後，首席英國商人把蕭三畏和格林拉到一旁，私下聊聊。他又開了一瓶酒來喝，對於在廣州接待美國人一事道歉。他原本是希望能夠由英國人率先接待新來乍到的美國人，不料竟然被法國人搶先了一步：「相信我，兩位，我們絕不是有意怠慢各位的。」[8]

在廣州的四個月期間，蕭三畏見識到的廣州，與在那裡做了十幾年生意的歐洲人一樣多。換句話說，他大都被侷限在十二英畝的貿易特區，裡頭有洋行和三條狹窄的街道，分別是舊中國街、新中國街和豬巷。街道兩旁商行林立，販賣紀念品，包括絲綢和手繪瓷器，還有酒館，販售劣酒給船員。在洋行區以外，入城的街道都有城門阻斷，一天二十四小時都有人看守城門。外國人要到其他地方，必須官方批准，並且由一名中國口譯員陪同。蕭三畏只有幾次到洋行區西側之外。有一次是渡河到河南島，大部分與外國人做生意的中國商人在那裡都有大片的宅邸與花園。蕭三畏和格林在幾名法國商人的陪同下，受邀到周呱（Chouqua）的府上，周呱是陳祖官（Chen Zuguan）在商場上的名號。蕭三畏對周呱的花園印象特別深刻：「耗費極大的功夫打造出鄉村風貌，有些地方仿造得渾然天成。樹林、人造岩石、小山和小瀑布，都造得十分巧妙，景致多變，賞心悅目。」[9]至於他們吃了什麼，他就談得少多了。他發現一件事：「在這些餐宴中，用餐的花費大部分都是賓客自己出的。……在周呱府上……，餐具、葡萄酒和大部分的餐點，都是法國人出的。」[10]在十八、十九世紀，這是常見的習俗，因為在廣州的大部分西方商人都不喜歡吃異國料理。法國人帶「餐具」是因為不會使用中國的湯匙和筷子；帶葡萄酒是因為比較喜歡喝葡萄酒，不喜歡辛辣的中國米酒；帶「菜餚」是因為吃不下周呱的廚子所弄的料理。

名叫威廉．希基（William Hickey）的英國浪子，則是例外。他在一七六九年搭船東行想要發財，同時也想避免他的胡搞瞎鬧繼續玷汙家族名聲。可惜，他不肯認真工作，鎮日與中國妓女廝混，生活放蕩淫亂。待在廣州期間，他和幾名英國人受邀到河南島的一棟宅第，參加幾場餐宴。第一晚，「吃高級的英國菜，在那場餐宴上，中國人使用刀叉，顯得很笨拙，一切都遵照歐洲用餐禮俗。」第二晚，「是徹頭徹尾的中國餐宴，餐桌上只有筷子，沒有刀叉，所有歐洲賓客都得用筷子吃，吃得很辛苦。這場餐宴實在很棒，餐點美味極了。中國人喜歡高檔的料理，聘請一流的廚師。」[11]希基所說的「高檔」，八成是指料理豐盛又奢華吧。（這裡的「高檔」還有另一個意思，指稍微腐爛，許多英國貴族偏好吃陳年老肉做的餐點。然而，中國人則喜歡吃現宰的肉。）

在中國待了四個月後，蕭三畏終於用好價格賣掉人參。原來他的貨色品質好過所有歐洲競爭商人帶來賣的，與蕭三畏敲定這樁買賣的那名中國商人，誇讚他不會像英國人一樣無禮、難以交手：「因為你講的是英語，你剛來的時候，我分辨不出哪裡不一樣；不過，現在我瞭解得清清楚楚了。」然而，他不相信這個美國人會長久保持彬彬有禮：「第一次到中國的人，都是彬彬有禮，像你一樣。我想你再來廣州兩、三趟，就會跟英國人一樣了。」[12]

一七八四年十二月底，中國皇后號的貨艙運載了數百盒武夷茶和熙春茶、黃色南京紫花布、絲綢和

1840 年代，西方人眼裡的中國奇特用餐習俗：達官貴人在餐宴中敬酒，一旁有樂隊和戲子表演。（General Research Division, The New York Public Library, Astor, Lenox and Tilden Foundations）

瓷器。海關主管機關核發了「紅牌」（Grand Chop），准許中國皇后號離開中國。（譯註：外洋商船離開廣州港前，必須先到粵海關領紅牌，才能離港。）十二月二十八日，中國皇后號起錨航向美國。其他美國商船早已東行橫越大西洋，繞過好望角，要前往中國。蕭三畏和中國皇后號的船員開啟了中美通商時代。接下來的六十年，商人紛紛從波士頓、紐約、費城和麻薩諸塞州的塞勒姆等港口，航向世界的另一端，向世界上幅員最遼闊、歷史最悠久的國家購買茶葉和其他商品，希望能夠致富。萬萬沒料到，這些商人的探險竟然促成了近幾個世紀以來至關重要的飲食交流。

一七八四年，美國與中國分別是世界上最年輕與最古老的國家，美國人當時還在制訂最基本的政府典章制度（制憲會議是在三年後舉辦），才剛開始建立有別於英國與舊世界其餘國家的文化。反之，中國早在兩千多年前立國，中華民族的歷史可追溯到人類歷史之初。歐洲的新興國家無法忽視美索不達米亞、埃及、希臘和羅馬的成就，但中國就不一樣了，在所在的東亞地區，幾乎始終都是主宰文化。因此，許多中國人以為自己的國家就是「中央王國」（Middle Kingdom），是人類文明的中心。根據中國的民間傳說，最早教導人類使用火、狩獵捕魚、種植作物、建造屋舍、用藥治病、書寫、用曆法記時的，正是幾位中國的帝王。中國人也發展出一套極度複雜的朝廷制度，權位最高的人是皇帝，依中國人所說的「天命」（Mandate of Heaven）治理天下：只要皇帝有德，天廷的最高統治者上帝，就會賦予他權力，統管天下人民。一七八四年，中國由滿清乾隆皇帝統治，他在北京紫禁城太和殿的龍座上處理國務，只有近臣能夠進入紫禁城。

中國人傳統上以都城為圓心，向外擴展，把世界劃分為五個同心圓，根據傳說，這是古代禹帝所劃分的。第一圈是帝國疆土，也就是由皇帝直接統治的中國疆土。根據定義，所有中國人都是文明化的。這些疆土的核心，就是西方人所稱的「漢地」（China Proper），分為十八個行省，東北起自現在的河北省，南到當時隸屬於廣東省的海南島，西至四川省。與中國邊境相鄰的是藩屬國，包括朝鮮、南掌（現在的寮國）、安南（現在的越南）、西藏、蒙古與其他諸國。藩屬國與強大的中國相鄰，屈居下屬，因為藩屬國的統治者通常認為，承認中國在東亞的霸權才是上上之策，而不願與之對抗。他們學習中國漢語，改採中國曆法，定期穿著漢服，前往北京朝貢，向皇帝獻上昂貴的貢品，皇帝會邀請貢使參加朝廷舉辦的六等滿族盛宴。在這些藩屬國之外是綏靖地區，那裡的人民還在學習中國文明。有些人民因為學習中國文明而獲益良多。清朝滿族皇帝的祖先是女真族人，居住在中國東北部，以放牧、耕種、採獵維生。幾個世紀以來，女真族首領細心鑽研中華帝國的制度。十七世紀初，明朝衰敗，女真族從北方長驅南下，占領北京城，改名為滿族，建立清朝，徹底遵循中華帝國的制度，甚至變得比中國人更像中國人。

根據禹帝的地圖，在綏靖部落和藩屬國之外，剩餘的世界包含兩個最外圍的圈圈，分別稱為「同盟蠻族」地區和「沒有文化的蠻荒」地區。同盟蠻族會定期接觸中國文明，但是民智未開，沒有加以學習。中華帝國西北邊界有許多這類蠻族，他們經常闖過邊境，襲擊中國，中國因此建造萬里長城來抵禦。世界上其餘的民族住在「沒有文化的蠻荒」地區，古代的中國人沒有與他們直接接觸過，因此，關於他們的知識，都來自於《山海經》（西元前四世紀到西元一世紀）之類的文獻。《山海經》記述天地萬物，縱談地理學、宇宙學、神話與博物學。很像希臘、羅馬和中世紀歐洲的文學作品，描寫虛構的國度。《山海經》把住在世界遙遠角落的人描繪得貌不像人。書中記載，中國國境之外有毛民國、羽民國、貫匈國、三首國、大人國、靖人國等。（譯註：毛民全身長滿毛髮；羽民長著鳥的尖喙，背上長著一對翅膀，能飛但是飛不遠；貫匈民胸口穿有大洞，尊貴者不穿衣，命令卑者以竹木貫穿胸洞，將其抬著行走；三首人有三顆頭；大人身材高大；靖人身形矮小。）《山海經》完全沒有告訴讀者，這些千奇百怪的人種究竟如何生活，因此中國人只好從與帝國邊境部族互動所學到的知識來聯想，儒家學者所編撰的禮教巨著《禮記》（西元前五世紀到西元前二二一年）裡，有這麼一段文字：

東方曰夷，被髮文身，有不火食者矣。南方曰蠻，雕題交趾，有不火食者矣。西方曰戎，被髮衣皮，有不粒食者矣。北方曰狄，衣羽毛穴居，有不粒食者矣。[13]

清朝的文獻也經常提及外國人——包括歐洲人和美國人——及其習俗，同樣語帶鄙視，說他們喜歡粗簡的食物，身體外觀像極了動物，諸如此類。

幾千年來，中國文化雖然始終帶有成見地歧視外國人，但卻同時也對外面的世界極度好奇。從漢朝（西元前二〇六年到西元二二二年）開始，中國人就經常與亞洲其他地區接觸。中國使節張騫橫越中亞，南至印度，幫漢朝皇帝記錄各地的文化與經濟。西元前一〇〇年（可能更早），絲路開通，中國、印度和西方之間開始定期通商。商品和思想也經由海路交流，遠洋商船航行到日本以及東南亞的許多港口，甚至橫越印度洋到東非。那些交流最重要的長久影響，是西元二世紀到七世紀之間源自於印度的佛教開始傳播。幾百年來，「中央王國」以附庸國所建立的進貢網路，變成了外邦直接供奉上等貢品給皇帝享用的官方管道，從寶石到食物，應有盡有。一四〇五年到一四三三年之間，明朝永樂大帝派遣鄭和將軍去探險，統領三百艘船，從東南亞到非洲，宣揚國威，擴展進貢的體系。一六〇一年，明朝另一位皇帝聘請義大利耶穌會傳教士利瑪竇（Matteo Ricci）擔任御用數學家和製圖師。利瑪竇引進西方的幾何學和三角學，繪製出精確的世界地圖，畫出經緯度和主要的大陸。他會說和寫，也讀得懂中文，認為天主教信仰和孔子學說之間完全沒有矛盾，促成許多學者與官員皈依基督教。即使在今天，中國人仍舊敬仰利瑪竇，認為他精熟且尊重中國文化。

到了利瑪竇去世的時候，也就是一六一〇年，歐洲人不斷出沒於中華帝國的邊區。歐洲人從一五一七年開始來到中國，當時葡萄牙商人來到中國，很快便獲准登陸澳門，定居下來。荷蘭人隨後來到，接著十七世紀時，西班牙人、法國人、英國人和其他歐洲強權紛紛前來。中國朝廷認為歐洲人來華，顯然利弊參半。與歐洲人做生意，替皇帝賺進了大把銀子。但是皇帝把大部分的獲利直接收進自己的金庫，而且規定只能在廣州港與歐洲商人做生意，以保護朝廷的專賣權，一方面也擔心外國人會帶來負面的影響。中華帝國雖然是一部組織嚴密、平衡微妙的機器，但誰知道這些異邦人會在文化、經濟或政治上造成什麼樣的不穩定？官方刻意不去仔細瞭解歐洲和歐洲各個民族，認為深入瞭解會有危險。除了紫禁城的庫房以外，中國人唯一能夠見到歐洲地圖的地方就是廣州。十八世紀中葉，帝國宮廷畫師繪製了一部大型百科全書，分成十卷，名為《皇清職貢圖》（一七六一年），記述官方對外面世界的看法——一個深受《山海經》等古文獻的觀點所影響的世界。不論是否是想像出來的，各個異

偌大的旗幟宣示著西方人在廣州外郊的「洋行」區。直到 1842 年，中國只准許歐洲人和美國人在這裡居住與貿易。（© Private Collection / Roy Miles Fine Paintings / Bridgeman Images）

邦民族都是以對文明——也就是「中央王國」——的忠誠度來定義。作者沒有特別描繪英國、法國、義大利、荷蘭、俄國、乃至於大西洋的正確位置。根據《皇清職貢圖》的記載，歐洲國家的人民皮膚「白皙」，鼻子「高挺」，一頭紅髮；偏愛穿貼身的服裝，性格好戰，重女輕男，只關心做生意。（在傳統的中國，至少從孔子的時代開始，商人就被視為社會地位最低的人。）看在帝國官員的眼裡，歐洲人行為舉止比較像狗或羊，而不像文明人。歐式商船中國皇后號來到廣州時，船員與英國人說著相同的語言，像周呱之類的當地商人，不僅對這些人的祖國感到好奇，更開心的是，又有新的生意夥伴。然而，對於帝國官員而言，他們不過一樣是紅頭髮、白皮膚的外國人，來自千里之外「沒有文化的蠻荒」地區。

美國獨立戰爭結束時，美國人對中國所知甚少，中國人對美國也是如此。約莫半個世紀以來，美國人最喜愛的飲料是從英國用船運送到美國的中國茶，運送茶葉的條板箱上印著英屬東印度公司的章。一七七三年，幾十名波士頓市民打扮成莫霍克族印第安人的模樣，把裝在條板箱裡的「公司」茶葉扔到波士頓港裡，抗議英國對美國人最愛喝的飲料課徵不公平的稅金。買得起茶葉的美國人，喜歡用精美的中國進口白色瓷杯來喝茶。杯身上畫著漂亮的小風景畫，他們以為中國的景色八成就是那樣：有形狀奇特的藍色小柳樹，有河流，有橋梁，橋上有一兩個白臉的人。喬治·華盛頓得知中國人的膚色其實不是和骨瓷一樣白時，應該會大吃一驚。

十八世紀期間，英屬東印度公司壟斷亞洲所有的貿易，在美洲殖民地的商人不得前往中國，或直接與中國商人做生意。殖民地的人民只能從歐洲旅行家所寫的書籍和其他記述，來獲得關於中國的淺薄知識，最著名的應該是法國耶穌會傳教士杜赫德（Jean-Baptiste Du Halde）所著的《中華帝國全志》（*General History of China*）。班傑明・富蘭克林（Benjamin Franklin）和湯瑪斯・傑佛遜（Thomas Jefferson）都有一本，分別於一七七〇年收藏於費城富蘭克林聯合圖書館（Franklin's Library Company of Philadelphia）和一七八九年收藏於紐約社會圖書館（New York Society Library）。杜赫德從未到過中國，不過，他向多名曾在中國居住多年的耶穌會傳教士直接搜集資料。《中華帝國全志》推崇中國的政府、法律和哲學是值得仿效的典範，伏爾泰讀完後就愛上中國。有幸拜讀這本鉅著的美國人，能夠學習到關於萬里長城和北京皇宮的知識，並研讀聖人孔子的學說，一窺中國餐宴的禮儀。在中國的餐宴中，最美味的菜是「精心烹煮各種動物的鞭和燕窩」。[14]

一七七二年出版的佚名作品《中國旅行家》（*The Chinese Traveller*）也同樣廣為流傳，據說是根據耶穌會傳教士以及「當代其他旅行家」的經歷撰寫而成的。書中匯集許多故事，描繪異國的奇特習俗和驚奇探險，讀起來比較像《格列佛遊記》（*Gulliver's Travels*），不同於杜赫德的審慎記述。書中記載的資訊有些看似是在倫敦碼頭打聽到的，包括到哪裡尋花問柳，以及關於做買賣的警告：「中國人比歐洲人高明的，就只有騙術而已。」[15]關於中國食物，《中國旅行家》記載許多奇特的習俗，包括中國人用筷子吃東西，普遍吃米飯，習慣把食物切成小塊才端上桌。令作者特別感興趣的是，中國人喜歡吃五花八門的動物：「他們不僅吃那些我們吃的禽獸魚肉，也認為馬肉是美食。他們不認為吃狗、貓、蛇、青蛙有害健康，任何一種有害的動物都吃。」[16]下面這段描寫廣州賣的肉類，可以更深入探究這項習俗：

起初看到市集裡在販售狗、貓、老鼠、青蛙等動物，我著實大吃一驚。不過，我很快就發現，他們吃什麼肉都沒有顧忌，死在水溝裡的動物和肉販宰殺的動物，他們都覺得一樣好吃。貓狗通常是活的，關在簍籠裡，大部分都幼齡，但是體型肥大，保持得非常乾淨。老鼠很肥，有些體型巨大，一般都吊在市集的竿子上，掛在釘子上，皮沒有剝下。[17]

從十八世紀末和十九世紀初開始，幾乎每篇記述中國食物的文章都這樣寫：中國人會吃狗、貓和老鼠。有些文章出自未經證實的文獻，像是《中國旅行家》，不過，有些文獻記述詳細，看起來像是真的。（去過現代廣州市場的人都會看到，廣州人仍舊在賣五花八門的活動物作為食物，包括狗和貓。）因此，讀過那些關於中國人飲食習慣的文章之後，當代的讀者應該都會認為中國人什麼都吃，連自己疼愛的寵物和骯髒的有害動物也照吃不誤。

杜赫德的《中華帝國全志》和《中國旅行家》之類的書之所以廣為流傳，另一個原因是書裡記載許多關於中國經濟民生的資料：中國的主要產品、最常進口的商品、商業活動。美國人讀這些書可不是閒著無聊，因為美國的主要收入是來自國外貿易，所以商人必須盡量吸收關於外國的知識。美國獨立戰爭結束之後，英國仍舊是海權霸主，阻撓美國船隻前往歐洲和加勒比地區的許多地方。然而，英國海權尚未掌控太平洋或通往當時全球人口最多的國家——中國——的航海路線。一七八〇年代，美國東岸的每個港口都有人在談論打算航行到中國。最大力宣傳到中國探險的人是約翰．雷亞德（John Ledyard），這位冒險家曾參加庫克船長（Captain Cook）最後一次環遊世界的航行。雷亞德提出一個做

《中國旅行家》裡的一幅刻畫，描繪中國人在捕捉水禽。根據《中國旅行家》的記載，中國人會訓練鴨子幫稻田除草，並吃掉昆蟲和青蛙等會破壞作物的動物。（General Research Division, The New York Public Library, Astor, Lenox and Tilden Foundations）

生意的點子，他認為到太平洋西北地區獵捕海獺，把皮毛拿到廣州賣，能夠賺大錢。支持者們後來發現這項計劃成本太高，於是決定改賣他們從杜赫德的《中華帝國全志》所得知的東西。據說中國人願意出高價購買作為傳統藥物的人參。不出幾個月，中國皇后號的貨艙就載滿人參，往東航向中國。

從一七八四年到一八四四年，美國每年到中國貿易的儀式幾乎都一樣。美國商船在八月到十月的某個時間點停泊在黃埔，卸下貨物。美國商人住在美國洋行，「像花一樣美麗的國旗」在洋行正面飄揚。美國商人開始把貨物賣給中國商人。晚上，他們就回到住所，一邊吃豐盛的西式餐點，一邊暢飲進口酒，讓食物更好入喉，或者拜訪其他外國商人，交際應酬。至於娛樂，他們可以到洋行區的河邊散步，在河上比賽划船，或者在一名口譯人員的陪同下，到附近的中式花園散步。我們只知道，在洋行區生活會讓人產生幽閉恐懼症；除此之外，至於美國人對中國有什麼想法，我們所知不多，畢竟他們主要還是去做生意。關於在那裡的經歷，他們留下的記錄少之又少，尤其是剛開始貿易的那幾十年。貨物賣掉之後，他們會買中國商品運回美國賣，有茶葉、絲綢、瓷器、南京紫花布，還有用太陽曬乾的小飾品，他們喜歡用那些飾品來裝飾在美國的家。西方國家的商船通常會在一月時駛離黃埔，美國商人可以選擇搭船回家，也可以選擇到附近的澳門待幾個月，直到下個貿易季節到來。澳門風景如畫，海風溫暖柔和，有大片歐洲的殖民地，西方商人始終認為，與廣州相比，在澳門比較自在。

打從一開始，美國商人就一直為要帶什麼東西到中國來賣而傷腦筋。廣州商人接受西班牙銀元，這是主要的貿易貨幣，不過，美國人能提供的西班牙銀元有限。人參很快就賣完，美國商人想起雷亞德曾說過，太平洋西北地區有大片海獺的棲息地。他們也發現，三明治群島（也就是夏威夷群島）叢林裡有許多中國人偏愛的芳香的檀香樹。幾十年來，美國商人把一船又一船的海獺皮毛和檀香木載到廣州販售、賺錢，最後幾乎把海獺都殺光，把檀香樹林都砍光。美國人接下來鎖定他們最早在廣州市集裡發現的一種商品：擺成一堆一堆的，看起來像雪茄，表面粗糙凹凸，摻著棕色、灰色和黑色，有一種特殊的魚腥臭味，擺在市集的草編簍子裡賣。那是乾燥海參，法文稱為「bêche-de-mer」，「海蟲」的意思。海參是軟體無脊椎動物，與海星和海膽同屬於棘皮動物門，棲息於熱帶淺海。幾個世紀以來，中國人認為海參是一種美味的食材，一方面是因為海參煮起來好吃，一方面是因為據說吃海參能增加體力和生育力。廚師會把乾燥海參放在水裡泡軟，接著放到仔細調味的湯頭裡面熬煮，讓海參吸收湯頭的氣味，並且讓湯增添淡淡的魚香味和軟嫩黏滑的口感。

美國商人只知道海參「在中國市場很暢銷」。橫越太平洋的途中，他們會在東加、薩摩亞和斐濟等島嶼停下來，透過當地的酋長聘僱大批的島民，用貿易商品來支付，像是槍砲、火藥和短斧。（島上各個部族派系之間經常互相交戰，這些武器導致戰死的島民大幅增加。）原住民到附近海域撿拾大量的海參，美國人在海灘上搭建曬乾海參用的棚屋。海參會先被丟到大鐵鍋裡煮熟，接著清除內臟，最後煙燻。徹底曬乾後，海參被裝到草編簍子裡，搬到美國商船上。在廣州的市集，最珍貴的品種每簍一百二十五磅可以賣到一百一十五西班牙銀元。有一名法國旅行家在馬來亞沿岸嚐過清洗過的新鮮海參，說「嚐起來有點像龍蝦」。

在廣州的市集裡，美國人還發現另一樣古怪的商品，那就是可以吃的鳥窩，稱為燕窩，看起來很像黃色的殼，質地柔軟，但是價格高得嚇人，一百三十六磅的頂級燕窩要價三千五百銀元！從印度到東南亞的熱帶沿岸有許多洞穴，洞穴裡棲息著兩種金絲燕，屬於雨燕科，燕窩最豐富的來源就是那些洞穴。金絲燕把杯狀的窩蓋在洞壁高處，幾乎完全用唾液築成。原住民必須拿著火光搖曳的火把，爬上靠在洞穴裡又高又長、搖搖晃晃的梯子尋找燕窩。最珍貴的品種是幾近白色的，不含任何細枝或其他雜質；顏色比較暗的「黑色」燕窩則必須經過仔細清潔才能烹煮。燕窩本身吃起來幾乎沒有味道，中國廚師會用燕窩吸收湯頭和燉煮物的氣味，為菜餚增添一種特別的黏滑口感。杜赫德寫道：「廚師會摻著其他的肉一起煮，讓燕窩變得美味。」[18]與海參一樣，燕窩也被認為有助於增強體力和男性的性能力。美國商人一找到東南亞最多的燕窩供應源，便開始把燕窩運到中國去賣。

在這段中國貿易時代的初期，有數百名美國人和歐洲人在廣州工作，他們用西方文化把自己包覆住，宛如蟬繭一般。雖然他們從起床到就寢，一切生活所需都是由一群中國僕人打理，但他們依舊穿著西方服裝，大都不肯學習當地的語言（其實也不能全怪他們，帝國明令禁止中國人教授外國人漢語或廣東話，不過，一些外國人還是會偷偷聘人私下教授漢語），會到天主教或新教教堂做禮拜，幾乎只和西方人打交道，一天三餐都吃西方飲食。這種共同意志的行為著實不可思議，因為中國城市終究只有咫尺之遙，有時候甚至就在窗外而已。他們肯定有聞到從中國屋舍廚房裡飄來的味道。洋行區和這座大城市之間的邊界是由幾條狹窄的街道所構成，街道上有「長長的飲食攤販，販賣水果、糕餅、果脯、湯等飲食」，西方人不可能沒有看到。[19]

儘管如此，直到一八一九年才出現第一份記載美國人吃中國菜的紀錄，而那已是蕭三畏到中國的三十五年後。撰文者是布萊恩・裴洛特・提爾登（Bryant Parrott Tilden），這名年輕的商人來自塞勒姆，在幾次前往亞洲的航行中擔任貨物總監。在廣州，他結識了大商人潘正偉（Paunkeiqua），潘正偉與許多美國公司建立良好的關係。就在提爾登的船即將啟航返回美國前夕，潘正偉邀請美國商人們到他在河南島的宅邸待上一天。提爾登記述那次作客享用的盛宴，與蕭三畏乃至於威廉·希基在半個世紀前所描述的並無二致。首先，他參觀潘正偉的傳統中式花園，碰上潘正偉的幾個孩子大喊「番鬼！番鬼！」接著，潘正偉帶他去參觀書房，裡頭「有幾幅看起來很古怪的老舊中國世界地圖，這些『天朝人民』以為世界地圖就是那個樣子，中華帝國占據世界的四分之三，周圍是無名的島嶼和海洋，地圖的邊緣就是世界的盡頭」。最後，東道主告訴他：「來，提兄，you must go long my for catche chow chow tiffin。」意思是說，晚餐在寬敞的餐廳吃。賓客們進入餐廳之後，到一張張的小桌子前就座。

「不久後，」提爾登寫道，「僕人排成一列走了進來，端著高級的湯盅和大碗公，外側有漂亮的彩繪和鍍金，裡頭裝著湯，包括赫赫有名的燕窩，還有各式各樣的燉煮菜餚，和很多煮熟的米飯，還有同樣款式的小碗。不過！沒有盤子和刀叉。」（提爾登所說的「菜餚」，應該是指精心烹製的菜餚，而不是難吃的雜燴。）

美國人試著用筷子吃，結果模樣十分笨拙：「我們有幾個人用筷子的模樣，看起來比猴子拿毛線針還要滑稽。」最後，東道主吩咐僕人拿西式餐盤、刀叉與湯匙，這才讓他們不再不自在。接著，主菜開始端上桌：

在三個鐘頭裡，二十道菜分開來送上桌，放在二十種不同精緻的瓷製餐具裡，有湯、凝膠狀的食物、各式各樣的切丁燉肉雜燴，還有小鳥冠，這是大家特別喜愛的一道菜餚。還有一些魚肉，和各式各樣的蔬菜，以及米飯，還有中國人很喜歡吃的酸菜。中國人烹煮時，大都會使用很多薑和辣椒。餐桌上沒有大塊獸肉或完整的鳥禽。更換餐點時，我們自由閒聊，暢飲馬德拉葡萄酒和其他歐洲葡萄酒——以及昂貴的茶。[20]

吃過水果、糕點，又喝了些葡萄酒，餐宴終於結束。提爾登和朋友們興高采烈地離開（還裝了一肚子的酒），潘正偉請他們吃這頓盛宴令他們感到榮幸。然而，提爾登卻完全沒有告訴我們，美國人是否真的喜歡吃這些「菜餚」。

一八三〇年，美國傳教士也來到廣州和澳門，與商人作伴。在當時，從新英格蘭往西傳播到邊境的美國宗教覺醒運動已有數十年。這股福音基督教會運動的關鍵信條，就是把新教福音傳揚到美國和世界的各個角落是神聖的使命。麻薩諸塞州有一名農夫的兒子叫裨治文（Elijah Coleman Bridgman），他也被這股熱潮感染。他參加當地的一場復興佈道會時，決定把人生奉獻給上帝，最後被任命為「基督的服事者，還有傳教士，負責向異教徒傳教」。裨治文得知中國境內的異教徒多過世界上任何一個國家之後，旋即搭上下一艘前往亞洲的船。他在廣州登陸之後，馬上去參觀一間中國寺廟，住持邀他一起吃東西。在一名翻譯人員的協助下，他一邊喝中國茶、吃「果脯」（應該是用糖醃漬的水果），一邊詢問住持的宗教信仰。吃完這頓餐飲之後，裨治文「感謝住持的熱情招待，並且回送謝禮。我們離去時，他跟原來一樣沒變，仍舊是個崇拜偶像的可憐人」。[21]

裨治文很快就下定論，認為「中央王國」是世界上道德最低落的國家：「充斥崇拜偶像、迷信、詐欺、作假、殘酷的行為，到處都有人遭受壓迫，邪惡宛如大洪水，四處氾濫成災。」[22]更糟的是，中國人對他所傳的福音充耳不聞。廣州主管當局不准傳教士到城裡傳教，澳門當地的中國人也對他的救世福音興趣缺缺。傳教二十年之後，裨治文和其他的美國傳教士完全沒讓任何一個中國人信仰基督教；雖然有少數幾個中國人曾改信基督教，但最後全都屏棄了基督教！

裨治文的信念堅定，喜愛與別人談論自己對中國的憧憬，有人想聽他就說。一八三二年，他擔任愛德門．羅伯茲（Edmund Roberts）的廣州嚮導。羅伯茲是美國外交官，周遊世界各國，促進貿易關係。羅伯茲曾發表一長篇文章，論及旅行的感想，字裡行間充滿強烈的仇外情緒。關於中國人，他這樣寫道：

他們有許多墮落罪惡的習性，人民普遍愛賭博，賭到傾家蕩產，聲敗名裂。他們喜歡吸食極度傷身的毒品，狂喝易醉的烈酒，喝到爛醉如泥。還有，他們貪吃的習性令人作嘔，凡是會跑、會走、會爬、會飛或會游水的，實際上，只要能當成食物吃的，不論是陸上或海上的，就算是別人覺得噁心至極的東西，他們也吃得津津有味。[23]

他非常厭惡中國人的飲食習慣，或許特別是因為他住在美國的洋行，從窗戶就可以俯瞰舊中國街的下午市集裡販賣著貓和狗。

與裨治文一起到廣州的傳教士還有伯駕（Peter Parker）和衛三畏（Samuel Wells Williams）。伯駕是另一名麻薩諸塞州農民的兒子，就讀阿默斯特學院（Amherst）和耶魯大學（Yale），當時這兩所學校的學生畢業後大都成為律師和傳教士。有一位同班同學說他身材矮胖，個性懶散，但是認真起來的時候，「動作和癩蛤蟆一樣快」。伯駕下定決心也想要拯救中國的異教徒之後，輔導老師便建議他讀醫科，以備不時之需。伯駕在廣州傳教遭遇重重困難，後來開了一間診所，幫中國人治療眼疾。衛三畏是這群人裡面唯一沒有取得神職的人，他的父親是紐約州由提卡（Utica）的印刷商人，篤信基督教。衛三畏本來想要當植物學家，但是父親幫他找到差事，到廣州經營教會的印刷廠。登陸不久後，他便寫信給父親：

> 我來這裡已經一個星期，在這麼短的時間裡，就看到許多崇拜偶像的愚行，徹底激發了我的鬥志。……在日暮之時，到那些街道上走走，就會看到有人在做基督所憎惡的罪行。基督說過：「除了我以外、你不可有別的神。」深刻察覺如此聰明的民族沉淪得如此之深，熱情的基督徒實在無法不受撼動。[24]

衛三畏與裨治文一起書寫文章，發行月刊，名叫《中國叢報》（*Chinese Repository*）。發行期間，《中國叢報》就像百科全書一樣，匯編西方人對於中國的知識，包括飲食習慣。

來到廣州四個月之後，衛三畏受邀吃第一頓中國餐點，到一名商人的府上參加沒辦法推辭的餐宴，

「其實吃這一餐，充其量只是滿足了好奇心，根本一點都不愉快」：

晚上七點，晚宴開始，第一道菜是燕窩湯，我們用筷子吃，一開始用得笨手笨腳；要用兩根象牙棒吃湯，需要稍微練習才行。接下來的菜餚，我們既不知道名稱，也不知道是什麼食材做的，不過，嚐起來都很像。全都裝在約莫茶杯那麼小的杯子裡，端給每位賓客，並同樣都用筷子吃。吃流質的菜餚時，像是湯，中國人會把嘴巴湊到碗邊，把碗裡的食物撥進嘴裡。他們吃米飯也是這樣吃，吃得很快，我得用湯匙才有辦法吃那麼快。我們吃了燕窩、蓮藕、豬舌、魚肚、魚翅、海參、魚頭等，一共十四道。之後，還上了歐式餐點，不過品質差多了。[25]

在廣州，美國傳教士和商人之間的主要差異在於裨治文及其同事真的對中國人的生活感興趣。他們之所以好奇，是因為要傳教，他們明白，如果不瞭解中國人的歷史、信仰和習俗，是沒辦法說服中國人改信基督教的。裨治文和衛三畏研究中國人生活的各個層面，從度量衡，到文法，以及朝廷禮儀，把發現到的全都刊載在《中國叢報》。許多美國期刊轉載這些文章，商人很愛讀，想尋找可用於中國貿易的知識。

一八三五年，衛三畏寫了一篇長文，刊載於《中國叢報》，探討「中國人的飲食」。他仔細研究主題的每個層面，充分展露他的科學背景。他坦言，由於外國人在中國境內的旅遊受到限制，他在文章裡對於中國菜所提出的觀點並不完整：「為了查證這麼多人吃的食物源自何時，以及各種烹煮食材的方式，我們必須參考所有我們找得到的資料。然而，我們能詢問的，主要都是那些多少接觸過外國人的人。」衛三畏不只採用旅行家的記述，也根據自己在廣州城裡和附近觀察所見，首先以一段長的篇幅來描述中國人飲食的穀物、蔬菜、水果、油料植物、魚、家畜、鳥禽、昆蟲、不含酒精飲料和含酒精飲料。他接著談論中國人的廚房、烹調技術和飲食習慣，還提到城市裡有許多「客棧、餐館和餐飲攤販」。談到大型餐館，他這樣說：「我們猜顧客很多，不過，是哪個特定階層的人在光顧，或者是各個階層的人都有，我們就不得而知了。」法令仍舊禁止外國人進入城裡，因此，沒有外國人曾在廣州城裡的餐館用過餐。這篇文章寫到一半，衛三畏無意間坦白說出對中國菜的看法。從這裡我們終於知道，商人對於到河對岸的河南島吃餐宴裡的古怪料理有何感想：

> 中國人的烹調方式和飲食習慣很奇特……菜餚裡普遍會使用油，不一定是純淨的油，還有洋蔥，總是會有一股味道，伙房人員因為習慣而忽視，但是歐洲人幾乎無法忍受，艾里斯（Ellis）描寫得很貼切，就像「大蒜在舊毯子上腐爛的味道」。端上桌的每道菜，調味料、口味、氣味，全都無法辨識其差異，我這個外國人吃起來覺得都一樣，無味又油膩。[26]

我不明白，中國菜怎麼會無味，但又有大蒜味、洋蔥味和油耗味。其實，西方人不管在哪裡都會聞到那股味道，即使在餐廳外，美國人和歐洲人顯然都認為這就是中國人身上的味道——大蒜味、洋蔥味和體臭味。

到了一八三〇年代末期，中國人和西方人之間的關係變得緊張；西方人厭倦了被囚禁在廣州和澳門，他們亟欲到全中國賣他們的商品。美國人和歐洲人也厭煩了中國人的自負，裨治文認為中國「自稱是世界霸主，實在是荒謬可笑」。對他們而言，凡拒絕信奉基督教的國家，就沒資格自稱是人類文明的中心。在中國方面，道光皇帝及其高階大臣都認為至少要管束蠻人，最好把蠻人全部趕出「中央王國」。他們是有正當的理由的。幾十年來，英國人一直從印度走私鴉片到中國，這不只違反中國律法，也違反西方道德，但是利益太大，英國無法停手：賣鴉片的收益讓英國得以維持海權霸主的地位。美國商人則厭倦繼續賣海參和燕窩，也開始從土耳其運送鴉片來賣。到了十九世紀初，數十萬中國人吸食鴉片成癮的這種情況破壞人民的生計，削弱當地的經濟。華南沿岸還有半數官員貪汙收賄。最後，一八三九年，道光皇帝下令封鎖廣州，逮捕走私要犯。此舉引發了一八四〇年到四二年的鴉片戰爭，釀成災禍。

道光皇帝以為加強封鎖廣州港，在廣東省沿岸架設火砲就夠了。結果英國艦隊繞過廣州，沿著中國東岸北上，轟炸沿岸城市。接著折返廣州，包圍廣州，逼迫官員投降，交付巨額贖金。一八四二年，英國的其餘亞洲艦隊從印度航抵廣州，如此一來，英軍一共有數十艘全副武裝的戰艦和一萬名士兵。英軍再度沿著中國海岸北上，攻占主要的港口城市，甚至威脅到北京。中國軍隊在長江流域抗戰最為激烈，但是完全無法抵擋英國的武器和軍隊。長江流域是中國最富庶的地區之一，西方軍隊沿著長江長驅直入，消滅任何反抗力量。中國軍隊被消滅後，皇帝動搖猶豫，無法決定要投降還是繼續抗戰。最後，他傳喚親信大臣耆英，耆英和道光皇帝一樣是滿族人，是清朝創建始祖的嫡系後裔。耆英親眼見過英國軍隊可怕的戰力，因此，勸諫皇上除了求和，別無他策。皇帝明白這場戰爭危及清朝的存亡，於是答應求和。一八四二年八月，耆英在一艘英國戰艦上簽署《南京條約》，中方答應與英國建立完整的外交關係，把香港割讓給英國女王，加開四個通商口岸，並支付巨額賠款。這是自從蒙古人在十三世紀入侵中國之後，中國敗在外族手中所蒙受的最大恥辱。

CHPATER 2

第二章

大蒜在舊毯子上腐爛的味道

PUTRIFIED GARLIC ON A MUCH-USED BLANKET

一八四四年二月，載著四十四門火砲的美國軍艦白蘭地酒號（Brandywine）的白色船帆出現在華南沿岸附近。艦上最重要的貨物是第一位前往中國的美國使節凱萊布．顧盛（Caleb Cushing）。他帶著美國總統約翰．泰勒寫給中國皇帝的一封信。一大群人聚集在澳門的碼頭迎接他，還有一支海軍陸戰隊的軍樂隊演奏著樂曲，葡萄牙堡壘的火砲隆隆發射禮炮。載著顧盛的那艘船上有十幾名美國水手在划槳，船進入視線範圍後，大家先看到的是他的服裝：他戴著頂部有一根鴕鳥羽毛的海軍大藍帽，穿著飾滿金色鈕扣的藍色外套、側邊有一條金色飾條的白色褲子、裝著馬刺的長靴，這是少將的制服。有些婦女用扇子遮著臉偷笑；歐洲商人則互相交頭接耳，冷嘲熱諷。當顧盛特使下了船，眾人一看到他的臉便立即停止竊笑。他看起來是十九世紀官員的典範，身材高大，下巴堅挺，嘴線嚴肅，八字鬍滑順。他的嗓音深沉，宛如男中音，再大的會議廳，都能傳遍各個角落。其實他之所以無法取得最高的政治職位，純粹是因為性格冷漠，不肯妥協，不夠平易近人。顧盛在碼頭上與達官顯貴握手時，大家都感覺得到他很嚴肅地看待自己肩負的任務。顧盛冒著生命危險跨越半個地球（他的一艘船遭燒毀），因此鐵了心，不顧一切要簽訂條約，以建立美國與中國之間的外交關係，即使得吃一頓中國菜，也在所不惜。

一八四〇年到四二年的鴉片戰爭結束之後，美國亟欲加強對東亞的影響力。總統泰勒和國務卿丹尼爾．韋伯斯特（Daniel Webster）很清楚《南京條約》的內容，而且聽說英國商人會率先在中國打開新市場。顧盛帶來給中國皇帝的那封信（信中以「凱萊布．顧盛伯爵」稱呼送信的顧盛，說他是「美國的賢達」）建議中國與美國之間開啟「和平友好」的新時代。泰勒所謂的友誼包括全面外交關係，賦予美國商人貿易特權（至少要與《南京條約》給英國人的一樣多），還有准許美國傳教士與中國人住在一起，向中國人傳教。接下來的幾十年，美國的外交官、商人和傳教士確實與中國官員、三億中國客戶和百姓有了更加密切的接觸。然而，鴉片戰爭結束後的那幾年，是否開創了兩國人民之間的友好新時代，實在難說，但是美國人倒是因此品嚐到了中國菜。

在鴉片戰爭爆發前幾十年，兩國之間只有商業關係。在廣州的美國商人強烈反對美國與中國簽訂條約，因為他們不想讓有利可圖的現況遭到破壞。這種態度在封鎖廣州期間改變了，美國商人請求美國戰艦干預，保護他們的性命。但美國還沒派出戰艦，戰爭就爆發了。因此，一八四一年伯駕前往華盛頓，建請泰勒和韋伯斯特答應美中正式簽訂協議。伯駕深怕這場衝突會導致中國向西方關閉門戶，如此一來，不只美國會損失生意，中國的異教徒也將無法獲得傳教士的「心靈救助」。伯駕想要請前總統約翰・昆西・亞當斯來領導首度前往中國的美國外交使節團。亞當斯對鴉片戰爭發表演說，結果引發群情激憤。亞當斯說，戰爭的真正肇因，並非鴉片買賣，而是「中國人高傲自負，中國與他國往來，不論是政治上或商業上，雖然沒有明言，但總是表現得高人一等，用言行羞辱人。」[1]他繼續說道：「我們必須挺身阻止中國繼續踐踏人權與國家基本權利。」[2]倘若與中國人談判破局，亞當斯和伯駕一樣，已經準備好要用戰艦強行取得美國在中國的貿易權。

韋伯斯特並沒有那麼想要動武，但他想要與中國簽訂條約有他自己的理由。當時「昭昭天命」（manifest destiny）這個詞還未創造出來，不過其背後的理念在一八四〇年代初期就已經流傳甚廣。許多美國政治家認為美國獲得了上帝的授權，管轄直達太平洋的所有土地，意指德州、加州、奧勒岡領地，乃至於英國殖民地加拿大。韋伯斯特已經聲明三明治群島，也就是原住民所稱的夏威夷群島，是在美國的「勢力範圍」內。下一步就是阻止大英帝國在太平洋另一邊繼續擴張勢力。韋伯斯特一得知《南京條約》的消息之後，旋即開始策劃首次派遣美國高階外交使節團前往中國，目標是要與中華帝國朝廷建立全面的外交關係，為美國商人謀取有利的貿易條件，並且清楚表明美國與英國不一樣，美國無意對中國動武。於是，韋伯斯特請凱萊布・顧盛來領導這次外交行動，顧盛與他志同道合，贊同積極擴張的外交政策。顧盛在波士頓對一群人說：「諸位，請容我說說自己的想法，我前往中國，是代表文明，期盼三億亞洲勞工能向美國敞開大門。」[3]

在澳門，顧盛並未受到當地的美國人歡迎，因為他們擔心他缺乏與中國官員打交道的經驗（而且他的制服很滑稽），反而會害他們與中國朝廷的關係變得更糟。結果他們擔心的事果然成真，顧盛請求前往北京，但皇帝直截了當地拒絕了。一個無禮又難纏的外國人來到中國，只會讓帝國朝廷亂了章法。不過顧盛並沒有因此打退堂鼓。他馬上聘請伯駕和裨治文擔任他的翻譯人員和中國事務的常駐專員。顧盛一方面繼續糾纏皇帝，請求前往北京，一方面認真向伯駕和裨治文學習當地的禮俗。他必須能夠面對任何可能會發生的狀況，不論是在談判桌上或餐桌上。最後，皇帝決定派皇親耆英去與這個蠻人特使談判，耆英此時擔任欽差大臣，其實就是中國的外交部長。耆英不疾不徐，在一八四四年六月中旬才抵達澳門。還有大批人員隨行，包括數名副官、幾十名僕人和一支軍隊。他把總部設在澳門城牆外附近的普濟禪院（現稱觀音堂）。他立即傳話到澳門，說他隔天要進城拜訪美國使節。

翌日早晨，耆英前往一哩半以外的澳門城，他位高權重，出行排場盛大莊重。一名傳令員先行奔

1843到1845年，美國訪華特使凱萊布・顧盛。他來到中國之前，曾在國會任職八年，期間擔任過兩年眾議院外交事務委員會主席。（Prints and Photographs Division, Library of Congress）

往，帶著手諭，上頭寫著欽差大臣即將到來。接著隊伍才從普濟禪院出發。亞熱帶的熾熱太陽高掛天空。有兩名令人望之生畏的軍官走在隊伍前頭，一名揮舞著長柄斧頭，另一名甩著鞭子，驅趕路上的行人。一支正規軍跟在兩人後面，接著是一支軍樂隊，敲打銅鑼，吹響號角，告訴大家欽差大臣正在出行。接著是三名副官，坐在僕人抬的轎子上。接著才是耆英本人，在炎熱的天氣裡，懶洋洋地幫自己搧風。他身材矮胖結實，顯然吃得很好，蓄著整齊的小綹山羊鬍和八字鬍，眼裡閃著幽默睿智的光芒。他的絲織長袍質地輕盈，在夏天穿起來很涼爽，從他繫的那條黃色腰帶就可以知道他是皇親國戚。他的官帽上面的紅色頂珠和孔雀翎顯示他官居高位。與所有中國男子一樣，他以髮型來表現效忠滿族統治的清朝：前側頭髮剃光，後面垂著長辮。中國的這個偏遠地區已經好幾十年沒有出現如此位高權重的帝國官員了。

隊伍進入澳門，沿著濱海大道「南灣道」（Praya Grande）蜿蜒而行，前往美國使節團下榻的宅邸。三艘美國戰艦裝備多門火砲，停泊在港口。耆英走下轎子，美國海軍陸戰隊的儀隊發射三發禮炮。穿著厚重的羊毛制服，汗流浹背的美國人已準備好要迎接他。從這一刻開始，事情就不怎麼順利了。伯駕和裨治文已經向顧盛簡單說明中國禮儀，但是耆英及其副官的舉止仍舊令美國人緊張不安。中國人沒有與美國人握手，而是用中國傳統鞠躬作揖的方式打招呼。接著，他們進入使節團的住所，沒有脫下帽子。語言障礙讓情況更加尷尬。耆英講北京話，伯駕和裨治文只稍微聽得懂廣東話。幸好，耆英的一名副官廣東話說得流利。耆英一一詢問每位美國人的年齡，又讓他們感到尷尬。然後，傳來裙子的窸窣聲，一名美國婦人出現，那是伯駕的夫人。中方代表團嚇了一跳，陷入沉默。在中國，根據孔子思想的規範，妻女應該待在家中，留在關緊上鎖的房裡。後來耆英向皇帝稟報，從許多地方可以看出來蠻人「愚蠢無知」，其中之一就是蠻人習慣讓妻女在陌生人面前露臉走動。儘管如此，當耆英聽到準備用餐時，仍大膽地伸出一隻手臂讓伯駕夫人搭住，兩人一起走進餐廳。

在餐桌上，美國人極力表現尊重中方代表團，餐位上擺放著筷子，賓客坐在東道主左側，而不是右側。除此之外，這場餐宴完全遵循西式餐宴的規矩。明確的菜單已不可考，不過，參考十九世紀中葉其他關於中國人吃西方料理的記述，就不難想像當時的菜色。每個座席都會提供麵包和奶油。第一道餐點是湯。接著是煮得過熟的魚，淋著奶油白醬，也可能是一團煮得過熟的米飯，上面放著一塊咖哩肉。配菜有煮熟的馬鈴薯和一些淡色蔬菜。接著就是這一餐的主菜：一支烤腿肉，很可能是羊肉。身為東道主，顧盛隆重地使用大型切肉刀把那一大塊烤肉切成小塊，摻著血的肉汁從肉上面流了下來。點心可能有水果、堅果，或許還有一大塊剛從倫敦用船運過來的史地頓起司。

關於中國人對這餐有什麼反應，我們找不到任何中方的目擊記載。其實，早期中國人記述與外國商人的互動，大都客氣避談西方飲食。美國的「中國通」威廉·亨特（William C. Hunter）在一八五五年的回憶錄《舊中國雜記》（*Bits of Old China*）裡收錄了一封信，那是一名曾經受邀到美國洋行用餐的中國年輕人寫的。西方人在洋行區裡打發閒暇時間，偶爾喜歡寫寫打油詩和嘲諷散文，所以亨特所寫的內容不可盡信。不過，這段文字背後仍可能有一點真實性：

現在來說說坐在餐桌旁用餐的洋人喜歡什麼樣的口味。他們喝著裝在碗裡的液體，他們的外國語稱之為「素普」（湯）。接著狼吞虎嚥吃著魚肉，魚肉弄得看起來活像生的似的。接著一盤盤半生不熟的肉，擺到餐桌的各個位置；肉流出汁液，洋人用很像刀劍的餐具把肉切成一片片，擺在賓客的面前。直到親眼目睹這一幕，我才相信我經常耳聞的是真的，洋鬼子之所以性情凶惡，正是因為喜歡吃這種噁心的東西。……他們大口吃下厚厚的肉塊，把碎肉丟給躁動的狗吃。他們讓許多隻狗在兩腿之間鑽來鑽去，或躺在桌子底下，狗從頭到尾不停吠叫打架。接下來那道菜讓我們的喉嚨彷彿著了火似的，我身旁的蠻人用蠻語說那叫「卡雷」（咖哩），要配著米飯吃，但我只喜歡單吃米飯。接著是一種綠綠白白的東西，味道很濃烈。聽說那是用發酸的水牛奶製成的，把水牛奶放在太陽下曝曬，直到長滿蟲子，變得愈綠、味道愈濃，吃起來就愈好吃。這個東西叫「起誰」（起司），吃起誰，要一邊喝一種渾濁的紅色液體，液體起了泡沫，溢出杯頂，弄髒了衣服，這個飲料叫「配物」（啤酒）。各位能想像嗎？[4]

事實上，像耆英那樣的滿人，是少數眾所周知喜歡吃乳製品的中國人，包括口味清淡的奶油起司。然而，陳年的史地頓藍紋起司可能會令中方代表團反胃。

美國使節團的祕書丹尼爾．韋伯斯特的兒子弗萊徹．韋伯斯特（Fletcher Webster）後來簡短描述這頓餐宴。中國人「看起來不太想吃餐點，不過顯然很喜歡喝蠻人的烈酒、香檳和櫻桃甜酒」。櫻桃甜酒是由櫻桃汁、威士忌和糖混合調出來的，這種西方飲料非常受歡迎，伯駕知道廣州的中國商人都很喜歡。中國代表團喝了很多酒，不是因為貪杯，單純只是遵守傳統中國餐宴禮儀，展現禮貌罷了。敬了好幾巡酒之後，耆英的幾位副官已經醉醺醺了。雖然中國人自己沒品嚐多少菜餚，但仍舊用自己的筷子夾菜餵美國人吃，以表示對東道主的敬意。顧盛等人拚命掩飾厭惡之情，強忍著把碰過中國人嘴巴的餐具上的菜吃掉。「他們的飲食習慣著實可怕。」韋伯斯特說道，「牙齒髒得要命。」美國人以牙還牙，也把食物塞進中國賓客的嘴裡。

最後，餐宴結束了，用餐人士走到涼爽的陽台。耆英及其副官又一一審視他們的每件服飾，從劍袋到有汗漬的襯衫，把美國人搞得更加坐立難安。「幸好，」韋伯斯特說道，「咱們的天才，伯駕醫生，曾告訴我們，這是十分禮貌的舉動，我們必須立刻模仿。」於是美國人開始仔細端詳中國人的服裝飾品，從官帽上的孔雀翎到拇指上的瑪瑙扳指。兩個鐘頭後，中國人準備打道回府了。「他們重新排好隊伍，敲打銅鑼，吹奏管樂器，司令官朗聲號令，馬夫趕緊把小馬牽到官員的兩腿之間。他們離開後，我們不禁思索著中國人的舉止。」[5]

這次相會雖尷尬，但接下來兩週的談判並未因此受阻，雙方都極度渴望簽訂協議。一八四四年七月三日，雙方準備簽署最終協議，簽約儀式在普濟禪院的後側廂房舉行，房裡沒有窗戶。中國人穿著夏季絲綢長袍，涼爽舒適；美國人則穿著平常穿的緊身羊毛制服，在不通風的廂房裡熱得差點昏倒。顧盛在協議書上蓋上印章之後，中國人拿出皇帝的玉璽蓋在協議書上，表示協議書是皇帝批准的。為了慶祝，耆英邀請美國人享用「果茶饗宴」。這是到那天為止，美國人嚐過最精緻的中國餐點，稱為「滿漢」全席。對中國的美食家而言，這是當代最頂級的盛宴，融合了滿族與漢族的地方佳餚，模仿北京皇宮做的珍饈。八成連伯駕和裨治文也不知道自己獲得了多大的殊榮。

餐宴在禪院裡另一間比較大的廂房裡舉辦，一張長方形餐桌上擺設了二十個座席。桌上擺滿大淺盤，上頭放滿香蕉、芒果、柳丁、無花果等水果。進入廂房之後，耆英堅持要美國人脫下羊毛外套，這是中國人的另一項習俗：賓客應該輕鬆自在享受餐宴。自然，這不符合美國的標準餐宴禮儀，反而讓他們更加不自在。大家吃完水果之後，正式餐點開始端上桌，第一道是「布丁」，據說這是耆英自己專門為這場餐宴發明的。韋伯斯特說布丁「很好吃，由此可見欽差大臣有烹飪天分」。接著僕人開始把餐點一道接著一道端上桌，有肉、酥餅、湯、燉煮等菜餚，直到一百個銀製器皿「擺滿餐桌，從這一端擺到另外一端」。

重頭戲是海參、豬上顎和燕窩，至於燕窩，是做成湯或其他形式的菜餚，就不得而知了。韋伯斯特說燕窩「一點都不難吃，像義大利細麵一樣黏韌，像木薯一樣透明，沒什麼味道」。他認為其他菜餚「並沒有幫盛宴增色太多」。又來了，中國人為了表達敬意，又用自己的筷子夾菜餵食客人，美國人只能「張口結舌，忸怩假笑，最後把食物吞下肚！」

餐宴進行了幾個鐘頭，短暫停止上菜，休息後餐點從漢族菜餚變成滿族菜餚。六名廚師進入廂房，每個人都端著一個銀製大淺盤，上頭擺著一大塊烤肉，有豬肉、火腿肉、「火雞肉」等。這些可不是西式廚房烤出來的那種微焦又帶著血水的烤肉，而是可以吃的藝術作品，就像光澤亮麗的中國漆器。廚師把烤肉放到特殊的砧板上，把烤熟的肉切成一片片薄片，分送給賓客享用。在這場餐宴中，只有這些菜餚與美國食物有一點相像。在用餐四個鐘頭之後，最後一道菜端上桌了，一大碗「非常美味的」湯。耆英「用雙手把碗端起來直接喝，喝完遞給特使顧盛，接著碗就沿著整個餐桌傳一圈」。美國人覺得自己好像剛剛吃了一頓順序顛倒的西餐，從水果開始吃，最後喝湯。他們回去澳門時，感覺不到一絲喜悅，反而與馬克白一樣「飽受驚嚇」。[6]

簽署《望廈條約》（譯註：即《中美五口貿易章程》）時，耆英以為自己達到目的，安撫了這個蠻夷強權。現在美國人不太可能像英國人那樣強行入侵中國。他也成功駁回了顧盛的所有要求，其中最重要的，就是顧盛堅決要求前往北京面見聖上。耆英向皇帝上書：「臣設宴招待特使，展現吾國之慷慨自信，特使甚歡。特使現居於澳門，完全支持和平。願此能令聖上稍感寬心。」[7]

然而，美國人是否會加入文明的行列，像朝鮮和暹邏（現今泰國）等藩屬國一樣，這還說不準。比方說，耆英完全看不出來美國人有所進步，仍舊不懂得欣賞中國菜。美國人參加了盛宴，品嚐了頂級美饌佳餚，他們笑容滿面地品嚐燕窩湯或滿族烤豬。但是吃過這麼多中國菜之後，美國人終究還是喜歡難吃的半熟食物！耆英覺得蠻人的餐點粗糙極了，他覺得自己與蠻人一起吃蠻人食物，必須向皇上謝罪：

> 在……澳門，幾次場合中，臣設宴招待蠻人，有十幾到二、三十個蠻人領袖前來赴宴。臣偶爾前往蠻人之住所或船上，與蠻人會面，蠻人亦圍坐成圈，竭力款待飲食。為與其交好，臣不得不與其共飲食。[8]

顧盛也對自己所達成的成就頗為得意，他證明那些在美洲殖民地貶低他的人都看走了眼。條約內容不僅准許美國商人與英國商人一樣，可以在五個沿岸都市做生意，而且條件看起來更加優渥。美國人現在可以在中國境內擁有房地產，這證明中國徹底承認他們的權利。顧盛沒有動用龐大的戰艦部隊和一萬大軍，就為美國與中國的關係建立了穩固的基礎。美國現在在東亞有政治實力，中國門戶洞開，大批要求中國接受西方文明所賜與的經濟與宗教大禮的商人和傳教士湧入。

顧盛回到美國後，在美國民間引發一小波中國熱潮，數千人蜂擁前往參觀「中國博物館」，這場中國貿易工藝品展覽在波士頓的萬寶路教堂（Marlboro Chapel）舉辦。〔八年前就有一名唐先生（Mr. Dunn），在費城開了一間類似的博物館，規模較小，展示有中國文物。〕博物館的大門裝飾得像中國寺廟的入口，莊嚴華麗，門上漢字寫著「中華大觀」。只要二十五美分，就能參觀數百幅畫和其他中國文物，包括數十盞掛在屋頂上的燈籠，還有一艘與原物一樣大小的「蜑家船」。觀光客從描繪皇帝和朝廷的圖畫開始觀賞，接下來的展覽主題依序是宗教、元宵節、婦女、農業、印刷，甚至還有抽鴉片，有一個活生生的「中國人」，恍惚地躺在中式床榻上。最後，他們終於參觀到一些中國食物，包括乾麵、燕窩和海參。博物館的目錄上寫道：「中國餐宴一定有燕窩、魚翅、鹿腱、海參或海蛞蝓等食材熬煮而成的菜餚，還有許多這類只有中國人才喜歡吃的菜。只是西方世界的人民無知野蠻，沒有品味，認為所有中國菜餚吃起來都一樣清淡無味，甚至令人反胃。」[9]

顧盛和弗萊徹．韋伯斯特都利用這股熱潮，到東岸的大城市展開巡迴演講。比較風趣的韋伯斯特講述外交官的諸多冒險經歷，包括參加中國餐宴的「恐怖體驗」。他應該發現自己講得太過頭了，因為有一名在演講廳裡的記者寫道：「韋伯斯特先生繼續說自己無意嘲諷中國人的習俗，但是第一次見到中國習俗，自然任誰都會覺得奇特。」[10]顧盛的演講比較枯燥乏味，偏好道德說教，特別喜歡談論中國習俗的古怪之處：「對於初次接觸中國社會的美國人或歐洲人而言，每樣東西的用途似乎都與他們所認知的相反。他們不只人來到了地球的另一端，也發現中國人的舉止、習俗與道德和他們的天差地遠。」中國人的一切古怪至極，像是服裝、音樂和喪禮，還有從上到下、從右到左的閱讀習慣，諸如此類。當然還有用餐習慣：「中國人用兩根棒子吃東西，需要熟練才能俐落地把食物夾起來放進嘴裡。每樣菜餚都是切成小塊放到小碗之後才端上桌。中國人認為用筷子夾菜給鄰座的賓客吃是尊敬來賓的舉動。」[11]在那個年代，地球上可能有火星人的想法尚未普遍流傳，但顧盛所描繪的中國人就像是當代的外星人，與美國人所認為的正確或適切恰好相反。

一八四五年，美國人聽了他們的演講，在心裡對中國食物產生什麼樣的想像，就不得而知了。廣州的商人、傳教士和外交官所描述的中國菜，是根據親眼見識所寫出來的，不過美國人所記憶的卻不一定都是真的。顧盛回國幾個月之後，至少有十幾份報紙刊登這則小故事：

據說凱萊布．顧盛受邀去與中國的林先生一起用餐時，餐桌上有一道菜，他吃得津津有味，以為那是鴨肉。他不會講中文，又想知道那是什麼，於是吃完後，指著那道菜，用詢問的語氣對著東道主說：「呱，呱，呱？」中國人回答得同樣簡潔，搖搖頭說：「汪，汪，汪。」顧盛先生當時心裡的感受，大家可想而知。[12]

其實，這個玩笑話至少已經流傳半個世紀，只不過顧盛的角色原本是一名英國使節。然而，報紙才不在乎這一點，報紙告訴讀者，這個趣談實在「太好笑了」，多說幾次無妨。關於中國飲食，一般美國人至少知道一件事，那就是中國人偏好吃狗肉。

一八四五年一月十六日，美國參議院一致通過《望廈條約》，隔天泰勒總統便簽署。對於外交官而言，《望廈條約》確立了與中國政府的正式外交關係；對商人和傳教士而言，則是能夠到中國沿岸的更多市場做生意、向更多中國人傳教。然而，《望廈條約》並未開創兩國人民相互瞭解的黃金時代。經過短暫的善意時期之後，美國外交官員很快就認知到中國官方「傲慢保守」，而感到失望。美國人仍舊無法到中國各地貿易和旅行，對於中國官方持續暗示西方文化落後於中華文化感到氣憤。對美國人而言，西方在最近的鴉片戰爭中獲勝，不只證明西方的軍事技術比較先進，也證明西方的道德思想是對的——是上帝親手操控火砲攻打異教徒。至於中國這方，則是更加憤怒了，對於現在外國人控制了重要的中國領土感，而且慢慢毒害中國百姓的非法買賣鴉片有增無減，到義憤填膺。中國官方對於美國人唯一能說的好話是：至少他們不是帶頭賣鴉片、經常以槍炮脅迫並使用各種藉口要求在中國取得更多貿易特權的英國人。其實，美國外交官在玩兩面手法：他們不挑釁中國人，但也不制止英國人。在十九世紀下半葉的美國商人和傳教士看來，大清帝國逐漸陷入亂局，可是千載難逢的機會。

航速快的鴉片飛剪船是西方商人最喜歡的船運工具。每個新的條約口岸一開放——先是廈門、福州、寧波和上海，接著是許多海岸與河岸邊的小城市——商人馬上就蓋起碼頭、倉庫、營業處和住所。以前在廣州，他們抱怨被限制於洋行區，與廣州市隔離。說也奇怪，現在他們竟然仿效起那種隔離做法，只不過面積較大，而且蓋成有柵門的社區，與中國城市徹底隔離。商人中人數最多的英國人還制訂了這裡的社交規範，除了貿易需要之外，不准與「劣等」民族交往。西方人認為中國城牆裡的生活又髒又臭、吵鬧擁擠，令人難以忍受，最好避免進城。他們只有必須與當地官員打交道，或是與中國商人吃飯的時候，才會冒險進城。走過城裡擁擠的街道時，許多歐洲人將枴杖當棍子使用，揮打擋道的中國男女老幼，以防範走在路上時被騷擾。中國官方無可奈何，因為他們無權管控條約口岸裡的外國人。

美國人和歐洲人比較喜歡與自己人交際往來，閒暇時間就到濱水區散步、划船遊河，或是從事運動，像是打板球或騎馬，或是到夜總會喝酒、吃大餐。下面是上海的西方商人的典型用餐菜單：

> 濃湯，還有一杯雪莉酒；接著是一兩道配菜和香檳；接著是一些牛肉、羊肉，或鳥禽肉和培根肉，再來一些香檳，或啤酒；接著是火腿咖哩飯；接著是野味；接著是布丁、酥餅、果凍、蛋奶凍，或奶油和一杯波特酒；接著大都會有柳丁、無花果、葡萄乾和核桃……配兩三杯波爾多紅葡萄酒或其他種類的葡萄酒。[13]

這些餐點全都是由多名中國僕人端上桌，僱用他們的工資很低，低到連最低階的職員都能夠僱用他們，提供無微不至的服務。直到一九〇〇年之後，才有西方商人承認喜歡中國菜或到中國餐廳用餐。

一名英國商人後來總結在中國的貿易商人大都抱持什麼樣的態度：「我們在中國的生活，從頭到尾的焦點都是做生意。……如果沒有生意，除了傳教士，根本沒有人會到中國。」[14]在二十世紀，這種態度漸漸轉變成所謂的「上海心態」（Shanghai mind），有一名觀察家說上海心態很像「一個舒適的玻璃盒，完全密封，與外界隔絕」。[15]在那個盒子裡，西方商人只顧著做生意，謹守複雜嚴謹、階層分明的社會規範，簡單來說，這套規範就是分為「我們」（西方人）和「他們」（中國人）。凡歐洲人或美國人，除了貿易之外，如果表現出對中國或中國人的生活感興趣，會毀掉自己的社會與專業地位。美國商人十九世紀末葉才到中國工作，他們與最初一代到廣州洋行居住的商人不一樣，不太認為自己的經歷值得寫下來。

《望廈條約》簽訂後幾十年間，傳教士成為另一群精通中國的主要美國團體。與商人不一樣，傳教士必須住在中國城市裡，學習當地方言，研究當地習俗，以達成拯救靈魂的目標。許多傳教士為了激勵更多美國人前往中國，延續神聖的傳教任務，寫書記述中國、中國人和自身經歷。最具影響力的著作大概是編印《中國叢報》的衛三畏所寫的。一八四五年，衛三畏放假返回美國。他想要見見病入膏肓的父親，同時也希望能籌募資金出版與中國有關的著作，他特別想募資購買一套完整的漢字印刷活字，好出版中文版的《聖經》、傳單和其他著作。傳教委員會裡支持他的人猶豫不決——他們其實想要刪減印刷工作——但是衛三畏還是從故鄉由提卡的教會募到六百美元。接著，他與顧盛和弗萊徹．韋伯斯特一樣，開始演講，談論中國，只要有教會或公共講堂邀請，他就去演講。他到處巡迴演說超過一年，走遍十幾州。在這段期間，衛三畏認識了妻子莎拉，兩人戀愛後結婚。他最後決定把演講稿彙整成書。他發覺許多聽眾認為中國人很滑稽——「好像他們是歐洲人的猿猴似的，他們的社會地位、藝術和政府，看在基督教世界眼裡實在可笑至極。」他如此說，聽眾都認為，像他這種中國通會講下面這類的故事：

身上有黃色鈕扣的中國人端上醃製蝸牛；
廣州附近有時髦的年輕男子，穿著南京紫花布作成的緊身服飾，佩飾孔雀尾羽。
有許多稀罕的恐怖食物，像是小貓肉排、小狗肉餅；
燕窩湯（很容易買到）到處都在賣。[16]

這首四行詩是受歡迎的英國詩人杜芙琳夫人（Lady Dufferin）所寫的，顯然在當時廣為流傳。衛三畏擔心，如果美國人想到中國，就會出現像這類宛如卡通般的嘲諷畫面，或者只記得中國人用「汪，汪，汪」來解釋餐點的故事，他們就不會嚴肅看待向中國傳教的這項重要任務。一八四七年底，他匯編了《中國總論》（*The Middle Kingdom*），這本鉅著分為兩卷，共一千兩百五十頁，即使到了二十世紀，依舊是美國人瞭解中國的主要參考文獻。（卷頭插畫是欽差大臣耆英的畫像，沒有戴帽子，穿著沒有顯示官職品級的服裝，這無意間冒犯了耆英。）

衛三畏撰寫《中國總論》是為了闡述，「向基督教國家介紹中國，是一項偉大又光榮的工作。中國現下道德淪喪，民智未開，應該設法改善，並且讓中國人民與統治者與不同國家和語言的民族自由交往。」此外，他還說，向中國人傳教的神聖工作「遠重要於研究中國政府的形式、中華帝國的幅員、或中國的現行制度」。接著，他卻自相矛盾地用了兩卷書中大部分的篇幅，以極嚴謹的學術態度探討中國的政府、帝國、文化、宗教等主題。其實，全書有個古怪之處，雖然學識研究透徹，但是寫作道德卻不足。譬如，第一卷開頭就詳論「China」這個許多外國語言都用來稱呼中國，但中國人卻不這麼稱呼自己國家的名稱。「China」可能是來自「Qin」或「Ch'in」，也就是從西元前二二一年統治到二〇六年統一中國的秦朝。在西元的第一個一千年裡，「China」的位置還不明確，不過，帝王們所穿的昂貴布料都來自那裡，從東邊用駱駝經絲路運送過來。西方基督教世界是在看過馬可．波羅以及，隨他進入亞洲的旅行家所寫的記述之後，才確信歐亞大陸的另一端有個大帝國，以「China」稱呼之。衛三畏說幾個世紀以來，中國人都稱自己的國家為「天下」、「四海之內」和「中央王國」（現在中國的正式國名為「中華人民共和國」）。不過，當時他身為傳教士卻心懷偏見，妄下評斷：「從這些稱號就可以看的出來，中國人自負又無知，完全不知道中國的地理位置以及在世界各國之間的排行。」[17]

衛三畏匯編《中國總論》，是根據中國的原始資料、個人觀察，還有最重要的，是出自《中國叢報》前幾十年的內容。其實他想把《中國叢報》濃縮成更加饒富趣味，讓不熟悉中國的讀者也能輕鬆閱讀的內容。我們從這本書討論中國食物就可以看出這一點，在這部分，他大都依循《中國叢報》裡的〈中國人的飲食〉（Diet of the Chinese）這篇文章的綱要去寫，談論米等穀物、蔬菜、水果、油類和脂肪、飲料、肉類、鳥禽肉、魚肉，還有三大珍饈：燕窩、海參和魚翅。他審慎註明中國人非常討厭西方的乳製品，像是奶油和起司。果不其然，他反駁貓、狗和老鼠經常出現在中國飲食中的說法：

很少談論飲食的文章……指出中國人喜歡吃小貓、小狗、老鼠和蝸牛。美國的地理教科書裡通常有圖畫畫著市場小販拎著籠子，籠子裡關著即將被品味噁心的饕客吃掉（我們認為吃那種東西的人很噁心）的可憐的小動物；或者小販肩上扛著扁擔，扁擔上吊著一排老鼠，尾巴被綁在扁擔上。這類圖畫幾乎勢必會讓美國人以為中國人平常都吃這種東西。……筆者在中國居住的十二年間，確實經常看見有人在賣小貓和小狗，但是卻不曾看見有人在市場上販售老鼠。……我曾經問過一名中國人，他或其他中國人是否曾經賣過老鼠湯，他說他從來沒看過，更沒吃過。他還說：「如果真有人賣，那應該加點起司，這樣我們倆可能都會喜歡吃呢。」[18]

雖然衛三畏的文字不像《中國叢報》裡那篇文章那麼刺耳，但他仍舊沒辦法喜歡中國食物。他不再寫中國菜的味道就像「大蒜在舊毯子上腐爛的味道」，而是改寫說他認為中國菜「樣式多變，有益健康，烹煮高明」。但是「從烹煮用的植物油，到調味用的蔥味植物，仍舊令歐洲人難以下嚥」。對於中國人如何準備烹飪這個問題，他淺談即止，說他們喜歡把食物切成小塊，再下去煎煮炒炸。他總結道：「中國人的烹煮技藝尚未達到高超的完美境界，是以各式各樣的燉煮菜餚為主，大蒜和油用得比胡椒和鹽還要多。」[19]世界上數一數二的中國菜竟然被貶低成只是幾種油膩膩的鍋煮菜餚，接下來數十年，多數美國人對中國菜都是抱持這種刻板印象。

可惜，一八四八年衛三畏回到廣州，發現西方的中國通社群不再對中國的歷史與文化感興趣，只顧著進一步爭取個人的狹隘利益。他捎信回家：「現在這裡商人階級對中國的興趣大不如以往，出版雖

1843 年，軍隊駐地的米販。在《中國總論》裡，衛三畏說稻米「無疑是主食。……從稻米擁有數種名稱就可以知道中國人吃米的歷史悠久。」（General Research Division, The New York Public Library, Astor, Lenox and Tilden Foundations）

然繼續，但是轉盈為虧了。」[20]事實上，因為訂閱量大幅減少，不久後他就被迫停止發行《中國叢報》。（接下來幾十年，他在美國領事館任職，退休後到耶魯大學任教。）他也發現，當時回應他的號召來到中國的傳教士與上一代不同。在美國的傳教委員會不想再資助衛三畏、伯駕和裨治文那樣的人經營印刷廠、學校、醫院，以及進行學術研究；現在他們要活力旺盛、信仰虔誠的年輕男女，全心全力投入傳教任務，拯救中國人。因此，這些人比較感興趣的是衛三畏對於中國道德「淪喪」的檢視，特別是探討殺女嬰的那三頁；至於探討中國生活與習俗的研究內容，他反而興趣缺缺。

新生代傳教士登陸條約口岸後（通常是搭乘令他們感到尷尬的運送鴉片的縱帆船），旋即定居於中國社區，馬上展開任務，四處向人傳教，發送中文傳單，興建基督教教堂。下面這段是在描述長老派教會傳教士花蓮治（John B. French）的生活，他住在廣州附近。這段敘述清楚描繪這些新生代傳教士如何看待門外的世界：

這棟兩層樓小屋，兩側和後側……都緊鄰中國人的小房子，左鄰右舍都是異教徒——附近的街道都是狹小、陰暗、骯髒的步行小徑。有一個年輕力盛、感情細膩的男子住在這棟陰暗的屋子裡。他獨自住在這，有個中國男孩幫他打水煮飯，有個中國老師教他學中文。他自得其樂，心情愉悅。他天天與純潔的上帝親密交談，儘管身邊盡是異教徒，儘管周遭一切事物既黑暗又骯髒，喧鬧聲震耳欲聾——他卻仍舊能心如止水，把屋子裡的一切保持得整潔有序。[21]

這段是紐約上州浸信會傳教士粦為仁（William Dean）所寫的。他剛被招募加入傳教行列時，「身材高大，肩膀寬闊，幫父親做農務，肌肉結實，深褐色的眼睛裡，時而閃著風趣的光芒，時而燃著堅定的火焰。」但是向異教徒傳教十五年後，其中六年在中國，他精疲力竭，身子變得虛弱，感染了熱帶疾病，還被馬來群島的海盜以矛刺得滿身舊傷，兩任妻子都死於遠東。然而，即使在康復期間，他仍舊保持信念，致力於推動神聖的傳教工作。一八五九年，他出版《中國傳教》（*The China Mission*），是給年輕福音傳教士參考的指導手冊，共四百頁，記載他認為與「中央王國」有關的各項重點，從地理到宗教，還有清教傳教士成功傳道的勵志故事，以及傳教士經常為了傳道而殉難的故事。（有許多觀察家發現傳教士的妻子在亞洲似乎死得特別快。）他只用簡短一段文字談論中國菜：

倘若各位問我中國人吃什麼——我的回答是他們不吃牛肉，也不吃麵包，不吃羊肉，也不喝牛奶，不吃奶油，也不吃起司。他們喜歡吃鳥禽、魚、豬、小狗、老鼠、米、玉蜀黍、稷、小麥、大麥、南瓜、馬鈴薯、白蘿蔔、番茄、落花生、大蒜、梨子、桃子、大蕉、柚子、葡萄、番石榴、鳳梨、石榴、橄欖、柳丁、魚翅、燕窩。但是為什麼大家那麼好奇想知道他們吃什麼，卻鮮少人關心有數百萬中國人加速走向將永遠挨餓的世界，我們手裡握有來自天堂的麵包，人若能吃了這麵包，將能永生——但我們卻拒絕把麵包給他們，這可能導致我們和他們都無法得到救贖。[22]

這段敘述寫得粗略，並且有些錯誤（粦為仁從《中國總論》之類的文獻得知，中國人至少偶爾會吃

1902 年，一名美國傳教士在福州與信仰基督教的中國人合影。簽署《望廈條約》之後，在中國的美國人大都為傳教士或商人。（Published in *Life and Light for Women*, Press of Rand, Avery & Company / Prints and Photographs Division, Library of Congress）

牛肉和羊肉），是當代傳教士典型的記述。沒必要詳談中國異教徒的舊陋習，因為「西方基督的純淨教化」很快就會將之消除殆盡。

不過，有些人並不是抱持這種態度，至少對於食物是如此。戴作士（Charles Taylor）是醫學傳教士，在一八五〇年代初期由循道宗教會差派到上海，一八六〇年出版了《在華五年》（*Five Years in China*），書中不僅以基督教徒的角度提出諸多譴責，同時也顯露科學家所擅長的直接觀察。他對中國生活的各個層面都很好奇，從居住到刑罰。談論飲食的篇章清楚顯示，他真的喜歡吃竹筍、青蛙腿和熟柿子。中國東道主用碰過嘴巴的湯匙舀湯到他的碗裡，或「先把他的筷子吸乾淨」，再用手指幫他擦筷子，他也不覺得反感。他是少數在十九世紀敢承認喜歡偶爾吃吃正式中國餐宴的美國人：

> 烹調種類千變萬化是一大優點，許多菜精緻美味，無與倫比。至少根據我的親身經驗，我這麼認為。或只是為了增廣見聞，我嚐過訪華外國人大都不敢吃的食物——想像一下用貓狗做成的菜餚。高檔中國餐宴的菜色我大都品嚐過了，雖然有些菜餚外觀難看，味道難聞，但吃起來卻美味極了。[23]

當時在中國居住與工作的美國人主要關心的不是中國當時的狀況，而是要怎麼把中國變成他們想要的那個樣子，也就是經濟與科技都現代化的基督教國家。對他們而言，中華帝國不過就是一個陳腐的大帝國，就像古老的埃及或羅馬一樣，最好被丟進歷史的垃圾桶裡。即使到了一八九〇年代，大部分的美國人仍舊只到過中國沿岸和少數內陸城市，精通中文的人更是少之又少。他們那些文化上受到侷限的觀點，深深影響美國本土如何接受中國移民和中國菜。

CHPATER 3

第三章
糙米和水

COARSE RICE AND WATER

一七九五年，美國人還在處處受限的廣州對中國菜感到好奇，「中央王國」最知名的詩人袁枚曾寫了一首詩，感嘆年老造成的體衰（譯文如下）：

我年輕時，沒錢可花，
亟欲貴重之物。
總是欣羨別人有貂皮大衣可穿，
能吃美食，能喝美酒。
夢寐以求，卻無法成真。
不禁抑鬱寡歡。
如今，我有了華服美裝，
卻年老貌醜，穿起來完全不適合。
滿桌珍饈佳餚，
卻只吃得下幾口。
令我不禁想祈求造物者
「我下輩子再投胎做人時，
請讓我年輕時能富有；
年老時貧窮就無所謂。」[1]

一七一六年，袁枚生於杭州市，家境貧寒。他的老師很早就發現他天資聰穎。他通過科舉考試之後，到長江下游的江寧（今南京市）擔任知縣。他滿腔熱血，狂放不羈，不畏強權，但他很快就發現自己不適合官宦生活。由於他的詩頗負盛名，於是他決定以寫作維生。一七四八年，他辭官隱居於一處大莊園，也就是他在南京郊區的隨園。隨園裡有二十四座裝飾漂亮的亭子，一間書房兼工作室，一座池塘，上面有幾座拱橋，還有一間廚房。他餘生都在那裡寫詩交友，縱情色慾，還有精進烹飪技藝。

袁枚與許多腸胃敏感的人一樣（泰半是早年暴飲暴食造成的），熱愛美食。他僱用了一名廚子，名叫王小余，兩人不僅熱愛美食，對美食的標準也相同。王小余告訴他：

> 知己難，知味尤難。吾苦思殫力以食人，一餚上，則吾之心腹腎腸亦與俱上，而世之啖聲流歡者，方與庮敗同饇也。是雖奇賞吾，而吾伎且日退矣。……。今主人未嘗不斥我、難我、掉磬我，而皆刺吾心所隱疚，是則美譽之苦，不如嚴訓之甘也。[2]

王小余在廚房幫袁枚煮飯，用最簡單的食材烹煮，不僅保存天然的原味，甚至更加美味。「廚藝高超的人，」他說道，「能用一片芹菜或鹽漬高麗菜做出美味佳餚。」[3]袁枚也喜歡到處品嚐美食，到友人家中用餐，或到中國各地旅遊，吃遍各式菜餚，好增加家中廚房的菜色。每當吃到喜歡的菜，他就會記下來，闖進廚房問廚子怎麼煮，甚至請廚子到他家示範烹調方式。他喜歡吃簡單的烹調，一來是因為腸胃不好，二來是因為他認為廚子一次只能做出四五道美味的菜。有一次，他參加一場出了超過四十道不同菜色的盛宴之後，寫道：「回到家後，我飢腸轆轆，吩咐廚子弄一碗白稀飯。」[4]

當袁枚八十歲時，不論多高級的佳餚，他都覺得食之無味了，於是決定將畢生品嚐的美食彙整成《隨園食單》一書，裡頭記載三百種以上的食譜，製作魚肉、甲殼水生動物、獸肉、禽肉、蔬菜、豆腐、麵條、麵包和米飯等食物。更重要的是，他在十幾頁的序裡說明餐飲的規矩與禁忌，向讀者說明煮菜與上菜的一般基本原則。袁枚和廚師王小余一樣，認為食物烹煮後要能夠呈現獨有的特色，每道菜都應該有一種主要的風味。「讓饕客一吃，味蕾就能準確無誤地品味出來，感受到心花怒放的喜悅。」[5]他拿烹飪來和夫妻關係做比較，說食材應該彼此互補，並且批評有些廚師會把太多互不相容的肉丟到同一個鍋子裡烹煮。在廚房裡，廚師應該保持工作空間和刀子乾淨，避免味道遭到汙染。餐桌前的賓客必須「戒目食」，也就是不應該看到貌似豐盛精緻、實則烹調粗糙的菜，就頭昏眼花。他們也須「戒耳餐」，也就是不應該聽到燕窩和海參等稀罕食材的價格，就大驚小怪。袁枚偏好煮得好的豆腐和竹筍，還說雞肉、豬肉、魚肉和鴨肉是「餐桌上的四大豪傑」。[6]最重要的是，主人絕對不能讓廚房的標準降低：「凡事不宜苟且，而於飲食尤甚。」[7]

袁枚的食譜收錄了一個有學養的鴻儒美食家所偏好的食物，不是街頭小吃，也不是富商喜歡吃的昂貴奢華餐點，而是介於兩者之間。這些食譜也代表十八世紀末葉中國東部地區盛行的餐點，尤其是在長江下游沿岸的城市。袁枚的食譜深具影響力，醉蝦（在餐桌上用米酒點燃的火快煮活蝦）等食物成了今天中國餐館的主菜。袁枚是中國受過高等教育的菁英，也是詩人，當過朝廷官員，他認為花時間寫食譜是值得的，這也不令人意外。（美國政治家只有湯瑪斯．傑佛遜也對烹飪如此感興趣。）自三千多年前，大約在中華文化開創之初，中國人就認為烹飪是一門不可或缺的技藝，是中華文化的關鍵元素之一。

雖然幾個世紀以來，中國菜已大有改變，而且持續受到外來影響，但基本組成元素始終不變。中國菜的基本組成元素就是特定的生食材、調味料、烹調技術，以及上菜與用餐規矩，其實所有的菜餚皆如此。中國菜也與中國遼闊多變的地貌、氣候及數千年的人文歷史密不可分。其實，要解釋中國菜，就不能不談談中國的地理，以及農業如何在文化與歷史上扮演特別重要的角色。十九世紀中葉，中國皇帝統治的領土是世界上第三大，僅次於英國女王和俄國沙皇。除了「漢地」的十八個省分，道光皇帝還統治中國東北方的滿族故鄉「滿洲」，以及大片殖民地，包括幅員廣大的「西域」——涵蓋西藏、蒙古和中亞乾草原，一直到今天的哈薩克和吉爾吉斯。（扣掉蒙古和一部分新疆，現在中華人民共和國涵蓋的領土與當時差不多。）中國疆土遼闊，地貌複雜，在許多方面很像西歐，中國各省的面積與文化差異也很像歐洲各國。

因此，皇帝統治的領土上有許多種地貌和氣候，從高海拔岩質沙漠，到冰天雪地的乾草原，再到熱帶雨林。令人訝異的是，中國只有極小比例的土地適合耕種，超過三分之一的領土是高山和不能耕種的陡峭矮山，中國西北部則多為不毛之地，只有少數孤立的地區適合種植作物。這些高山和沙漠形成天然屏障，幾個世紀以來，防止外族入侵中國。但是這種地形也迫使中國人民自很久以前就發展集約農業，充分利用適合耕種的土地，這些大都在大河沿岸。許多大河流都源自西藏高原，珠穆朗馬峰就矗立於西藏高原上，又稱聖母峰或埃佛勒斯峰。這個區域都是白雪覆蓋的山峰和貧瘠的盆地，北邊則是沙漠和岩質乾草原，正是絲路的路線，連接中國與中東。西藏高原東部朝太平洋逐漸降低海拔，東亞和東南亞的大河都發源於這裡，包括黃河。黃河的源頭在高山，源遠流長、蜿蜒曲折，夾帶大量黃土，幾千年來沉澱的黃土沖積成面積遼闊、地勢低平的華北平原。三千多年前，這片肥沃的地區變成了中華文化的發源地，至今仍舊是世界上人文景觀最豐富的地區之一。不過，黃河的遺產並非一直都是有益的，黃河定期引發水患，對居民造成嚴重影響，因此，黃河又被稱為「中國的悲哀」（China's Sorrow）。

中國長江的源頭也在西藏高原，長江是世界上第三長的河流。長江離開高山，沿著四川南境流經肥沃的「紅盆地」，進入陡峭的河谷區，在河谷區的東端，中國政府興建了引發爭議的三峽大壩。長江下游流經一系列寬廣的河谷和平原，最後注入東海。中國最古老與最重要的城市和農業區就位於這個河段的沿岸。傳統上，「漢地」的北部與南部以長江下游為界，氣候、農業與文化皆不同。（北方人長久以來都輕視南方，說南方濕熱多蟲。）南方位於長江和越南邊界之間，以低矮的山地和丘陵地居多，適於耕種的土地遠少於北方。人口最多的地區就在沿岸的丘陵地，被海灣或河谷所構成的平地包夾。其中最大的是西江河谷，西江源頭在廣西省，與其他兩條水系結合，形成珠江。珠江沿岸有廣州、澳門和香港等城市，以及珠江三角洲的廣大腹地。基於許多原因——鄰近南亞、遠離北京、缺乏天然資源等等——華南沿岸的居民總是比「中央王國」其餘地區的居民更加勇於到外面的世界探險。

一直以來，中國的氣候既是禍害（經常發生水患和旱災），也是賜福（養育眾多人口）。一些作家曾經指出，中國和北美緯度相近，天氣狀況也有相似之處。然而，其實，與北美相比，中國整體而言比較冷、比較熱、比較潮濕、比較乾燥。造成這種極端氣候的是兩種重要的季節性氣象：從西伯利亞吹進中國的乾冷空氣，以及從南方吹向中國的亞洲雨季濕暖空氣。這兩種系統交互作用，導致中國夏季酷熱，冬天嚴寒。從中亞到太平洋，整體而言中國北部的氣候是乾燥的，若不下雨，就會造成旱災，作物歉收，數百萬人挨餓。如果雨下太多，河水就會氾濫成災，淹沒大片鄉村地區。一八八八年，黃河在華北平原氾濫成災，造成兩百萬人死亡。中國南部整體較溫暖，降雨量比較多，也比較穩定。雖會發生水患，但因為受到丘陵地形的侷限，所造成的破壞通常比較輕微。然而，華南地區的農民必須應付颱風，如同西太平洋的颶風，會造成土石崩塌和水災，摧毀大片農作物。

中國擁有多元的氣候和地形，種類繁多的動植物才得以生長，單就種類數量來看，中國是世界上物種最豐富的地理區之一。至少從北京猿人時代開始，即五十萬年前，人類就把這些大自然的禮物當做潛在的食物。至今依然如此，我們可以看到，在廣州錯綜複雜的市集裡，魚缸和籠子裡展示著待售的水生與陸生野生動物。（不幸的是，因為人們不斷狩獵與採收，造成許多物種瀕臨絕種。）中國人很早就學會以馴化動植物來餬口，史前時代居住在中國的人可能是最早學會這種技術的人。根據二〇〇二年一項中國與瑞典聯合的DNA研究，最早被馴化的動物是狗。在東亞，狗和狼的基因從西元前一萬三千年左右開始變得不一樣。從中國到歐洲，狗變得對人類很重要，既能幫忙狩獵，又能成為食物的來源。東亞最早被馴化的植物大概是稻米，在中國南方（並非長久以來一般所認為的中國北方的稷）。考古學家在長江中下游挖掘和研究之後，發現野生稻最早在約莫西元前八千五百年被馴化。在歐亞大陸最早被發現的陶器中，考古學家發現了一些裝飾粗糙的陶甕和陶碗，其碎片裡有一些這種野生稻的穀粒。

西元前六千年到三千年，中國各地出現了一些地區文化，蓬勃發展。我們對他們的飲食習慣所知不多，只知道他們是雜食的，後來逐漸愈來愈仰賴穀物作為主食。在北方，尤其是在內陸黃河沿岸的乾燥平原，頗能抗旱的稷成為主要作物，除此之外，還有柿子和桃子等水果，以及各種核果。重要的蔬菜有大白菜，後來又出現韭菜、洋蔥和錦葵（錦葵的葉子有黏液，或許可以用於增加黏稠度）。最常見的動物是狗和豬，西元前七千年就在中國被馴化。從長江到整個東南亞，稻米顯然都是首要的穀物。而豬和狗則是中國南方的主要馴養動物；水牛是後來才引進的。南方人也食用大量的魚和甲殼水生動物，採集許多可以食用的野生植物。在那個時代，人類的生活不全用於尋找糧食維生。在河南省賈湖村的遺址，考古學家發現了最早的樂器，還有一些壺罐，裡面有一種有香氣液體的殘餘物，是用稻米和蜂蜜製作而成，並以水果調味。

根據可辨識的證據，學者認為西元前三千年到一五五四年間，「中華」文化誕生於南方珠江三角洲到北方萬里長城的這片區域。這個時代正是傳說中的夏朝，當時小村莊發展成大鄉鎮，有數百間屋舍，以及明確的證據可以證明社會生活分為不同階級（尤其是高層人士的墳墓裡有許多陪葬品，牆壁上還繪有壁畫），聚落之間經常互相交易。這些人口聚集的中心大都在中國北方被發現，從山東省到西方（南方考古學研究比較遲）。早期中國歷史中的神話帝皇可能是根據這個地區的一些統治者所創造出來的，包括最早駕馭火的燧人氏，教人打獵捕魚的伏羲氏，最早馴化禽獸的伯益。從三世紀開始就流傳這樣的故事，說神農氏教導人們基本的農耕技藝：

古代人食用植物，飲用河水，摘採樹上的水果，吃蟋蟀肉。當時人經常因為中毒而生病傷身，因此神農氏教導人民種植五穀，以及瞭解土壤品質。……他嚐遍各種植物的味道，判定哪些河流和泉水是甘甜或難喝的，教導人民避免吃下有毒的東西。當時他自己一天中毒七十次。[8]

即使在這麼早期的階段，顯然人們就認為烹煮是最重要的技藝之一。據說最有名的神話帝皇「黃帝」教導了人民數十種基本技能，從領導到醫療，再到烹飪，包括把穀物蒸煮成粥。事實上，是否精通烹飪技藝，被視為是區分野蠻與文明的分隔線。彙整孔子（西元前五五一年到四七九年）思想的《禮記》就有探討這個重要的差異：

昔者先王未有宮室，冬則居營窟，夏則居橧巢。未有火化，食草木之實，鳥獸之肉，飲其血，茹其毛。……後聖有作，然後脩火之利，范金合土，以為臺榭宮室牖戶，以炮以燔，以亨以炙。[9]

西元前一五五四年，湯王推翻夏朝，建立商朝，維續超過五百年。商朝人精通鑄造青銅器，商朝最令人印象深刻的工藝品便是數百個製作精細的青銅器，用來裝盛食物——主要用來裝煮熟的稷和燉煮好的食物——以及各種液體。商朝的統治者被認為是代替天神統管人間，因此，王室貴族不只會把食

商朝青銅炊器，用來祭祀與餐宴，這種容器象徵治國之權。（Bridgeman-Giraudon / Art Resource, NY）

物拿來吃，也會拿去當祭品。後來朝廷文獻甚至記錄伊尹的事跡，伊尹原本是商朝的一名廚師，後來當上湯王的宰相。伊尹最為人知的就是談論烹飪藝術的論述，他說，廚師的首要任務就是消除生肉的臭味。只要五味——酸甜苦辣鹹——調和得當，加上運用水火，就能做到：

> 鼎中的變化著實不可思議，無比微妙，無法用言語形容，亦無法用心智理解。廚藝就像射藝與御藝，又如同陰陽變幻，四季運行，妙不可言。食物烹煮良久，沒有煮壞，煮得恰到好處，沒有煮過頭，甜而不膩，酸而不苦，鹹而不澀，辣而不麻，清而不淡，滑而不油。10

伊尹放入青銅大煮鍋裡煮的生食材，種類繁多，不只有稷、豬肉和狗肉等商朝的主要食材。他記載了許多美食，不只有商朝境內的，還有國境之外的，包括猩猩脣和氂牛尾，還有鳳凰蛋和腳上有珍珠的六腳朱紅龜等珍饈。他的論述隱含著寓意——烹飪之藝與治理之術相似。事實上，青銅鼎正是治國之權的主要象徵。也就是說，如果湯王仿效廚師調和五味，運用不同的帝王治理之術，並且遵循天道，就能夠品嚐到各種珍奇的美食。這些關於食物的記載顯示，中國人從古代就喜愛吃各種食物，不論是種植的、交換的、從野外採集的，凡是能吃的都吃。

在周朝時，從西元前一一〇〇年到二五六年，中國菜開始變成今天我們所認知的樣子。周朝的前幾位統治者批評商朝的統治者墮落腐敗，貪飲發酵飲料，不知節制。然而，在接連幾位無能的帝王統治下，中央政府日漸衰弱，禁慾苦行最後也淪落成縱情享樂。根據估算，在周朝宮廷裡，有兩千三百人負責烹煮和準備食物的工作。在周朝後半段統治期間，被稱為春秋時代和戰國時代的亂世，是文化發酵與創意發揮的時代。孔子和道家創始人老子都活在這幾個世紀裡，儒學學者寫下了最早關於祭典禮儀的重要記述與綱要。在諸多記述中，其中一項主題正是食物，描述如何正確烹製食物、飲食以及用食物祭祀。孔子說過：「飯疏食飲水，曲肱而枕之，樂亦在其中矣。不義而富且貴，於我如浮雲。」[11]

古代文獻與考古文物皆告訴我們，在中國北方，五種主要穀物是指黍、稷、麥（源自近東）、菽（其實是指大豆）和稻。顯然在長江以南，稻米獨占鰲頭。除去穀殼（或豆莢）之後，這些穀物大概會被煮或蒸到變得鬆軟，或變成稀水狀的粥，就像今天的米粥。五穀也可以加水與調味料，發酵成許多種類似啤酒的酒精飲料，平民與統治者都喜歡喝。此時，磨麵粉的技術尚在發展之初，因此，麵條、麵包和餃子幾乎沒什麼人知道。根據周朝的祭祀文獻所記載，最高級的穀物顯然是稷，吃起來味道像堅果，富含蛋白質和維他命。后稷是周朝的始祖，又稱「稷王」，從名字可知最早教人種植這種作物的便是他：

誕降嘉種，維秬維秠，維穈維芑。恆之秬秠，是穫是畝。恆之穈芑，是任是負。以歸肇祀。[12]

自從中華文明開創以來，祭祀祈求天地交泰，是帝王的首要任務，他們必須供奉天地之間的無形力量，包括鬼神與祖靈。這些祭祀儀式一直延續到十九世紀，每年清朝皇帝都會在天壇舉辦祭天大典，宰殺身上沒有斑紋的牛、羊和鹿來祭祀，御廚準備稀有的米飯和稷飯、澄澈的湯、煮熟的肉、可口的醃漬蔬菜以及穀物釀造的香醇美酒，擺放到祭壇上，祈求天神接受祭品。如果天神接受了，皇帝就能繼續行使天神授與的統治權，天地將會繼續順利運行一年。百姓也會準備食物、水果、酒，在家中的祭壇祭拜，節日則會到寺廟祭拜，遇到人生大事，像是婚禮與喪禮，也會舉辦祭典祭祀，祈求萬事如意、長命百歲、身體健康、子孫滿堂。有些祭典結束之後，大家會把祭品拿來吃，祭祀只要讓神鬼祖靈看看和聞聞祭品就可以了；但是，有些祭典結束之後，會把祭品依照儀式燒掉或直接丟掉。從以前到現在都有個習俗，灶神是重要的家神，快到農曆新年的時候，會把甜食祭品放在「灶神」的肖像前面，把蜂蜜抹在祂的嘴脣上，祂就不會向上帝報告家人所犯的過錯。在十九世紀的加州，中國人會在死者的墳前擺滿烤豬、水果和麵包等美食，後來，當地非華裔的醉漢和頑皮的孩童經常到墓地洗劫，白吃白喝，於是中國人便改把祭祀神靈的食物與死者一起埋葬。現今，華裔美國人舉辦完這類葬禮之後，大都會把食物帶回家吃。

中國人也將食物當成藥物，規劃飲食，為身體各個部位帶來最大的健康效益，而不是單純提供營養。中國人認為，天地之間有一系列小宇宙與大宇宙交互影響與作用。根據傳說，黃帝曾說：「天有列星，地有泉脈，人有衛氣。」[13]中國人認為人會生病，是與天地之間的基本力量失去平衡所造成的。運用食物療法，能夠讓身體與這些力量恢復調和。黃帝又曰：「五穀為養，五果為助，五畜為益，五菜為充，氣味合而服之，以補精益氣。」[14]醫師通常會幫病患把脈，診斷病症，接著開立食療藥方，每種食物與調味料皆依其會如何影響器官來分門別類，唯有陰陽調和，複雜的氣血循環系統流通順暢，器官方能健康。現在中國食療法大幅提升，經常搭配西藥來治病。食療也成了調配中國菜的首要基本原理：仔細平衡味道與食材。

在中國的神話中，中國南方的稻米長久以來被認為是二等穀物。從西元前二二一年起，秦朝與漢朝皇帝發動了許多戰爭，攻取了長江流域以南至廣東省的稻米種植區。治理這個地區的帝國官員全力消除南方崇尚稻米的所有宗教信仰，命令南方人舉辦祭典祈求豐收時，不准祭拜「稻神」，要祭拜「稷王」。南方稻農種稻供養大量人口，但是使用的耕地卻遠小於稷和其他北方作物。南方稻農利用先進的水泵灌溉網路，在田裡挖掘溝渠，以及作物輪耕，開發出精緻的耕種系統，夏天種稻米，冬天種小麥。西元一〇一二年從越南引進生長快速的占城米之後，這套系統的產量又變得更多，稻農一年可以生產兩回稻米作物。西元一一二六年女真族攻占中國北方的大部分疆土時，南方稻田也養活了數百萬南逃的北方人。當時帝國的都城遷移到現今的杭州，在長江之南，距離長江相當遠，此時官員們才明白是稻米救了他們的命。稻米變成中國最重要的貿易商品之一，從那時起，稻米與所謂的「中國性」便密不可分了。由於朝廷下令批准，因此藝術家與詩人紛紛投入創作，讚揚種稻的優點，作品廣為流傳。

孔子並非只吃煮熟的穀物，也就是飯。除了赤貧如洗的窮人，所有中國人吃飯都會配菜，菜包含任何可以配飯吃的肉、蔬菜或水生生物。其實，飯加菜是中國菜最基本的元素，沒有吃飯再配點蛋白質或蔬菜，就不算是吃了一頓中國菜。在上海，飯菜可能是一碗米飯配酸菜和雜燴肉；在北京，可能是與加大白菜下去煮的辣麵。從以前到現在，最常見的配菜，尤其對鄉下人而言，就是各式各樣的蔬菜。蕓薹屬植物十分營養，有數百種，像是大白菜、紅蘿蔔、白蘿蔔和芥菜等等，在全中國家家戶戶的廚房裡幾乎都找得到，從根部到花朵，幾乎每個部位都能拿來做菜。凡十九世紀到過「中央王國」的美國人都注意到蔥屬植物特別多，包括韭菜、青蔥和大蒜，其味道在中國菜中相當「普遍」。最常見的原生根菜或塊莖植物有蓮花（蓮子也能用於烹調）、荸薺、芋頭（通常被視為饑荒食物）。中國人認為各式各樣的嫩竹筍都很美味，幾千年來都是高級餐宴上的佳餚。反之，大豆是最常被鄉下粗人拿來煮粥的，直到製作豆腐的技術發展出來——大概是在漢朝（西元前二〇六年到西元二二〇年）。另一種重要的豆類——紅豆——被用作發酵調味料，以及用於製作甜點。各種厚皮甜瓜，果肉香甜，有籽，大都被當作水果。冬瓜可用於製作美味的湯與燉煮菜餚，經常出現在中國餐宴中。雖然非常多菇類和菌類植物嚴格來說並非蔬菜，但在中國廚房裡卻被用於類似的用途。最後，可以食用的海藻經常用於替湯調味，尤其是在中國南方沿岸。現今，中國南方的典型飲食是米飯，配煮熟的蕓薹屬植物和豆腐。

雖然一餐裡是以肉類為主食，像是美國的肉排餐，但在傳統的中國飲食觀念中還是難以想像的。不過，中國人倒是會在情況許可時，用煮熟的肉來幫穀類食物調味。在商朝與周朝的中國，六種最重要的牲畜是雞、牛、羊、豬、狗，還有比較不常用的馬。牛是役用動物，人會吃牛肉，也會用牛肉來祭神。在古代中華帝國的祭典中，牛是最重要的祭獻動物，當時牛肉可能是高等肉類，而在後來的漢朝，牛肉則確實是高等肉類。羊最早在近東被馴化，是中國北方另一種主要的畜養動物，羊肉在現在的中國北方仍然是相當普遍的肉類。馴養的豬，存活所需的地相較之下小很多，通常是圈養在牧場的垃圾坑裡，自從以前新石器時代開始，馴養的豬可能就是中國各地主要的肉類來源。從鼻子到尾巴，豬肉至今依舊是最普及的肉類。在古代，不論是帝王或是平民，也會吃另一種很久以前就馴化的動物——狗——至今仍有人飼養特殊品種的狗來食用；不過狗肉菜餚價格昂貴，現在大都只保留給美食家品嚐。雞是六畜裡唯一的禽類，最早可能在西元前五千五百年左右，在中國被馴化，到了周朝，中國各地即使是貧窮的農家也都養雞。不只農場裡的家畜，凡是會飛、會爬、會走的，中國人都曾經丟到鍋爐裡煮，從鴨和鵝到幼蟲，從蛇和蜥蜴到稀罕的野生動物，包括猴子、熊，以及難以捕捉（現在瀕臨絕種）的華南虎。

什麼都吃的中國人也到河裡、湖裡和海岸邊找菜色來配飯，考古學家在許多地方發現數萬年前遺留下來的漁網和骨製魚鉤，漁網是擰絞纖維製作而成的。鯉魚是最重要的淡水蛋白質來源，象徵好運與豐收。中國人也經常飼養錦鯉和金魚這兩種色彩鮮豔的鯉魚，作為裝飾展示之用。帝王認為鱘魚是上等的魚類，飼養於王室的養魚場裡。確實，中國人可能是水產養殖的先驅，開發了精密的技術，能夠捕捉、繁殖與生產許多種淡水魚。在沿岸，尤其是南方，鹹水魚的種類多到嚇人；在十九世紀，歐洲人說在澳門一年天天可以吃到不一樣的魚。最受歡迎的兩棲動物是青蛙，最受歡迎的水生爬蟲類是同樣象徵長壽的鱉，宮廷餐宴的湯裡經常有鱉。考古證據亦證明了很久以前中國人就認為，許多種甲殼動物和軟體動物，可能還有水母，適合做成餐桌上的菜餚。

原產水果始終在中國飲食文化中占據重要的地位，中國人長久以來都認為多汁的桃子象徵長壽，認為桃子是天庭諸神的主食，包括掌管天庭的玉皇大帝。日本人經常吃米飯配用鹽醃漬的水果，中國人則比較喜歡把水果當點心吃，或是在正式餐宴一開始或結束時吃水果。桃子存在於東亞的飲食中至少有七千年之久，桃樹、桃子、桃花是中國繪畫裡常見的題材。桃子的近親梅子、杏仁和山杏，在中國也擁有悠久的歷史。周朝時，為了增加濃稠度和酸辣味，中國人會將杏仁加入湯和燉煮的菜餚中。梅子則可以製作酸梅、梅酒以及梅醬（梅醬是一種調味料）。棗子是北方廣泛種植的一種原產甜水果，可以當成甜點來吃，也可以製作成茶，或煮成幾種甜點，像是中國農曆新年吃的八寶粥。香脆多汁的亞洲梨和中國柿長久以來都很受歡迎。現在最常見的祭獻水果是柑，中國南方經常以柑來祭拜，因為在廣東話裡，「柑」的發音和「金」很像。中國南方還有許多原產柑橘屬植物，像是金桔、柚子，甚至還有甜橙和酸橙。這個地區也有生產多肉的熱帶和亞熱帶水果，像是龍眼、枇杷和荔枝，唐朝楊貴妃愛吃荔枝，經常差人盡速將荔枝運送到中國北方的宮殿。

雖然中國人早在漢朝之前就有與外面的世界接觸，但是烹飪食材與調味料幾乎都是土生土長的。絲路擴張後，開始與中亞諸國、印度、波斯貿易，促進了食物的交流。商隊運送絲綢和其他貴重商品到西方賣，然後買黃瓜、石榴、紅蘿蔔、胡桃、開心果、香菜、青豆、菠菜和棗子載回來。貿易路線橫越海洋與四川山區，引進了南亞香料，其中以黑胡椒、小豆蔻和肉豆蔻最為重要。葡萄牙商人把新世界的新食材帶到印度和東南亞，這些新食材再被商船或商隊運送到中國。玉米和番薯變成有名的鄉村食物和牲畜飼料（番薯現在也是受歡迎的街頭小吃）。花生、番茄，尤其是辣椒，受到更廣泛的喜愛。如今位於主要山區貿易路線上的地區，像是四川省和湖南省，是中國辣椒消耗最多的地方。

在古代中國，如何烹調穀物、蔬菜、肉品和水果，是帝王、詩人和廚師關心的主題。如何烹煮食物，孔子非常堅持自己的想法：

食不厭精，膾不厭細。食饐而餲，魚餒而肉敗，不食。色惡，不食。失飪，不食。不時，不食。割不正，不食。不得其醬，不食。……不撤姜食，不多食。[15]

米、稷和其他穀物最常用蒸的方式來蒸熟，考古學家發現了七千年前的陶製蒸鍋，一種三角煮鍋，裡頭必須再放置底部有孔的鍋子。在爐子發明之前的幾千年，鍋子有腳，因此能直接放置於篝火的上方。在今天，中國幾乎家家戶戶的廚房都有的竹蒸籠，大約最早出現於宋朝（九六〇—一二七九）。幾千年來，中國廚師可能最常用蒸和煮來烹調蔬菜。

周朝與漢朝有許多重要文獻記載如何正確烹調獸肉、禽肉和其他海鮮，大型動物須先經過宰殺，才能拿到火爐上烹煮，這項工作能夠精練到變成一門藝術：

庖丁為文惠君解牛，手之所觸，肩之所倚，足之所履，膝之所踦，砉然嚮然，奏刀騞然，莫不中音。合於桑林之舞，乃中經首之會。[16]

接下來必須切肉，切肉這個步驟極其重要，因此烹調食物有時又被稱為「切菜和煮菜」。我們猜想當時中國人就已經習慣把肉剁小切細再端上桌，這樣帝王用餐時才不用動刀。蒸和煮經常用於烹調某些動物的肉，尤其是幼雞和魚。廚師會用慢火熬煮湯，尤其是燉煮食材豐富又複雜的湯，自從商朝起，燉煮食物就是中國人最喜歡的菜餚。中國人也會用文火燉煮肉、烤肉，或用平底鍋加一些動物脂肪煎肉。中國人認為牛油、豬油、羊油和狗油都能幫食物增添特殊風味。古代的中國人不會用炒和炸這兩種技術，因為當時還無法取得足夠的動物脂肪進行炒炸。從芝麻、大麻、紫蘇等種籽榨油的技術是在唐朝（六一八—九〇七）發明的；到宋朝時，蔬菜油已經變成中國人的生活必需品。禽獸肉也可以加熱乾燥、炙、烤、包在土裡烘烤，或用叉子叉起來直接放在篝火上烤。

商朝廚師伊尹不只談論生食材和烹調方法，也指出了一流烹飪的第三個元素，那就是著重味道與口感之間的關係。在一道烹調恰當的菜餚中，應該有五種基本味道——酸甜苦辣鹹——經由調味來調整五味的強弱，五味必須互相調和。根據伊尹，苦味來自各種藥草，酸味來自水果或醋，甜來自麥芽糖和蜂蜜，鹹味來自鹽。辣味從以前到現在都比較複雜，是指會令舌頭與嗅覺受體感到刺咬痛麻的某些味道。古代中國人還沒聽過辣椒，辣味主要來自韭菜、青蔥、紅蔥、薑、大蒜、桂皮和乾燥四川花椒（四川花椒並非真正的辣椒，是一種小型柑橘類水果，能產生美味的辛辣味，容易令人上癮，但也會讓嘴巴產生麻木的感覺）。伊尹也認為，油脂能夠為菜餚增添一種味道與口感，但是必須達到平衡才行。如果燉煮食物內含太多油脂，吃起來口感就不好。在今天，中國菜是少數重視口感的菜餚，不僅含有多樣的食材和調味料，還必須有多變的口感，像是滑順、酥脆、黏稠等。

雖然古代中國人只將味道分為五味，但是顯然也很重視第六味，美味，日本人稱之為「鮮味」。鮮味是來自肉類、菇類、陳年起司以及某些發酵食品自然產生的麩胺酸和其他化合物。自商朝以降，中國廚師喜歡在烹調時添加各式各樣的醃漬調味料來提味，包括酸菜、滷汁和醬料。從帝王到平民，這些調味料都是烹調的基本成分，用蔬菜、鹽和水醃製而成的簡單酸菜可能是最早的醃漬調味料，但是醃菜只能增加鹹味。到了周朝，中國人已經精通發酵食物，發酵處理不僅能夠防止食物腐敗，還能夠讓食物變得更加美味。發酵作用的活化劑是發霉的穀類，先把煮熟的獸肉、魚肉、蔬菜和各式各樣的海鮮裝到瓶罐裡，然後加入發霉的穀類，有時可以摻點酒。接著將整個瓶罐久置，直到發酵成美味的發酵食品，而質感可能是成塊的醬狀，也可能是稀淡的液狀。製作醬油的明確證據至少到一千年後的宋朝末年才出現，不過有人在漢朝的墓地發現了裝在瓶罐裡的發酵豆類和豆醬，顯示中國人在更早的時候就會吃發酵的大豆了。到了十八世紀，發酵肉類和蔬菜（不是酸菜）大都從中國人的餐桌上消失，被發酵大豆、豆醬和醬油所取代，現在這些調味料在中國菜中無所不在。不過，古代的發酵調味料流傳了下來，在東南亞各地做成許多種發酵魚醬。

從帝王的御膳房到小老百姓的廚房，都使用中國古代的烹飪技藝。到了漢朝，灶取代了開放式的火爐，灶的體積頗大，長方形，通常用許多種磚頭砌成，約莫三呎高、四呎寬，後側豎立著一根煙囪。頂部有兩個大洞，可以把大型圓底陶製（後來用鐵製）烹飪鍋放到洞裡。廚師使用圓底鍋，加入珍貴的油和柴火炒菜，只需要用最少的量，這項優點對中國的小老百姓很重要。不過，圓底鍋也可以用於蒸、煮和炒米飯，還有煮湯。鍋底懸在燒木柴的火上面，火在灶裡燒，灶前側有個洞，可以控制火的大小。灶煮菜的效率好，完全適合中國人烹飪所需的高熱，尤其是炒，現在中國各地仍舊在使用灶。各位可能在美國的許多中國餐館看過現代的瓦斯爐灶，放鍋子的洞取代了熟悉的瓦斯爐頭。

漢朝結束時，許多中國菜的根本原則都已確立，但各位必須記住，這些規則絕非不能更改。中國菜的故事，與所有重要的料理都一樣，始終不停地在改變與演進，偶爾會發生變革。漢朝就出現過一次變革，北方開始廣泛使用磨穀機。幾千年來，中國人都用鞍形石磨來磨穀物，鞍形石磨就是表面微凹的石頭，用手拿圓柱形石頭在上面碾磨穀物。鞍形石磨可能是用來磨製稷粉的，四千年前，就有人用稷粉來製作麵條，那是世界上最早製作的麵條，最近在中國西北部黃河沿岸的喇家遺址，有人在鍋子裡發現稷粉作的麵條。當時中國南部與中部的人都不知道石磨這種東西，因為稻米夠軟，不需要研磨，只要去殼，就可以蒸或煮。

另一次的變革發生在漢朝結束時。當時，北方農夫長久以來都會種植小量的小麥，將其磨成粉，提取養分。這項變革始於摻水揉捏麵粉，接著北方便出現揉製麵粉所製作而成的新菜餚，通稱為餅，包括蒸麵食、烤麵餅、麵條，可能還有幾種包餡的麵食。這些食物美味可口，在朝為官的詩人束晢（二六四—三〇四）為之作了知名的《餅賦》，部分內容如下：

塵飛雪白，
膠粘翻筋，
膏溔柔澤。
肉則羊膀豕脅，
脂膚相半，

臠若蜿首，
珠連礫散，
姜株蔥本，
莑音封縷切判，
銼末椒蘭，是灑是畔。
和鹽漉豉，攬合樛亂。……
濯以玄醢，
鈔以象著，
曳要虎丈，
叩膝遍據。[17]

在中國的中古時代早期，顯然從鄉村百姓到帝王都喜歡吃麵食，做麵食的人在船上賣麵食，小販在街上賣蒸麵食和湯麵。還有一種商品叫饅頭，現在的饅頭單純用麵團去蒸，以前裡頭會包調過味、剁碎了的肉末。根據傳說，饅頭是諸葛亮發明的。他聽說，如果想打勝仗，就得用人頭祭神。於是他就製作了頭形的蒸麵團，裡頭包肉，表面畫上人臉，讓神明誤以為那是人頭。現今，從土耳其到韓國，都有類似的包餡麵食。在中國，現在大型的包餡蒸麵團稱為包子。還有另一種很普遍的麵食叫餛飩，是用薄麵皮包著肉類或蔬菜的麵食。廣東話把餛飩稱作「雲吞」，漢語裡餛飩的發音與「渾沌」一樣，

兩種蒸的包餡麵食，內餡為肉或蔬菜。包餡麵食出現在中國菜單上遠超過一千年。（Shutterstock）

而渾沌是指天地分裂之前的原始狀態。「雲吞」和「渾沌」這兩個詞都很容易讓人聯想到餛飩薄薄的白麵皮在裝著湯的碗裡漂動。一九五九年，考古學家在新疆沙漠的一處唐朝墳墓裡挖出了幾顆乾掉的餛飩；他們也找到了古代的餃子，餃子的皮稍微厚一點，至今仍舊是中國北方各地最喜愛的餐點。隨著中國人愈來愈善用麵粉製作食物，他們發現用水洗揉麵粉，便能讓澄粉和麵筋分離。麵筋煮熟之後變成白色的，軟嫩可口，是中國人最喜愛的美食，可以用於製作許多食物。佛教徒喜歡把根菜植物搗成泥狀，並加入調味料，添加麵筋去烹煮，讓麵筋的口感變得很像肉，麵筋「牛肉」、「鴨肉」、「雞肉」和「魚肉」變成佛教徒素食餐點中的主菜。

在唐朝，餅這個詞經歷了一個詞彙學的劃分。油炸、烤製和煮熟的包餡麵食保留稱為餅，但麵條變成了麵。中國人沒有西亞的硬粒小麥，於是只製作用於馬上食用的新鮮麵條，而不製作用於貯存的乾燥麵條。製作麵的方法包括把麵團擀拉成條狀，或是把麵團壓成片，再切成細長片狀，或是把軟麵團擠過篩孔，擠出麵條，丟到滾水裡煮。接下來一兩個世紀，麵愈來愈重要，從大家喜愛的點心變成中國北方飲食裡發展完全的基本元素。中國人不論吃乾麵或湯麵，都喜歡加入各種肉、海鮮和蔬菜，用筷子夾起，唏哩呼嚕地吃下肚。從十二世紀起，外族從北方和西方入侵，騷擾中國北部，製作麵的技術便往南傳到長江流域，最後傳遍南方。（馬可・波羅並未將這項知識傳回義大利，當時義大利人已經製作細麵和千層麵長達幾個世紀了。）可惜，小麥無法在溫暖潮濕的南方生長，因此南方人就嘗試用稻米和各種根菜類植物與豆科植物製作麵，尤其是綠豆，綠豆是粉絲的主要原料，粉絲又稱冬粉。約莫在一五〇〇年，中國人開始在麵粉團裡加蛋，讓麵變得更美味，這是中國人在麵食的一項重要創新技術；後來在一九五八年，台灣商人在日本發明了速食麵。

另一項重要的變革始於首次發明發酵飲料。雖然孔子提倡喝水的好處，但是顯然古代中國人最喜歡的飲料是穀物發酵製成的酒，他們先是熟習於利用發酵技術來製作醬汁和酸菜，後來又精通釀酒這門複雜的技藝。把煮熟的稷、稻米或小麥與已經發芽的穀物混在一起，加入麥芽所產生的糖，還有水和特殊的「酵母」；酵母長在發酵的穀物上面，因此發酵的穀物可以提供發酵所需的酵母，把糖發酵成酒。中國人把發酵好的液體久置一段時間後，過濾出沒什麼味道但濃度相當高的酒——比較像葡萄酒，而不像啤酒，通常是用小杯子溫溫地喝。這可不是中國人唯一喝的飲料，中國人也會喝烘乾穀物泡的茶、水果飲料、水泡煮熟的穀物、某種酸奶，甚至還有蒸餾酒，不過中國人最喜歡喝的當然是穀物酒。現在中國人仍然喜歡喝米酒，尤其在餐宴上，只不過用餐時的主要酒飲已經完全不一樣了。

漢朝時出現了一種源自四川盆地新的止渴飲料，叫作茶，是把熱帶和亞熱帶茶樹的新鮮葉子放到煮沸的水裡沖泡而成。長江流域以及以南的地區最早喜歡茶的味道。在北方，佛教僧侶發現，喝茶能夠讓他們在長時間打坐時保持清醒，於是便開始推廣喝茶。陸羽在八世紀寫了《茶經》，宣揚喝茶的好處和規矩，明確地教導上流人士應該如何品茗（日本茶道至今依舊保存這項技藝）。到了元朝（一二七一—一三六八），喝茶傳到下層階級，成為中國人每天生活的「七大必需品」之一。（其他六項是柴、米、油、鹽、醬、醋。）這裡我們就不一一說明茶的諸多種類，或是從元朝起所發展出來的茶葉處理工法。我們只要知道，茶於十七世紀首次出現在西歐時，早已是中國相當普遍的飲料，同時也是中華文明的重要特色之一。茶也是中國最重要的輸出商品之一，茶的美味最早吸引荷蘭人到廣州買茶，接著是英國人，最後是美國人。

宴席餐桌才是主要的展示區，能夠一睹中國菜所有主要的組成元素，從烹調本身到健康理論。確實，自周朝以降，餐宴就被當成一種舞台，供參加餐宴的人重新肯定中華文明的正確性與價值，從政治與宗教生活的結構到家庭關係。在宮廷的御膳房裡，御廚遵照無所不包的規則手冊來準備餐宴，手冊裡不只載明了哪種場合適合舉辦哪種餐宴，也規定了要給各種不同階級的賓客上多少酒菜，以及餐桌、餐具如何擺放，甚至連音樂表演都有規定。清朝皇帝在宮廷餐宴裡偏好滿族菜餚（煮熟的豬肉、野味、甜麵食、奶製品），舉辦前三等的餐宴來祭祀神明與先祖。第四等餐宴是皇族吃的，朝鮮等藩屬國的使節則吃第五等和第六等的餐宴。在餐宴中，女人絕對不可以和男人一起用餐，必須遵守中國傳統道德規範，到別的廳室分開用餐，不可以被家人以外的人撞見。在皇宮的圍牆之外，通過科舉考試的朝廷官員和學士可以吃比較常見的第六等漢式餐宴。每位用餐人士吃到的菜都表明了他的社會地位，中國的社會階層制度劃分詳盡。（但是身材高大、皮膚蒼白的外國人來到中國後，就破壞了中國人的用餐制度，鄙視包括中國菜在內的諸多中國文化。）

私人餐宴也能彰顯與提升社會地位，但是規矩寬鬆許多。事實上，宴席主人挑選食物、穀物釀製的酒、喝酒時玩的遊戲和賓客，主要原則經常是開心就好。菜色可能只有八道，也可能一百多道，分數次上菜。譬如，十九世紀時，有一群中國商人暫時待在長崎，如果遇到不怎麼重要的場合，就會舉辦八道菜的餐宴，如果是普通重要的場合，就會舉辦十道菜的餐宴，如果是很重要的場合，就會舉辦十六道菜的餐宴，菜色有魚肚、淡菜、蟹醬、蒸魚、鵝肉、鴨肉、兩種雞肉、豬腳、煎羊小排、海參、燕窩、魚翅、鹿尾和熊掌。[18]雖然袁枚嗤之以鼻，但還是有些東道主喜歡用這些稀罕珍貴的菜色來炫耀富有，以及展現自己老於世故。畢竟，中國古代哲人孟子說過：「魚，我所欲也；熊掌，亦我所欲也；二者不可得兼，舍魚而取熊掌者也。」[19]燕窩、魚翅和海參一般是來自東南亞，其實，在中國與東南亞地區的貿易中，這些食材占大多數。這三種食材之所以有名，主要不是因為味道，而是因為口感（當然，還有為餐宴增加的成本）。

中國的家庭餐是家人一起吃，氣氛融洽低調，通常不喝酒，天天都要吃，與偶爾吃一次的餐宴不同。家庭餐的用餐時間因地區而異，但是這頓主餐通常在正午、傍晚或晚上吃。在二十世紀之前，中國男女通常分開用餐，男性通常吃得比較豐盛美味。餐位上擺放裝茶的杯子、盛湯和飯的碗，還有筷子和湯匙。在一頓正餐中，桌上還會擺放菜，包括湯和蔬菜，如果家裡負擔得起的話，還會有一盤獸肉和一盤魚肉。大家一起吃，用筷子夾盤子裡的菜，放到自己的飯上面。不可以貪吃；還有，小孩子知道，如果沒把碗吃乾淨，長大可能會與「麻子臉的人結婚，飯粒浪費得愈多，以後妻子或丈夫臉上的麻子就愈多」。[20]許多工作場所也吃這類的家庭餐，包括中國餐館。如今幾乎在美國各地，如果在午餐時間結束後到晚餐時間開始之前進到中國餐館，或許就能看到廚師和服務人員坐在餐桌前吃美味營養的傳統中國菜。

餐館在中國歷史悠久。當西歐只有限於少數重要的修道士能吃到美饌佳餚時，宋朝都城開封就有數百種賣吃的生意，以及豐富的美食文化：

開封人出手闊綽，幾百個人叫嚷著要買吃的，有人要熟食，有人要冷食，有人要熱食，有人要調製過的，有人要冰的，或精緻的，或油膩的，每個人點的都不一樣。小二去記下客人點的餐點，跟著唸了一遍後，就記在腦子裡，到廚房裡說給廚子聽。小二會馬上回來，左手端著三樣菜，右手拿著約莫二十個碗，疊到肩膀那麼高。他把碗正確地遞給每個叫餐點的客戶，一個都沒漏掉或搞錯。[21]

開封有些餐館名聞遐邇，連皇帝也會派人去買餐館的招牌菜。餐館也會辦精緻的餐宴，可以在自己的大堂裡辦，也可以到有錢人家裡辦。開封許多餐館裡也有茶樓和酒樓。大家喜歡在茶館裡喝茶閒聊，叫點心或正餐來吃。酒樓夜裡顧客比較多，顧客吃飯喝酒的時候，可以一邊欣賞音樂演奏和唱曲。酒樓裡通常也設有妓院。社會階級比較低的工人和貧窮家庭可以到五花八門的簡陋小餐館和街頭攤販去買每天要吃的食物，那些地方有賣麵、粥、下水湯、煎餅、蒸餅、饅頭，還有許多種美味的甜點。攤販還會賣滾燙的熱水給窮人，讓他們能夠煮粗簡的配給糧食來吃。

即使在清朝結束後，中國的餐館文化仍持續興盛，毫無衰退。英國牧師約翰・亨利・格雷（John Henry Gray）是對中國飲食由衷感興趣的少數歐洲人之一，他對於十九世紀中國城市裡的餐館提出以下的結論：

餐館通常蓋得非常大，裡頭有一處公共食堂和數間私人雅座。餐館與多數建築不一樣，餐館通常是兩三樓。廚房占據了地面樓層。公共食堂在一樓，身分地位比較低的人通常在公共食堂用餐，比較高檔的雅座在二樓和三樓。當然，到雅座的人經常是比較有錢的人，但社會各階層的人都可以去，不富裕的人到那裡是司空見慣的事。大門旁有一張桌子或櫃檯，老闆就坐在那裡，每個顧客也都要到那裡支付餐費。第一道階梯通往的便是公共食堂，想吃便宜餐點的人就到那。餐館裡擺設許多桌椅，與咖啡館很類似，私人雅座裡則只有一張桌子和幾張椅子。[22]

上層樓的雅座通常預留給達官顯貴，用於舉辦各種規模的餐會與宴席。一樓的顧客可以點比較簡單便宜的餐點，像是湯麵和烤肉，當作簡便的午餐或晚餐。所有顧客，不論是富裕或貧窮，都會穿越地面樓層的廚房走進餐館，經過廚房時，就可以自行判斷廚師的廚藝，以及吊在天花板上的鴨、雞和豬烤得好不好（在砧板的正上方），還有廚房乾不乾淨。當中國人移民到美國時，也把這種餐館完整地引進新家園。

如果是比較輕鬆的用餐，中國人有很多地方可以選擇，喝茶習慣傳遍中國社會的各個階層之後，茶館尤其普遍。每間茶館都是重要的社交中心，男性尤其喜歡聚在茶館，喝茶嗑瓜子，閒聊抽菸斗，聽藝妓唱曲或聽說書人講古，或者點比較豐盛的餐點來吃。有些茶館，顧客能夠叫稀罕美味的茶來品嚐，有些茶館主要是賣吃的，南方的茶館大都如此，尤其是廣東省。格雷這樣描寫他在廣州所熟悉的那種「茶館」：

每間茶館裡都有兩間大廳堂，裡頭有幾張小桌子和凳子，每張桌子上都放著一個盤子，裡頭裝著形形色色的糕餅、蜜餞和幾杯茶。收銀員坐在茶館門口旁的櫃檯後頭，向要離開的顧客收錢。每間茶館裡都有一間大廚房，廚師非常注重清潔，天天都在做各式各樣的糕點。[23]

那些糕點就是我們現在所稱的「點心」。與今天的點心餐廳一樣，顧客結帳時，店員會把餐桌上大小不一的小餐盤加一加，算算有幾個，總共要多少錢。廣州的茶館有嚴格的性別隔離規定，女性不准進入，而且一大清早經常會舉辦鬥鳥比賽，讓顧客比較誰的鳥叫得最好聽。比較忙、沒時間的人通常會向在城裡繞行的流動街頭攤販買東西吃，很像現代美國的咖啡車和午餐車。這類移動廚房的基本設備是一個火爐和一個食材櫃，小販會把火爐和食材櫃分別吊在一根扁擔的一端，扛在肩上到處走。只要看到有看似飢餓的人聚集，小販就會停下來，賣那些容易飽又便宜的食物，用碗裝盛給客人，客人吃完後，小販就會把碗洗乾淨。這種攜帶方便的簡單食物也可以運送到外國，引進到東南亞、乃至於太平洋對岸的各個新移民地區。

至少三千年以來，中國菜的基本組成元素大都維持不變：原料、烹調方式、工具、調味料（尤其是醬油、薑和青蔥）、吃飯配菜的習慣，以及飲食與健康息息相關的觀念。但是，中國人吃的東西絕非一成不變。若要看真正「全國性」的菜色，就得到達官貴人的餐桌上（有在中國各地的餐宴中，都有海參和燕窩之類的珍饈佳餚，烹調方式都很類似），還有官方慶典依照規定所製作的菜餚。在其他時間的其他餐桌上，各地區偏好的菜餚就都不一樣了，就像義大利、德國、英國、西班牙和法國菜一樣，差異甚大。明清時，袁枚與其他烹飪作家開始讚揚中國各個地區與城市擁有多變的菜餚，這個主

1919年，廣州的「流動小吃攤」。從宋朝起，就有攤販在街頭販賣麵和其他主食。
（Prints and Photographs Division, Library of Congress）

題長久以來就令中國美食家既著迷又傷腦筋。（為求簡單明瞭，接下來討論主要的區域菜餚，就只分為東西南北四個區域，僅概略說明，不詳加探討。）

北方菜以北京和華北平原為中心。清朝時，北方人仍舊愛吃稷，不過穀物主食是小麥麵包和麵條。羊肉和羊小排是最普遍的肉類，經常以洋蔥、大蒜或青蔥調味，或者沾醋或美味的甜醬吃。沾著美味的醬汁佐吃的北京烤鴨應該是一名元朝御廚發明的。北京的飲食也受到滿族飲食影響很深，滿族在清朝時統治中國，故鄉在東北方。顧盛品嚐的乳製品和烤肉都是北方菜。華東菜涵蓋大片中國最富庶、人口最多的土地，約莫從山東一直到福建。華東菜的主要食材是淡水和鹹水的植物和動物，尤其是魚類和螃蟹，以薑、酒、糖和醋調味。特色菜包括調味精緻的湯和慢熬菜餚。穀物主食則包含了東北方的稷和麵食，還有東南方的稻米。在上海和福州等條約口岸，外國商人和傳教士能在中國富商和地方官員的家中吃到這些特色菜。華西菜以湖南和四川這兩個內陸省分為主，又辣又油，經常添加互相調和、味道強烈的調味料。在華西，米和麵是主食，經常配豬肉、高麗菜、淡水魚、竹筍和菇類。美國人在一百多年後才會嚐到調味複雜的華西菜。

華南菜以廣東省為中心，幾十年來，美國人都以為華南菜就是中國菜。華南的中國人大都講廣東話，長久以來經常發生叛亂（華南是最晚向滿族軍隊投降的「漢地」）。談到華南菜，廣東省最重要的地方就是珠江三角洲，廣州、澳門和香港都位於珠江三角洲。珠江的三條主要支流像一棵大樹的根，在廣州附近交會，分流成許多小河川、溪流和水道。這片水道網路沖積出大片三角洲，土壤濕軟肥沃，是中國最富饒的地區之一。珠江是這條河系的主幹，在廣州附近成形，往南流入南海，河口相當寬廣。在珠江西側，三角洲的每一寸土地都有人居住，即使在低矮的丘陵上，也布滿了石頭和水泥作的墓碑。十九世紀中葉，珠江三角洲有許多人口密集的城市、生意繁忙的市集小鎮和數千個村莊，散布著種植綠色蔬菜的田地、果園、稻田和魚塭。所有社區幾乎都有水道相連，河川、溪流和河道多不勝數，旅客甚至認為幾乎不需要道路。稻米、蔬菜、豬肉、鴨肉、魚肉和有殼水生動物是三角洲地區的主要食物。

珠江三角洲最富庶的地區是三邑，圍繞著廣州，大都是農田，散布著許多小城鎮與鄉村。省城廣州的廚師廚藝高超，擅長烹煮海鮮，手法簡化，經常用蒸的，或用文火熬煮。調味通常使用醬油或蠔油、發酵黑豆、薑和青蔥。廣州的廚師也善於烤肉，尤其是豬肉和鴨肉，還有在砂鍋裡蓋在米飯上慢燉的菜餚。在廣州，茶館飲食的傳統發展到巔峰，點心師傅會製作形形色色的美味糕餅甜點。廣州市的城牆之外，土地平坦肥沃，一片蔥綠，菜園、稻田和魚塭圍繞著大部分的社區，邊緣經常種著荔枝樹。大部分的城鎮裡都有擁擠的定期市集，販賣附近農場與養殖場所生產的魚、水果（荔枝、龍眼、柳丁）、草藥、香料、珍珠和絲綢。附近的順德縣以餐館聞名，許多廣州的饕客喜歡前去品嚐美食，或去找廚師，聘回省城廣州的家中幫忙煮菜。接下來是南邊的中山，丘陵較多，位於河流西岸，往南延伸到澳門。中山人主要的職業是種植稻米和捕魚，連接中山和出海口的狹窄水道上，擠滿數千艘海洋漁船。

西邊就是珠江三角洲的四邑地區，丘陵比較崎嶇不平，人民比較貧窮。四邑比較大的城鎮都在潭江沿岸，其中最重要的是新會城，是種植蒲葵的中心，當地居民製作精美的葵扇，賣到中國其他地區和外國。新會人不僅和廣州人一樣會講廣東話，也會講當地的方言，高雅的三邑居民覺得新會方言聽起來刺耳又難懂。離河比較遠的鄉村地區，被土地貧瘠、覆滿灌木叢的小山和狹窄的河谷切割，村莊的農田密集，交通道路是人們經常通行的小徑。每座村莊裡都有數排緊緊相依的房子，面向河谷，村莊的魚塭、水牛坑、稻田和菜田都在河谷裡。菜田裡有葉子很大的芋頭、長在棚架上的豆類、黃瓜、南瓜屬植物和葫蘆屬植物。山腰上有柳丁園、香蕉園和荔枝園，還有豬舍和糞肥坑。這裡的人主要是吃飯配菜，用碗盛飯，配一些蔬菜或魚肉，或混炒的菜，就是把手邊有的食材都丟一些到鍋子裡，混在一起炒一炒。村莊裡有許多榕樹，樹枝粗，樹葉密，中午時，農家喜歡在樹蔭下做飯，聚在一起用餐。村民經常討論最迫切的問題：居民該如何維持社區和家族在這個地區繼續發展，在那裡，居民都快沒辦法生產足夠的食物維生，歹徒橫行鄉村，省政府不僅面對歹徒軟弱無能，甚至欺壓善良百姓。

對四邑地區的村民而言，答案通常是到別處開源，像是到三邑或廣州，甚至是到外國。幾十年來，他們與南方其他地區的移民一樣，到了東南亞其他地方尋找更好的生活環境。一八四八年，四邑人耳聞太平洋對岸有機會賺錢的新地方，非常誘人，於是他們來到後來稱為金山的地方。

CHPATER 4

第四章

金山上的中式花園

CHINESE GARDENS ON GOLD MOUNTAIN

一列列馬車激起灰塵汙土，停到西方飯店（Occidental Hotel）的大門前。這間四層樓的飯店是舊金山最高級的飯店。馬車等候著來自美國東部的貴賓到來。晚上六點，貴賓終於出現：美國眾議院議長施凱樂．寇費克斯（Schuyler Colfax）、伊利諾州副州長威廉．包羅斯（William Bross），還有兩位知名的新聞記者山謬．包勒斯（Samuel Bowles）和亞伯特．理查森（Albert Richardson），前來宣揚美國西方的遠景。那天晚上，城裡的一群白人精英組成了邀請委員會，護送貴賓乘上馬車，車隊喀啦喀啦地駛向只需要幾分鐘車程的目的地。一八六五年，市中心只有少數建築的屋齡超過二十歲，都板街（Dupont Street）三〇八號那棟建築格外顯眼——大片陽台，掛滿橫幅旗幟和彩色燈籠，還有招牌看板，上頭寫著「鴻興樓」（Hong Heong Restaurant）。馬車在這裡停了下來，乘客下車，被領過一樓廚房，廚師們向他們躬身行禮。接著他們走上樓梯，在三樓接待室會見東道主，東道主是舊金山的中國商人領袖和六大中國會館的主席，這六大會館一般又統稱為「中華會館」。接待室裡至少擠了六十個人，半數是中國人，半數是歐裔美國人。他們的穿著和長相天差地別。中國富商身穿藍色和紫色緞子作的寬鬆長袍，上頭滿是刺繡，頭戴絲質無邊帽，臉蛋圓滑，前額的頭髮剃光，背後垂著一條梳綁整齊的辮子。美國人身穿暗色羊毛夾克、背心和褲子，白色襯衫搭配黑色蝶形領結，嘴巴和下巴都蓄著修剪整齊的鬍鬚，濃密凌亂的頭髮抹了髮油，整齊地梳到額頭之上。有一張桌子擺滿美國和歐洲的酒，大家酒過一巡之後，一名僕人通知：「筵席已經準備妥當。」於是賓客下去二樓餐廳。

餐廳裡每樣東西都是從中國進口的，包括桌子、燈具、裝飾屏風和餐具。華美的分隔板上裝飾著彩色玻璃，把餐廳分格成三個區塊，每個區塊裡擺著三、四張圓桌。每張桌子擺設六、七個餐位，陳列著象牙筷子，以及瓷製的湯匙、碗盤、杯子，還有小碟子，用來裝醬油、芥末、泡菜和蜜餞；桌子中心有一個大型中式花卉擺飾。首席貴賓寇費克斯坐在首席東道主三邑會館（Sam Yap Company）的邱新同（Chui Sing Tong）旁邊；其他用餐人士紛紛入座，一道道菜餚開始端上桌。包勒斯記錄道：「沒有大塊肉，不用動刀切。每份菜都是盛在小碗裡端來的，細細碎碎的。」[1]根據他的記錄，第一輪餐宴有火腿丁炸魚翅、燉鴿竹筍湯、魚腱火腿、西洋菜燉雞、海菜、燉鴨竹筍湯、海綿蛋糕、煎蛋餅、裱花蛋糕、炸香蕉、燕窩。有些美國人會用湯匙和筷子，有些則要了叉子，用叉子品嚐「那些一般法國廚師和白人家庭主婦意想不到的菜餚，有各式肉類和蔬菜，種類五花八門」。[2]一名《芝加哥論壇報》的記者喜歡火腿丁炸魚翅：「味道很像堅果，非常好吃。」還有燕窩：「我向各位保證，真的美味極了。」包勒斯就沒那麼捧場：「老實說，每種食材經過烹煮後，似乎都流失了原味，全都加入了中式風味。」[3]不過，茶倒是好喝又清爽。

上了十二到一百三十六道菜之後——到底有幾道，與會人士的說法大相逕庭——賓客回到接待室抽菸，舒展筋骨，向要離開的中華會館主席們道別。剩餘的餐宴由十來個中國商人領袖接待。欣賞完一個中國樂團的「獨特表演」之後，所有人又都回到二樓品嚐第二輪餐宴。用餐賓客喝了杯涼茶和帶有玫瑰花香的烈酒提振精神後，便繼續品嚐盛宴。根據包勒斯的記載：「有地衣，和一種很像菌類植物的苔蘚」，又有魚翅，還有栗子燉雞、中國牡蠣（「經過乾燥處理，煮熟後呈現黃色」），還有另一道燉菌類植物、銀杏羹、燉羊肉、烤鴨、湯飯、鴨蛋飯、醃黃瓜、火腿雞湯。主人致辭表示歡迎，賓客表達感激之後，所有的人又移駕到三樓，欣賞了一齣「中國歷史戲曲，音調比雪士達山還要高」。他們回來之後，發現桌上擺好了甜點，只有新鮮水果，但是種類很多。最後，理查森點算了一下：副州長包羅斯每道菜都品嚐了，他自己則大約品嚐七十道；議長寇費克斯品嚐四十道。「這場餐宴非常獨特，令我永生難忘。從今以後，只要受邀，我一定會去與天朝人民喝幾杯，並且由衷感謝他們的邀約。」[4]《芝加哥論壇報》的記者寫道：「就我自己而言，我很高興能夠出席這場盛宴。這場餐宴著實令人大開眼界、發人省思，即使有很多菜餚是我們這些只會講盎格魯─撒克遜語的人無法理解地描述出來。」那包勒斯在哪裡呢？他只品嚐十幾道菜而已。

我到餐館的時候，餓得渾身發軟，當聞到一股味道瀰漫整個餐廳，就馬上胃口盡失。第二輪餐宴時，我無奈地拿不會用筷子當藉口，一口都沒吃，純粹出於禮貌待著，坐如針氈。就在此時，有個好心人前來解救我。彬彬有禮的市警察局局長出現，拍拍我的肩膀：「門口有位先生想見您，他請您戴上帽子、穿上外套。」我原本以為我觸犯了市府法規，警方要請我明天早上到治安法院「幫忙」。我不禁心想，這個人這樣逮捕初次來到這座城市的人可真是客氣啊。不過，與鄰座留著辮子的中國人告辭之後，我與高采烈地離開，準備前往不知道哪個法院。一名大銀行家友人那天晚上坐在我對面，片刻前被叫了出去，此時，在向著街道的大門迎接我，說道：「老包啊──我知道你如坐針氈，而且肚子餓扁了──咱們去吃點東西吧──吃美味的食物！」於是我們走到對街的一家美式餐廳用餐，我的胃口恢復了，羊排、烤乳鴿、炸馬鈴薯和一瓶香檳，馬上使我們恢復元氣。那位友人篤定第二輪餐宴只不過是把第一輪的菜重新加熱而已，休息時，我們就在聊這件事。不論到底是不是──我到那家豪華的中國餐館，餐宴才過三分之二，就溜出來「吃東西」。[5]

在一八六〇年代，舊金山的上流白人並不喜歡中國菜，每年只會出席一、兩次這種禮俗餐宴，主要是為了增進他們與中國商人共有的商業利益。他們比較喜歡舊金山的頂級法國餐廳，舒適又能滿足虛榮。（在法國餐廳，服務生「與美國人說法語，與法國人說英語」，菜色合乎他們的飲食習慣，有湯、「魚、沙拉、兩三道主菜、蔬菜、烤肉、點心、水果和咖啡，依適當的順序一道接著一道上菜」。）[6]然而，上流白人倒是經常在街上看見留著辮子的中國人，有數萬亞洲移民居住在這座城市裡，許多住在都板街（現在改名為格蘭特大道）的「華埠」。白人對中國小販和洗衣工總是擺出高人一等的姿態，喜歡到都板街的百貨商行買東方的珍奇物品和傢俱，也會與像出席鴻興宴的那些人一樣的中國大商人做生意。十六年來，舊金山的白人和華人同生共存，雖然不怎麼自在，但大都相安無事。

吸引他們到北美太平洋沿岸一起生活的是黃金。十九世紀上半葉，偶爾會有中國船員來到沿岸的城鎮。一八四八年中旬，謠言傳遍珠江三角洲，最早由飛剪船傳到香港，接著再傳到澳門和廣州，據說在一個叫加州的地方，黃金礦藏豐富，一個人一天能挖到兩三磅那種黃色金屬！每艘飛剪船不斷帶來最新消息，報告驚人的發現。不只在大型歐洲貿易公司的陽台上和市集裡，甚至在鄉下村莊的榕樹下，人人都談論著這些消息。各國人民紛紛湧入加州想要發財。在加州，淘金客挖到大量的黃金致富，卻沒有東西可以買。他們需要食物、工具、毯子、衣服、鞋子、建造屋子所需的木材和石材；還有，他們自然會蓋漂亮的店鋪和大樓，需要傢俱、餐具和裝飾品；當然，最重要的就是食物。那些商品從紐約或波士頓運過去需要至少三個月，從廣州運送的時間可以縮短超過一半。想要到礦區淘金，就得從舊金山市去，冒險進取的中國人在那些礦區和發展快速的舊金山市看見了機會。因此，在一八四九年初，最早的幾十名中國人便搭船前往他們稱為「金山」的那個地方。

從中國前來冒險的人主要都是從香港出發，搭船行經馬尼拉和三明治群島（現在的夏威夷群島），橫越太平洋。飛剪船靠近加州海岸時，陸地通常被濃霧籠罩，一片霧茫茫，只看得見海岸附近的一些矮山和遠處的高山，在白霧上方若隱若現。船通過金門海峽之後，轉向南，進入寬闊的舊金山灣，接著便抵達舊金山了。那裡有來自世界各地的船，船員都棄船而去，急著到山裡尋找財富。船駛向岸邊停靠時，中國人和其他乘客都趁機仔細打量當時的舊金山。在十九世紀中葉，舊金山有各式各樣的帆布帳篷和一層樓木造屋，大都很簡陋，交通道路都是爛泥道路和沙質小徑，兩端盡頭是沙丘。三年前，這個地方本來是一個孤立的村莊，叫芳草地（Yerba Buena），居民只有兩百人，偶爾有船前來買水或牲畜皮。現在，這裡是太平洋沿岸最繁忙的港口，每艘飛剪船停靠，都會有旅客和貨物下船。這裡沒有真正的倉庫，所以貨箱和貨物都堆放在街上，街上擠滿形形色色想要尋寶的人，幾乎都是男性，來自東部各州、奧勒崗領地、加拿大、墨西哥、太平洋島嶼、秘魯、智利、法國、英國、德國、義大利、土耳其和中國，所有人都在尋找發財致富的機會。許多人做投機買賣，帶來各種商品，從酒、東岸的報紙到挖礦的鏟子，無奇不有，希望能夠高價賣出。有一名跑太平洋航線的船長，在廣州買了木料，雇了一班中國木匠，用那些木料在舊金山蓋房子。然而，一八四九年登陸舊金山的中國人大都不是契約工，而是自己買船票的商人和冒險家。他們與舊金山市裡沙塵滿地的街道上的人群一樣，希望

1869 年舊金山都板街上一家中國餐館。從裝潢用品到筷子，幾乎所有的飾品與用具都從中國進口。
（Courtesy of The Bancroft Library, University of California, Berkeley）

能夠在這個新的國家發財致富，去挖黃金，或開店，或做其他生意，像是開餐館。

舊金山人手頭有許多黃金，而且肚子會餓。舊金山的男人大都沒有真正的家，沒有老婆和傭人幫忙做菜，所以三餐都習慣到餐館裡吃。《紐約論壇報》的年輕特派記者貝亞德・泰勒（Bayard Taylor）發現，這裡賣的餐點種類繁多，不單只有美國菜。「在這裡可以吃到各個國家的食物。」他寫道：

廣場和都板街上都有法國餐廳。太平洋街（Pacific Street）上有一家大型德國餐廳。還有秘魯客棧（Fonda Peruana）、義大利糕餅甜點店（Italian Confectionary），以及三家中國餐館，店外掛著三角形的黃色絲質長旗。美國人很常光顧中國餐館，一方面是因為烹調美味，另一方面則是不管吃多少，每餐都只要一塊美元。孔孫（Kong-Sung）的餐館在海邊，王彤（Whang-Tong）的餐館在沙加緬度街，湯林（Tong-Ling）的餐館在傑克森街。在中國餐館，個性嚴肅的天朝人不只賣中國菜和咖哩食物，也賣許多道地的英國菜，他們的茶和咖啡著實無與倫比。[7]

北美最早出現的這幾間中國餐館最吸引顧客的特色顯然是價格，一塊美元就能無限吃到飽，而當時舊金山的食物可是世界上最貴的。在碼頭附近，連一些骯髒的小吃帳篷賣一份牛排加蛋，配一杯咖啡，都要價二・五美元。中國餐館另一個吸引人的特色是專業水準：

我去過一家中國人開的餐館，裡頭整齊又清潔，烹調美味，價格實惠，著實令我感到驚訝。店名叫

「廣東餐館」（Canton Restaurant），裝潢設備和服務方式都是徹頭徹尾的中國風，令顧客不禁以為自己身處於天朝帝國之中。老闆是中國人，說得一口流利的英語，服務生也是。[8]

雖然裝潢是中國式的，但中國餐館顯然是中國和西方食物都有賣。英國人威廉・開雷（William Kelly）寫道：「中國人不只賣中國特有的湯、咖哩和雜燴，也賣各國獨特的菜餚。」[9]在一切都新奇的舊金山，許多饕客想要品嚐新奇的食物，點了中國菜來嚐嚐。另一名英國人威廉・蕭（William Shaw）寫道：「中國菜大都是咖哩、雜燴和快炒，用小盤子裝。雖然美味極了，但是我沒那麼濃厚的興趣想詢問食材是什麼。」[10]可惜，對於中國菜的描述僅止於此，不夠詳細。「咖哩食物」可能是指碎肉塊加上調味複雜的醬汁，而「快炒」可能是指用炒的菜餚。總之，多數的顧客可能是點用西式餐點，菜單上有「英國菜」，如羊排。簡而言之，中國餐館絕對不會賣西方人吃了會嚇到的東西：

> 各位讀者，別誤會，他們的貯藏室不像香港或廣州的餐館一樣，「沒有放老鼠之類的小動物肉」，他們也不會強迫顧客用筷子吃米飯，吃燕窩吃到撐。好奇心驅使之下，我大膽嚐了中國菜，結果驚喜地發現，餐點完全是用美式餐具吃的，有刀叉湯匙等，應有盡有。他們的咖啡非常美味，唯一美中不足的就是他們做鬆餅點心的技術差了一點。[11]

中國餐館賣跨文化的混合菜餚，加上員工會講英語，從這裡我們可以猜老闆八成是在廣州或香港學到竅門，懂得迎合歐洲人的喜好和外國商人喜歡喝酒的習慣。在舊金山，顧客想要美味的食物和周到的服務，又喜歡冒險嚐鮮，為一些餐廳老闆賺了一些錢。

到了一八五〇年，根據記錄，有四千名中國人住在加州，有些商人和餐館老闆已經賺了大筆財富，離開加州回去珠江三角洲。他們回到家鄉以及加州好賺錢的消息驚動了整個中國南部，許多人都感染了「淘金熱」。每幾十個中國人回國，就激起幾百個人出國。一八五一年，約莫有兩千七百名中國人來到舊金山，一年後，人數幾乎增加到兩萬人。中國人戴著獨特的寬草帽，穿著寬鬆的上衣長褲和過大的鞋子，川流走下飛剪船。每個人都扛著一根扁擔，兩端吊著籃子，裡頭裝著鋪蓋捲兒、衣物和糧食（主要有米、乾燥海鮮和調味料）。淘金熱的起初幾年，中國人來自珠江三角洲的各個地區，各個社會階層的人都有，有商人，有工匠，也有勞工。後來，從貧窮四邑地區來的移民愈來愈多，他們都不是以自由人的身分，而是以契約工的身分前來，必須到礦區工作，償還船票錢。他們過了海關之後，就會見到舊金山中國商人大老的代理人。那些商人大老都隸屬於「六大會館」，代表珠江三角洲的各個地區。六大會館取代了宗親會，負責調解糾紛，執行懲戒，扮演保險公司和銀行的角色，把死者送回家鄉，幫助中國同胞與比較大的非中國族群談條件。這些商人通常已經與移民勞工簽了契約，要移工去幫美國的礦場主人做事，因此，新到的移民在舊金山待個幾天，就得搭內河船或馬車，或徒步行走到環境艱苦的金礦區工作。

在加州，礦區經濟的競爭激烈，最後連美國西部其他地方也都如此。人們被吸引到礦區，並不是去當拓荒者或建國者，而是想盡快發財。加州政府機關倉促設立，在一八五〇年到一八五四年之間，州府遷移了七次，而且容易受到大企業或暴民左右。到處都是醉漢，平靜的表面下暴力一觸即發。犯罪率非常高，經常只有動用私刑才能伸張正義。在金礦區，美國的採礦者發現自己得與外國採礦者爭搶，尤其是經驗比較豐富的墨西哥人、智利人和秘魯人。美國人採取的應付手段就是捏造罪名，絞死一些外國採礦者，再用槍逼迫，把其餘的人趕走。他們的藉口是，外國人可能是罪犯，是他們祖國的人渣，「生性邪惡」。其實，他們真正的動機是擔心外國人挖的黃金比「熱愛自由」的美國採礦者還要多。起初，在礦區工作的中國人很少；到一八五二年，才過了幾個月而已，每個金礦區都出現「過多的劣等亞洲人」。有人開始擔心，礦區大老闆會僱用大量中國人擊垮獨立的經營者。美國人立刻注意到中國人與眾不同的地方，像是講起話來「嘰嘰喳喳」，留著辮子，還有他們吃的東西。

中國人是「噁心的外國人」……絕對是我們裡頭最可悲不幸又討人厭的。……在礦工的眼裡，他們比印第安原住民還低賤許多。甚至比捕食弱小動物的野獸還要骯髒，聽說肉腐爛了，熊就不吃，但是「中國佬」只要是會爬的就吃。老鼠、蜥蜴、泥龜，還有又臭又難消化的有殼水生動物，「諸如此類的小動物」，「無所不吃」的天朝人都愛吃，從以前到現在都是如此，在中國明明很多「白種人」日常吃的麵粉、牛肉、培根等食物，中國人卻愛吃那些東西。[12]

一八五五年《舊金山誌》（*Annals of San Francisco*）的作者附和這樣的觀點，寫道：「中國人的舉止令加州的美國人反感至極。中國人的語言、血統、宗教和性格不同於美國人，心理和身體素質也大都劣於美國人，有些美國人認為中國人只有比黑鬼好一點而已，有些人甚至認為比黑鬼更差。」[13] 報紙報導，有一家舊金山中國餐館的用餐帳單上這樣寫著：「貓排，二十五美分；煎鼠肉，六美分；狗肉湯，十二美分；烤狗肉，十八美分；狗肉餡餅，六美分。」[14] 加州州長約翰．比格勒（John Bigler）在競選連任時，煽動本土保護意識型態；他是第一個利用反華議題的美國政治人物，推動法案，禁止僱用契約工，並向外籍勞工課稅。不過，商人（包括白人和中國人）和船運公司老闆認為中國人對生意有幫助，而傳教士想要拯救中國人，於是他們聯合抵制這些法案，多少有點成效。然而，貝亞德．泰勒寫了一系列的文章，在當地報紙廣泛重印刊載，導致加州人的反華情緒持續加劇。他在一八五〇年出版的《黃金國：帝國探險之路》（*El Dorado: Adventures in the Path of Empire*）已經令他聲名大噪，該書是最早記述淘金熱的文獻之一。

「高挺，看起來活潑，有男子氣概。鷹鉤鼻，明亮的眼睛，深情款款。燙卷的深色鬈曲頭髮，我們認為那是最適合詩人的髮型。」泰勒是十九世紀美國文壇的重要浪漫主義作家。[15] 他自詡為詩人，職業是新聞記者兼編輯，是美國首位暢銷的旅行作家，頗負盛名。當時是「昭昭天命」的時代，美國人開始探索自己在世界上的地位。泰勒擅長在旅行故事裡寫浪漫主義的冒險，加上顯而易見的文化優越感，藉此發了大財（他那些詞藻華麗的詩反而沒那麼暢銷）。他的第一本旅行書是《徒步之旅》（*Views A-Foot*），描寫歐洲，還不算太熱門。他的第二本書《黃金國》，比較平鋪直述地報導他到加州和墨西哥的旅行，公正不偏地記述他在舊金山遇到的諸多種族，還有取道墨西哥返國途中，在馬薩特蘭（Mazatlan）結識了廣東客棧（Fonda de Canton）那位笑口常開的中國胖老闆。一八五一年八月，泰勒啟程環遊世界，把這趟旅行寫成三本不同的書，並且在書中抒發詩人的多愁善感。譬如在敘利亞，他身穿連帽斗篷，頭纏頭巾，走過當地市集的汙穢僻徑，因食用「麻藥」而產生了幻覺，與柯勒律治（譯註：英國知名詩人，吸食鴉片成癮）一樣。他用詩人的眼光評論建築、音樂、習俗，還有他遇見的人種，對於人種的體格，他評論得極其嚴苛。他認為理想的體格是希臘塑像所呈現的那種樣子，肌肉發達，體態勻稱，他認為阿拉伯人的體格就是那樣，非洲人和中國人就不是了。他第一次看到一大批中國人是在新加坡：「他們一臉愚鈍，面無表情，頂多露出淡淡的難看神情。身子半裸，身材不勻稱，活像黃色的泥人，不像溫暖的血肉之軀，令我看了反感至極。」[16]不過，他還是繼續前往中國，先在香港登陸，接著才到上海。

他在那裡找到兩名美國傳教士當嚮導，分別是戴作士（Charles Taylor）和葉慈（M. T. Yates），兩人都是新教徒。他們帶著這個年輕作家到中國上海市的狹窄街道上閒逛，沿途向他「解釋諸多稀奇古怪的景象」。他去參觀廟宇、商店、當鋪、茶園、街頭攤販和監獄；他甚至受邀參加一場中國餐宴，他覺得菜色「多樣又美味，但對文明人來說分量根本不夠」。整體而言，「中國城市裡那些令人作嘔又討厭的事物」著實令他無法忍受，像是到處可見的髒汙、衣衫破爛的乞丐和惡臭的味道。奇怪的是，令他大吐厭惡之情的，竟然是在當地園藝展覽中看到一朵上等的中國花，那朵花令他「厭惡反感至極」。

中國人呈現出的，不過就是喜愛醜陋的事物。希臘人的生活充滿一種和諧的審美觀，宛如音樂的律動，但是中國人歪斜的眼睛，卻完全看不見那種和諧之美。……中國人喜歡失真或造作的事物，愈是偏離原本的美麗或勻稱，他們就愈是喜歡。他們的道德觀也同樣扭曲。經過審慎分析之後，我認為中國人是世界上道德最低落的民族，有些罪行在其他國家鮮少耳聞，在中國卻是屢見不鮮，而中國人也習以為常了。……凡被他們碰到的都會被汙染。這樣說或許難聽，但是為了我國人民著想，應該禁止中國人移居我國。[17]

貝亞德．泰勒的傳教士嚮導無疑是故意引他去注意那些「罪行」，包括殺女嬰、賭博、吃貓狗和抽鴉片（貝亞德．泰勒曾親身嘗試抽鴉片）。貝亞德．泰勒聲明中國是「世界上最不值得去的國家」的旅行書信被廣泛重印，首先刊載在《紐約論壇報》，接著收錄在他一八五五年的暢銷書《印度、中國與日本之旅》（*A Visit to India, China, and Japan*）的諸多版本中。接下來，至少三十年，他的尖銳評論對於爭論中國移民在美國的地位，產生了極大的影響。

儘管種族偏見一觸即發，偶爾會爆發暴力衝突，不過，在一八五〇年代末期和一八六〇年代初期，美國人整體而言是容忍來自珠江三角洲的移民。在這個時代來到加州的人，只想要和和氣氣地賺錢發財，遵循在東亞長久實踐的傳統。英國冒險家費德瑞克．惠普（Federick Whymper）曾在加拿大西部和加州遇過中國人，就撰文表示佩服中國人能夠堅持保持自己的飲食文化：

在礦區，我們可以看到「中國佬」行走於鄉間郊區，扛著一根長扁擔，一端吊著行李，就像我們小時候經常看到茶葉箱上所描繪的圖案。他們這樣做，能夠「攜帶」的行李比一般旅人多很多。筆者清楚地記得遇見一個中國人，扛著扁擔，一端吊著一包米、一根十字鎬、一根鏟子、一件褲子、一個煎鍋和一個煮茶用的直筒鍋；另一端則吊著一個關著家禽和雞的籠子。「中國佬」非常喜歡那籠家禽，這方面中國人比優越的人種還要聰明，因為一般「老實的礦工」只有豆子、培根和茶可以吃，中國人卻有蛋和雞肉可以配米飯吃，而且非常勤奮地尋找與利用野生的洋蔥、莓果和根菜類植物。一八六五年，有一些中國人分批搭上幾艘船來到溫哥華，登陸幾小時之後，他們都到樹林裡，或到海灘上，採集有殼水生動物和許多種海草，烹煮成各式各樣的菜餚。[18]

離開中國之前，移民會打包旅途中要吃的糧食，包括米、乾燥海鮮和臘腸，還有裝在陶罐裡的調味料，像是醬油和醃漬蔬菜。雖然登陸加州之後，這些糧食很快就會吃完，但是新到的移民卻不需要改吃豬肉配豆子的當地美國飲食。到一八五〇年代初期，舊金山已經有一些中國商店，專門賣來自「中央王國」的商品，包括「火腿、茶葉、魚乾、鴨肉乾和其他看起來很噁心的中國食物，以及銅鍋和銅壺」。[19]一八五六年，舊金山的電話簿列出中國城區有三十三家商店在賣「雜貨」。這些商人要不是直接向中國訂貨，就是向已經設立的大型進出口公司訂貨，這些進出口公司都是分公司，被稱為「金山莊」，總公司在中國的廣州，香港更多。一八七三年，新聞工作者亞伯特·伊凡斯（Albert S. Evans）記錄下一艘船上要賣給舊金山商人的貨物：

九十箱桂皮。九百四十箱咖啡，來自爪哇和馬尼拉。一百九十二箱鞭炮。三十箱魚乾、墨魚、魚翅等。四百箱大麻。一百一十六箱雜貨、漆器、瓷器，以及沒有專有名稱的商品。五十三箱藥品。十八箱鴉片。十六箱植物。二十箱馬鈴薯。兩千七百五十五箱稻米。一千兩百三十八箱雜貨——食物（可能是酸菜）、蜜餞、鹹瓜子、鴨肉乾、鹹鴨蛋、泡菜、香櫞蜜餞、棗、金橘、薑、煙燻牡蠣，以及其他一百項中國食物和調味料。八百二十四箱糖。二十箱絲綢。兩百零三箱西米和木薯。五千四百六十三箱茶葉。二十七箱錫器。[20]

這麼多的食材，供應鴻興樓之類的美食餐廳綽綽有餘；只需要有新鮮的肉類和農產品（就連進口的「金橘」也是新鮮的），餐廳就能夠準備餐宴。舊金山的進出口公司會把上面記載的食材賣給當地的餐館或雜貨店，或者運送到山麓上新移民定居地的中國商店。譬如周龍（Chew Lung）在卡曼奇（Camanche）的中國採礦營區開了一家店，幾乎所有商品，包括磅秤、烹飪鍋、碗、香菸、米、茶葉、糖、薑、烹飪油，都來自太平洋對岸，唯二例外的只有琴酒和可能是當地生產的鹹魚。

來自珠江三角洲的移民擁有幾百年的捕魚傳統，很早就發現加州的豐富海產不僅可以用來賺錢，還可以用來製作食物。到了一八五五年，他們已經在舊金山灣附近和加州中部沿岸建造了幾十個中國漁村，到太平洋捕撈鮭魚和墨魚，到潮間帶撿拾紅色、黑色和綠色的鮑魚，撒網捕捉蝦子、鯉科小魚和其他的魚類。他們甚至建造中國式的捕魚舢舨，從舢舨上撒網。少數漁獲趁著新鮮送到市集和街頭攤販零售，但是大部分的漁獲都會用鹽水煮熟後乾燥。接著，乾燥海產可能會被送到山區，山區的中國礦工喜歡用乾燥海產來配飯調味。更可能會被包裝運回中國，中國人喜歡吃乾燥海產，幾乎百吃不厭。到一八五〇年代，根據估算，約莫有一千名中國漁夫在舊金山灣捕魚。他們的捕魚方法相當有效，袋形網的網眼非常小，其他的漁夫不禁抱怨他們把在灣裡游著的生物全都捕撈光了。就算訂定捕魚法規也沒有用，中國人付了罰金或坐完牢之後，還是照樣繼續幹老勾當。一名新聞工作者估算，每年都有價值一百萬美元的乾燥蝦子和魚類（包括中國人愛吃的鱘龍魚骨髓）被運回中國。儘管其他漁民抗議，加上義大利和葡萄牙移民競爭，中國仍舊繼續在加州海域捕魚，直到二十世紀，中國大規模捕魚業才終於開始逐漸消滅。

從舊金山的住宅區到偏遠的採礦營區，經常可以在塵土瀰漫的街道與小徑上看到中國農產小販：

中國菜販不怕調皮的男孩、缺德的成年男子和凶惡的狗，前往城市的每個地方，甚至到更遠的地方，越過沙丘，把菜賣給常客。菜販在天還要很久才會亮的時候就起床，前往大市集，到市集貨運馬車，把背籃裝滿菜之後，回家去吃早餐；吃完早餐便出門賣菜，每個人都有固定的路線。中午左右回到宿舍，口袋裡的錢只比早上在市集花的錢多了幾角。看到背籃，有些人可能會大吃一驚，想不到裡頭竟然能裝那麼多種商品，有高麗菜、豌豆、芹菜、馬鈴薯、白蘿蔔、紅蘿蔔、歐洲防風草、蘋果、梨子、其他小型水果、魚和花束。[21]

這些農產品大都產自許多中國社區外圍的小菜園，以及中國地主或佃農耕種的農田。中國移民一來到舊金山，就運用在珠江三角洲耕種密集的耕地上所學到的技術，開始種植蔬菜。起初綠色植物是種來自己食用，他們中午吃米飯時喜歡配新鮮的蔬菜。但是他們學到竅門，知道如何在乾燥但是溫和的加州氣候種植糧食作物之後，便掌控了農業商機，有些作家說中國移民種的農作物養活了加州所有的人。

與捕魚業一樣，珠江三角洲的傳統耕種技術旋即在農業上引發文化衝突。在奧本（Auburn），中國菜園裡出現了「瘴氣」，據說引發了疾病：

罪魁禍首是中國人的耕種方式，骯髒噁心至極。他們把菜園建造在低地，施以惡臭難聞的糞肥，土壤雖然變得肥沃，但卻也奇臭無比。他們在地上挖了大洞，丟入人的排泄物、動物屍體，以及各種想像得到的髒東西，接著倒水進去，等那一大堆髒東西徹底腐爛分解之後，再用長柄勺子舀起來，撒滿整個菜園。[22]

以這種方法種出來的蔬菜「味道很重，中國人愛吃，白種人卻無法下嚥」。其實，大部分的白種人都能夠放下歧見，向中國人買常見的玉米、南瓜、豌豆、番茄、萵苣等農產品。中國農夫也有種植細長的亞洲蘿蔔、不常見的高麗菜、苦瓜、長達一呎的四季豆等等，但是只能賣給中國人。

靠著進口、農耕和捕魚，加州的中國人顯然有充足的食材，就算是頂級的廣東菜也做得出來。一八五三年，有一名《舊金山輝格黨日報》（*San Francisco Whig*）的作家被「領進都板街上一家名叫鴻發樓

一名畫家描繪十九世紀末販售魚貨的中國魚販。白人漁夫抱怨中國漁夫把舊金山灣裡的海洋生物都捕撈光了。（Smithsonian American Art Museum, Washington, DC / Art Resource, NY）

（Hong fa-lo）的頂級中國餐館，裡頭有張圓桌，擺設很雅緻」。鴻發樓是最早開設的中國餐館，後來，唐人街出現一家類似的中國餐館，叫杏花酒樓（Hang Far Low），名聲響亮，最初在格蘭特大道（Grant Avenue）七百一十三號，後來搬到七百二十三號，最後在一九六〇年歇業。那天晚上的東道主是名叫棋宗（Key Chong）的商人，慷慨招待各式高級珍饈，包括燕窩、海參、和一磅要價三美元的菇類。還有其他食材，包括魚、牡蠣乾、「中國龍蝦」、鴨肉、「燉橡子」、栗子、臘腸、蝦和玉黍螺。出席餐宴的白人經常搞不清楚自己吃了什麼，根據報紙報導，菜色包括「第二道菜——萬福（我們忘了，食譜裡也沒寫）。第三道菜——冬松（與第二道菜一樣）。第四道菜——泰方（還是沒人知道）。」作者雖然寫得幽默，但是，他和其他白人賓客似乎真心喜歡餐點：

> 坐了三個鐘頭之後，我們才離開，當時心裡十分認同中國餐宴昂貴而精緻，值得老饕嚐嚐。從這次起，我們便喜歡上中國，不再相信吃老鼠的謠言，認為那是捏造的謊言。我們希望能夠回敬東道主棋宗一流的招待，熟悉中國菜的人告訴我們，那一餐肯定超過一百美元。中國萬歲！[23]

非華裔舊金山人很少舉辦中國餐宴，但也不是沒有聽過。一八五七年，「據說有四名白人，一名美國陸軍少校、兩名上尉和一名法界人士」，舉辦一場道道地地的中式餐宴，食材或口味都十分講究，完全遵循中國傳統，每道菜都吃，哪怕端上桌的是炒猴肉或烤鼠肉。他們邀請安排負責籌備這場餐宴的中國報紙編輯李根（Lee Kan）以及一名重要的中國商人和四邑公司（Sze Yap Company）的老闆前來

中國小販賣蔬菜水果給舊金山的家庭主婦，這種小販在西部的城鎮相當常見。
（Courtesy of The Bancroft Library, University of California, Berkeley）

共享餐宴。餐廳的名稱和地點沒有記錄下來，不過餐廳裡頭有「豪華的用餐大廳，裝潢典雅，完全符合中國人對餐廳的要求」。第一輪菜可比擬廣州富商家中廚房所出的菜，有燕窩湯和魚翅湯，還有「切得活像大蜈蚣的小牛喉嚨」，還有鵪鶉、鴨腳、魚鰾、海參、蟹肉丸和鯡魚頭。白人本來想用筷子來吃這些佳餚，結果失敗了。他們看見中國賓客們吃得又快又順手，「發現必須使用刀叉湯匙吃才行，否則會沒得吃」。接著，換第二輪餐點：

> 茶；米粉做的糕餅；菱角，真的很好吃；醃漬蓮子；醃漬過的柚子，柚子是一種柑橘屬水果；李子；海草作成的膠凍；鴨心、鴨胗和蝦子；包有碎豬肉和其他不明食材的餡餅；魚膠；用黃土泥和油醃漬的蛋（不知道是不是皮蛋），非常細嫩；加鹽烘烤的杏仁；柳丁；瓜子；另外兩種米粉作的糕餅；米釀的白酒；用米釀造的三級強度烈酒；最後是抽鴉片和中國香菸。

那些「食材不明」的糕點八成是點心，這種等級的中國餐宴經常會有點心。這場盛宴結束三天又九個小時之後，一名出席者寫道：「我們都活下來了！」他未表明喜不喜歡那些食物，不過，倒是提出了個警告：用餐費用是四十二美元，對於淘金熱過後的舊金山，那可是天文數字。不過，他說值那個價。那段回憶還可以拿來炫耀：「我們可以保有一輩子。」[24]當然，這些有錢的饕客是例外。淘金熱過後，舊金山的白人去中國人開的餐廳時，大都只去各式各樣的廉價餐館，吃多筋的牛排或豬排配豆子，而不是中國菜。

一八六〇年代末到七〇年代，舊金山有遠超過十家的中國餐館，其中三、四家超過一層樓，裝潢精美，那裡的廚師完全不輸廣州的一流大廚，能用昂貴的食材和高超的廚藝來準備盛宴。但是卻無法吸引非華裔顧客定期光顧，因為白人以為中國菜就是數十年前《中國叢報》最早記載的那樣，整體而言都是不能吃的：

幾乎每種東西吃起來都有堅果油的味道，整體而言，令人作嘔，即使是最美味的中國菜，也很少是西方人所能夠忍受的。魚翅、燉竹筍、鴨蛋（水煮、蒸與煎）、淋滿熱醬汁的豬肉，諸如此類的菜餚，是中國餐宴的典型食物。中國還有許多種果脯（確實美味）和甜糕點（外形與裝飾精緻古怪，可愛討喜，但是嚐起來卻難以下嚥）。[25]

再者，謠傳中國廚師與街坊的中國洗衣工同樣都用不乾淨的方法：

中國人準備醬料的做法令人瞠目結舌。中國洗衣工會把水從嘴裡噴到衣物上，方向準確，水霧微細，總是令門外漢看得讚佩不已。大家如果看到中國廚師靈巧地從嘴裡把適量的調味料噴到菜上，混合各式各樣的調味料，肯定會更加佩服。許多菜完全仰賴調味食材來提味，通常會有臭油味和難聞的豬油味。[26]

這種厭惡心態背後代表的不只是喜歡吃的食物不同。在美國西部，愈來愈多人煽動排擠中國人，而且承認喜歡吃中國菜將會同時危及政治與社會地位。

事實上，這種飲食歧視相當嚴重，就連少數支持中國人權利的當地白人也不敢吃中國菜。在紐約出生的循道宗傳教士基順（Otis Gibson）在福建傳教十年，當他搬到舊金山繼續傳教時，發現反中國人的十字軍「無知、偏執、偏頗、自私」，著實大為驚訝，那些人也將與他同流的傳教士當作攻擊目標。雖然他一八七七年出版的書《在美國的中國人》（*The Chinese in America*）顯露了傳教士舊有的偏執想法——「許多中國人都是虛假、自私和殘酷的」——但是，他強力捍衛中國人居住美國西部的權利。他的其中一個理由是經濟（中國人有助於促進商業繁榮），另一個理由是道德（中國人固然有罪，但是罪不至於大過美國人）。儘管如此，他仍舊沒辦法喜歡中國飲食，一樣是因為中國菜味道難聞，「有臭油味或強烈的奶油味」。不過，每當有美國東部的傳教士朋友來作客，他還是會暫時拋開對中國菜的厭惡，帶賓客到華埠品嚐奇特的中國菜：

有一次，我與紐曼博士牧師夫婦（Newman）和華盛頓市的桑德蘭博士牧師（Dr. Sunderland），還有舊金山的馬林博士（Dr. J T. M'Lean），一起到昃臣街（JacksonStreet）的餐館吃中國餐。紐曼博士像很餓似的，吃得狼吞虎咽。就在我以為他吃飽的時候，他竟然說餐點很好吃，要不是那天晚上要演講，他就要好好飽餐一頓，我聽了著實嚇了一大跳。桑德蘭牧師似乎並沒有吃得津津有味。紐曼夫人則是吃了一些肉，但老是沒辦法用筷子把菜挾到嘴裡，於是靈機一動，把所有中國傳統餐具丟一旁，直接用手指取代筷子拿菜，接著像加州人說的那樣，「大快朵頤一番。」[27]

在十九世紀的美國，聽聞一位有教養的基督教女性不顧禮儀、大吃異教徒古怪的食物，著實令人震驚。不過，這些來自美國東部的訪客或許是對於對錯思考得比較縝密。

事實上，觀光客經常是很想要到現在被稱為華埠的華人社區品嚐中國菜，舊金山人則只有在必要的時候才會去華埠。不過，來自美國東部和歐洲的觀光客卻認為到舊金山旅遊，華埠是絕對不能錯過的觀光景點。根據一名當地的特派記者報導，一般觀光客都「想要好好參觀華埠」：

> 觀光客想要一探究竟，開開眼界。有些人久聞東方人生活墮落，有些人與多數人一樣，認為中國人遭受嚴重中傷，其實是善良聰明的民族，想要親眼見證中國人是被中傷的。……絕大多數的觀光客都會仔細逛逛這個東方「貧民窟」，最後帶著雜亂的印象離開：迂迴曲折的小巷，瀰漫著香菸味和鴉片味的地下穴室，還有會讓人做惡夢的醜陋臉孔，長得就像德昆西（譯註：英國知名散文家，吸食鴉片成癮）吸鴉片後所幻想出來的馬來人。[28]

觀光客若不只是要逛古董店，而是想要「深入」華埠，就會聘請一名當地警察，尤其是要在夜間遊覽華埠的下層社會。遊覽地點通常包括中國廟宇、男士理髮廳、中國戲院、「盜賊的藏身處」（警察會逗逗觀光客，「隨手開玩笑地扯一兩名中國人的長辮子」）[29]、賭場、鴉片地窖和一兩家餐館。

許多中產華裔市民經常到這些餐館用餐，一餐只要花五到十美分。中國餐館通常低於路面，裡頭有長凳和桌子，到晚上就當成床來用。一般，廚房的設備十分陽春，「搖晃不穩的小火爐、噴濺著油的一塊塊煎肉、一碗碗米飯，還有一個個正方形袋子，裝著臘腸、水果、鮮魚、魚乾、標準的中國式筷子，整間飯館都瀰漫著一股陳腐的味道。」[30]觀光客絕對不會想要到這些餐館裡用餐，不過，倒是很喜歡偷看鍋子裡的東西：

我們這些外行人看到了一些生食材，包括從馬鈴薯芽眼長出來的芽、醃漬的豬（或狗）耳朵和青韭。（我無意貶抑中國人，不過，我真的認為，我們在一個深陶罐底部所看到的古怪小東西就是去了皮的老鼠尾巴。）[31]

當地中國人也會在有廚房和用餐區的工作地點用餐，富商的雇員很喜歡傳統的共餐：「肉類和蔬菜都摻在一起，切成小塊，盛在公用盤內端上桌，每個人自己用筷子去挾。一般習慣是一天吃兩餐，一餐在十一點左右吃，另一餐在下午接近傍晚時。」[32]在光譜的另一端，華埠最貧窮的居民會向街頭小販買「魚、蔬菜、米糕，還有無數沒有名稱的中國食物」[33]，或是在陽台或公寓裡，用小炭盆煮粗簡的餐點，不過，這會引發危險，是美國本土主義煽動者抨擊中國人的另一個焦點。

一般人遊覽華埠還會去看另一個景點，就是三層樓高的高檔宴席餐廳，如鴻興樓。有些觀光客只進去看看用餐的人就離開，但大多數的觀光客都會坐下來用餐：

嚐一點這種沒有烘烤過的餅，上頭寫著紅字。那是一種淡白色的麵團或包餡麵食，裡頭包有深色的細碎肉：看起來完全不像是能吃的，吃起來味道很淡，呃，完全吃不出來是什麼：難吃極了。有一塊很像純白色大理石的東西，邊長兩吋，光亮的表面上也有寫紅色漢字：很有藝術美感，很像一塊石頭，邊角都切得俐落整齊。那是米粉作的食物，硬度與硬果凍或牛奶凍差不多，嚐起來香甜美味，至少完全不會令人反感。店家叫我們放心，大膽試吃，於是我們就試吃一種黃色的東西。形狀圓圓的，像餅，但是顏色是亮橙黃色，當然，上面一樣有無所不在的紅色漢字。閉上眼大膽咬下去吧。結果大失所望！這是什麼東西呀？他們是拿祖先的骨灰給我們這些蠻人吃嗎？呸！好重的霉味，吃起來活像藥，滿嘴黃色乾粉，噁心死了。我不想再吃了，謝謝！請給我果脯：咱們來嚐嚐熟悉的薑味，忘掉剛剛那口來自墳墓的東西。如果各位還吃得下的話，可以嚐嚐乾的甜點，配上清澈透明的糖漿，不過，甜得令人發膩：我吃不下了，趕緊離開吧！[34]

這位作者描述的當然是一餐點心，也就是茶配一些美味的甜點。「淡白色的麵團」可能是叉燒包，一種蒸肉包。而像「大理石」塊的東西可能是杏仁口味的石花凍。這兩種都是點心桌上的支柱。觀光客通常會「冒險」品嚐一次，好回去家鄉說給鄰居聽，接下來，就改到比較傳統的餐廳用餐。對於舊金山的中國人而言，這些點心主要是上層階級的人在享用的。一八六八年，《跨陸月刊》（*Overland Monthly*）報導說，「中央王國」的「茶園和茶館」已經被「餐廳和咖啡攤」所取代：「假日和晚上時，這些地方顧客相當多。不過在加州，經常可以看到中國人點咖啡和雪茄，而不喝茶，不用長菸斗抽清

1905 年舊金山的高檔中國餐館，拍攝於舊金山大地震發生前一年。觀光客到這些餐館只品嚐中國的茶和點心，不吃完整的餐點。偶爾有觀光客受到多層樓的中式餐館的裝潢所吸引，而想品嚐中國菜。不過，直到 1906 年大地震之後，中國菜才開始受到加州的歐裔美國人青睞。
（California Historical Society / Doheny Memorial Library, University of Southern California）

淡的中國香菸。」[35]

最後，有些舊金山的白人拋開偏見，開始經常光顧少數幾家中國餐館，包括昃臣街七百一十號的東風樓（Tune Fong）。吸引他們的不是食物，而是清香的中國茶：「地道、清新、香醇，就像瓶身覆滿蜘蛛網的三六年老酒。詩人威廉·古柏說茶『能夠提神』，我們的祖母們在『洗衣日』總是渴望能夠喝喝茶，修補身心的疲憊，但是，她們與那位古代領袖一樣，一輩子都沒看過令她們日思夜想的茶。」[36]受到東方藝術影響的當地藝術家認為，泡茶的儀式也是值得欣賞的藝術。

看他奉茶，學習真正正確的泡茶之道。首先，把茶杯放在兩個小型白鑞杯架上，防止杯子傾倒。接著，放茶葉，我不知道放多少。接著，把煮沸滾燙的熱水倒進茶杯，馬上用茶碟蓋起來，茶碟貼合杯緣內側。我們把茶杯放在茶碟上，他把茶碟倒蓋在杯子上。不過，茶壺是一般的銅底美式水壺，或許就審美的角度來看並不好看，但是如果從西方文明發展的角度來看，倒是挺鼓舞人的。等了約莫五分鐘之後，用拇指和中指拿起茶杯，食指擱在杯蓋上，緩緩將杯子傾斜，把茶倒出來——那是真正的茶——倒到擱在面前的另一只茶杯裡。倒茶有技巧，把琥珀色的茶倒進茶杯裡，香味就像「阿拉伯祝福」。（譯註：英國詩人約翰·米爾頓在《失樂園》中曾提到「阿拉伯祝福」，這是阿拉伯一種香料。）[37]

（當然，茶產自東亞，不是中東，但不重要。）中國餐館的老闆發現，白人喜歡喝茶，但是對美味的點心沒有胃口，所以餐館就只用甜點來搭配茶，像是用薑做的甜點，還有用糖和鹽醃漬的水果這一類的。這樣的甜點餐變得比較像是英國的下午茶（喝下午茶本來就是歐裔美國人的飲食傳統），而不像傳統的廣式早晨飲茶。一九〇六年的大地震之後，華埠開始改變，在那之前，舊金山的大部分白人都不喜歡華埠的其他餐點。（請參見第五章）

許多白人市民雖討厭中國食物，但會聘雇中國人到家中當廚師，經常吃中國人煮的西餐。一般中上階層的家庭需要僕人幫忙打掃、洗衣、買東西、應付推銷員和煮飯。在一八六〇、七〇年代的舊金山，只有愛爾蘭和中國的僕人可以選，多數人選擇中國僕人：「僱用愛爾蘭家僕打掃房間、煮飯或處理一般家務，每個月要二十五到三十美元。中國人只要學點英語，當起僕人就比愛爾蘭人好用多了，而且只要十二到十六美元。」[38]一般被稱為「布麗姬」（Bridgets）的愛爾蘭僕人素來被認為個性固執，習慣浪費；中國人則被認為辦事迅速謹慎，只是手腳有點不乾淨。有一名家庭主婦找到了一個理想的中國僕人，解決了一個小問題之後（雇主讓他住在家中的地下室房間，他卻偷偷把房間租給「一大票骯髒的天朝人」），他變成了值得信賴的僕人：「他的廚藝真是棒！牛排煎得軟嫩多汁，肉烤得完美，早餐蛋糕做得鬆軟，他那雙瘦削、黃皮膚的手經常做出美味的麵包。每次烘焙時，他都會審慎地用茶匙把蘇打粉或塔塔粉舀到一樣高，他總是值得信賴，做出來的菜都很好吃。」雇主寫道，他存到六百美元時，他打算回到家鄉，「餘生過得像達官顯貴，大啖蜥蜴餡餅和老鼠醬。」[39]有一對夫妻，有三個孩子，請了一名「白人女性」來打理家務，另外又請了一名中國廚師來煮飯，他做的「沙拉非常好吃，檸檬餡餅無與倫比，咖啡令人魂牽夢縈」。[40]在許多家庭裡，中國移民在廚房裡工作大概都必須學會這些常用的英語：「煮些開水。煮米飯。煮肉。烤麵包。泡茶。拿些麵包。烤些牛肉。把牛肉煎兩分熟。還沒好。好了。來吃飯囉。」[41]中國廚師在白人的廚房裡煮自己的餐點，是聞所未聞的，不過，他們應該還是會煮自己要吃的米飯和配菜等食物吧！也沒有證據可以證明雇主好奇中國廚師是否真的愛吃蜥蜴餡餅和老鼠醬。中國食物既古怪又難聞，令人反感，這樣的刻板印象根深柢固，即使在自家廚房，家庭主婦也不想嚐。

舊金山的華人社群是北美最大，也是最活躍的，但是絕對不是加州或美國西部唯一的華人社群。從淘金熱的最早期開始，中國移民為了追求機會，前往北美某些極度荒蕪偏僻的邊遠地區，也把飲食傳統一起帶過去。運送糧食、廚房設備和餐具的供應網路，從珠江三角洲延伸到舊金山，再經由沙加緬度或史塔克頓延伸到金礦區，甚至更內陸的地區。一八五六年，傳教士威廉·史畢爾（William Speer）寫道，在丘陵裡的礦工買得到中國的米、茶、醬油、醃漬食品、糖和糖果，還有亞洲香料，像是八角、桂皮、「金剛根」（可能是菝葜屬的植物）、華澄茄、高良薑和薑黃。除了這些進口食物，礦工也會吃「馬鈴薯、高麗菜、豬肉、雞肉、麵粉，幾乎所有美國種的各種蔬菜都吃」。[42]中國工人的日常飲食就是中國南方的主食米飯，再配一些蔬菜或肉。他們不管吃什麼食物，都會配上自己在營地附近的小菜園裡採集或種植的植物。假日的時候，他們喜歡慷慨請客。一八五七年，有一名礦工兼商店老闆，名叫賀曼·法蘭西斯·藍哈（Herman Francis Reinhart），三餐幾乎都吃鹹豬肉、豆子、烤薄餅和咖啡，有一天，他受邀到附近薩克溪（Sucker Creek）的中國營地用餐：

大家都說中國人用餐很節儉，食物都買廉價的。不過，我知道，這些中國人有一次邀請我們很多個美國商店老闆吃豐盛的大餐。他們擺設一個特別的餐桌，端上一流的餐點，像是餡餅、蛋糕、烤豬、牡蠣湯或牡蠣餡餅，還有各式各樣的罐頭食品和到市場買的許多新鮮肉類。我們白人被分配坐在同一桌，他們中國人自己坐另一桌，他們把我們當貴客來招待。吃完餐點後，他們送上酒、檸檬水、堅果、柳丁、無花果、葡萄乾和蘋果，事實上，與我們自己弄的一樣豐盛。[43]

中國移民不只從舊金山沿著太平洋沿岸北遷與南遷，找耕種、捕魚和伐木等工作來做，也會循著金礦和銀礦的蹤跡往內陸遷徙。一八五九年，加州的金礦被挖光了，維吉尼亞城的邊境上，即後來的內華達領地（Nevada Territory），發現了大量銀礦。在接下來的淘銀熱潮中，中國人前去礦區挖銀礦，或是開商店、種蔬菜，或是當洗衣工、僕人、廚子營生。在巔峰時期，維吉尼亞城的「華埠」有七百人（當時全城的人口是兩萬五千人），大都居住在蓋得亂七八糟的一層樓木造建築。在一八六三年或一八六四年，筆名馬克·吐溫的年輕作家，幫當地的《領土企業報》（*Territorial Enterprise*）寫了一篇到華埠旅遊的報導，把造訪一家中國商店的故事也寫了進去：

阿興先生（Ah Sing）在王氏街（Wang Street）十三號開了一家百貨商行。他熱情地招待我們一行人，親切極了。他的店裡有許多種有色和無色的葡萄酒和白蘭地酒，酒名十分拗口，從中國進口的酒裝在小陶罐裡。他把酒倒到精緻的迷你瓷製洗濯盆裡請我們喝。他還請我們吃好大一碗燕窩，還有小巧的臘腸，那臘腸，要是我們吃到飽，說不定可以吃個幾碼長呢！但是，我們懷疑每段臘腸裡包的都是老鼠肉，因此不敢多吃。阿興先生的店裡有上千樣商品，看得我們滿心好奇，想不出來到底用途為何，也沒辦法加以描述。不過呢，鴨肉和鴨蛋我們倒是知道。鴨肉被切成一片片，像鱈魚一樣，先切成那樣子才從中國運過來的。鴨蛋上面則抹著某種糊狀物，讓蛋經過長途運送仍舊能夠保持新鮮美味。[44]

那些鴨蛋八成只有中國人覺得好吃，因為聽起來完全就像皮蛋，散發出濃濃的硫磺味和氨水味。儘管馬克．吐溫明顯對中國食物懷有偏見，但他仍舊光顧一家「天朝餐館，用筷子品嚐一些『中國菜』」。這段記述很珍貴，絕無僅有，描寫白人在西方領土品嚐中國菜。事實上，關於美國西部內陸的中國飲食，大部分的知識都來自於考古學家所挖掘出來的東西。即使在愛達荷州北部最偏遠的礦區，能夠種植作物的季節很短，中國人都能夠蓋菜園，種蔬菜，不只自己吃，還能夠拿去賣。他們也會買從舊金山進口的食物。愛達荷州的皮爾斯（Pierce）是一個採礦營地，一八六〇年代有數百名中國人住在那裡。考古學家在那裡發現了醬油罐、裝著進口酸菜的陶罐和裝在罐子裡的烹調蔬菜油。儘管地處偏遠，身處逆境，中國礦工依舊排除萬難，吃到了家鄉的食物，而且神奇的美國罐頭特色食品，像是鹹牛肉和牡蠣，也讓中國菜變得更加美味。

一八六五年，鐵路巨子查爾斯．克羅克（Charles Crocker）聘僱了五十五名中國人作為試驗。連接加州與東部的中央太平洋鐵路（Central Pacific Railroad）剛開始興建，他很難找到工人。而他找到的白人大都為愛爾蘭移民，經常喝醉酒，難以管控，於是他決定聘僱中國工人試試看。一八六八年，有十二名中國人受聘參與興建中央太平洋鐵路，挖掘與炸穿西部幾處極度危險的隘口。白人工人是獨自招聘的，中國工人則是成群招聘的，每一群都有自己的中國「仲介人」（仲介人負責與承包商調解）和中國廚師。白人吃邊遠地區慣常吃的食物，也就是公司供應的「牛肉、豆子、麵包、奶油和馬鈴薯」。中國人則把一輛車改裝成商店，商店車跟著鋪鐵路的工人跑。一八七二年，旅行作家兼《紐約論壇報》的特派記者查爾斯・諾德霍夫（Charles Nordhoff），曾到聖華金谷（San Joaquin Valley）一處興建中的鐵路，看看這種移動商店車都賣些什麼：

商店車上載著下列的食物，賣給中國工人：牡蠣乾、墨魚乾、魚乾、糯米、餅乾、竹筍乾、鹹菜、中國糖（我覺得吃起來很像蘆粟糖）、四種水果乾、五種脫水蔬菜、義大利細麵、海草乾、切成小片的中國臘肉、鮑魚乾、花生油、香菇乾、茶葉和米。工人也會向肉販買豬肉，假日時吃鳥禽肉。……這種鐵路移動商店也有賣菸斗、碗、筷子、煮飯用的鑄鐵大淺碗、燈具、金紙、中國書寫紙、筆、印度墨、中國鞋子、中國服飾，都是從中國進口的。此外，還有秤子，中國人斤斤計較，不管買什麼，回到營區後都要重新秤重。最後還有中國香菸。脫水蔬菜品質相當好，與我們一樣，使用一流的處理技術去乾燥。[45]

到了一八八〇年代，中國工人已經協助建造了數千哩的鐵路，美國西部現在經由四條主要鐵路線與美國其餘地區連接，還有比較小的鐵路連接許多西部社區和礦區。許多工人定居於鐵路沿線的城鎮，像是土桑（Tucson）和埃爾帕索（El Paso），務農或開商店、洗衣店、餐館營生。從一八五〇年代起，加州就有中國人開的廉價小餐館了，所以這類小餐館如雨後春筍般湧現，一點也不令人意外。服務生通常是白人（有些地方是墨西哥裔美國人），老闆則是中國人，兼任廚師，待在後頭的廚房裡。賣的餐點全都是便宜的美式菜餚，牛排加蛋和豆子，搭配咖啡，不過，中國顧客可以到後頭廚房請廚師煮碗米飯或湯麵。住在鐵路沿線的當地白人還不想改吃中國菜。

從鐵路餐館到跟著趕牲畜的餐車，中國廚師餵飽了美國西部許多居民的肚子。一八七〇年代期間，中央太平洋公司在懷俄明州埃文斯頓（Evanston）的餐廳裡，有中國服務生穿著中國服裝，供應由中國人在廚房做的「美味」西餐。與淘金熱時代的舊金山一樣，在偏遠礦區，中國廚師也學會做地道的日常主食。在加州的漢維爾（Hangville）有混居宿舍（Polyglot House）附屬的商店和餐館，廚房裡做出一大堆難吃的餐點，活像燃料，不像食物：「豬肉，麵包烤得很難吃，牛肉硬邦邦的，沒有用熱油煎，學美國的烹調方式學得一點都不像。」[46]如果用餐的顧客不喜歡吃，經常會把廚師揍一頓。工作完後，廚師會回到附近的中國營地，吃比較文明的餐點，與比較有教養的同胞在一起。在一八九〇年代的黑山（Black Hills）淘金熱期間，南達科他州的死木鎮（Deadwood）裡有七家中國人開的餐館，取像費城餐館（Philadelphia Café）、沙加緬度餐廳（Sacramento Restaurant）、林肯餐廳（Lincoln Restaurant）和芝加哥餐廳（Chicago Restaurant）之類的店名。雖然老闆有提供米酒讓顧客品嚐，但是餐點全都是便宜的美式菜餚，像是丁骨牛排和蘋果餡餅。死木鎮是罕見相當接納華人的西方社區，因此老闆不用待在廚房，不用聘僱白人當服務生來服務用餐的顧客。一八七〇、八〇年代的大規模牲畜驅趕期間，中國餐車的廚師準備了餅乾、豆子、咖啡和培根，幫牛仔們填飽了肚子。營地的廚師與美國西部的所有中國人一樣，活得膽戰心驚，得擔心隨時可能會被白人敵視。過了幾個世代之後，一九三〇年代出現〈抓住那個廚子〉（Hold That Critter Down）這首歌，是鮑伯・諾倫（Bob Nolan）寫的，描寫捉弄中國廚子是驅趕牲畜時的一大樂子：

太陽下山後，月亮出現了，
我們跑去廚子的棚屋。
我們拿餡餅砸中國廚子的臉，
把他五花大綁在床上，
開槍嚇得他拔腿狂奔，
快，抓住那個廚子……

美國內戰之後，長久以來在美國西部的反華種族歧視不斷升溫，已經達到了沸點。此時，移民川流湧入加州，許多是來自愛爾蘭，他們發現大多數的主要興建工程，也就是修築鐵路的工作，都預留給中國人。這些白人移民組成了「反苦力」的聯盟和工會，以將所有中國人逐出美國西部為首要目標。政客發現宣揚「驅逐中國人！」的目標能夠贏得選舉，新聞報紙跟上這波熱潮，重新刊載貝亞德・泰勒極具煽動性的文章，煽風點火，希望報紙能夠熱銷。地方政府通過了一些歧視中國人的法律，要讓加州的中國人日子更加難過。中國人雖然不能投票，不過仍舊展開反擊，提出法律訴訟，採取外交行動，有些成功，有些失敗。一八七一年十月，兩個中國幫派爆發槍戰，地點在位於洛杉磯華埠的中心、俗稱「黑鬼巷」（Nigger Alley）的那條街道上，一名白人男子在駁火中遭擊斃。一千名白人男性展開報復，攜帶「刀槍和繩子」襲擊華埠，殺害超過二十名中國人。原本有八名男子被判謀殺罪成立，但是最後判決遭到推翻。這場屠殺造成大家普遍厭惡反華思想，不過仍不足以遏止反華運動，尤其是在一場金融恐慌之後，加州失業人數創下歷史新高。

就在一八七六年選舉期間，驅逐中國人的爭議引發了華盛頓的關注，國會派特別聯合委員會到舊金山調查情況。國會議員詢問了一個又一個當地的白人「專家」，但卻完全沒有問中國人，詢問的主題包括中國人的犯罪情況、品行、衛生、疾病、經濟競爭和拒絕同化，以及「天然的」種族階級和通婚的危險性。幾乎沒有人提到食物，只有說中國的飲食以米飯為主，價格低廉，是中國人能夠強力與靠吃紅肉和麵包維生的白人工人競爭的一項原因。（一九〇二年，美國勞工聯合會主席山繆．恭普曾撰文詳談這個議題，篇名叫「排華的原因。肉對抗米。美國男子氣概對抗亞洲苦力主義。哪一方會勝出？」）外頭，工人遊行抗議，舉辦群眾會議，要求政府把中國人逐出加州，雇主只能雇用白人。接下來的那個夏天，有一個反苦力的團體加入一場大型示威運動，聲援東部的鐵路罷工工人，引發了暴動。示威者走到華埠，放火燒建築，搶劫洗衣店，造成四名中國人死亡。白人工人聚集在市政府對面的空曠沙地，名叫丹尼斯．柯尼（Denis Kearney）的愛爾蘭移民發表措辭激烈的演說，煽動群眾仇視資本家與中國人，旋即成為領導人。一八七七年十月，他被選為勞工黨（Workingmen's Party）的主席，該黨要求政府立法或強制將所有中國人驅逐出美國。柯尼變成了反華運動的領袖，協助勞工黨的候選人贏得地方官職，急切地要求驅逐中國人。他到全國進行巡迴演說時，加州的中國居民飽受威脅，遭到毆打、槍擊與縱火攻擊。事實上，在加州，「意外」失火變成了仇華人士清空許多華埠時特別喜愛採用的手段。以前白人就不太可能會去中國餐館用餐，現在種族暴力的文化更讓白人去中國餐館用餐變得十分危險。

柯尼其實是個群眾煽動者，不是政客，群眾很快就聽膩了他的演說，最後他淪落到舊金山的新開墾營區賣咖啡和油炸圈餅。不過，反華運動仍然是美國西部極度強大的政治力量。一八八二年，切斯特・阿瑟（Chester A. Arthur）總統獲得加州國會代表團和工會的強力支持，簽署了《排華法案》（Chinese Exclusion Act），禁止中國人移居與歸化美國，這是美國首次以法律根據種族禁止外國人進入美國，得以豁免入境的只有商人、教師、學生及其私人奴僕。一八九二年，規定更加嚴苛的《吉瑞法案》（Geary Act）取代《排華法案》，更加嚴格地限制中國人移居美國，並且限縮中國居民求助法院的權利。此時，在美國西部各地，地方政府紛紛通過更加歧視華人的法律，因此許多白人認為時機成熟了，該叫中國人離開白人的城鎮了。在加州許多地方，包括帕薩迪納、聖塔芭芭拉、奧克蘭、聖荷西、沙加緬度和索諾瑪，中國人受到威脅恐嚇，全都離開了華埠。一八八五年九月二日，在懷俄明州的採煤小鎮石泉鎮（Rock Springs），白人認為中國人沒有權利繼續在那裡居住與工作，有一群人，大都是勞動騎士團（Knights of Labor）的成員，包圍當地中國人的住處，以溫徹斯特步槍攻擊他們。凡是逃跑的中國人都被開槍攻擊，白人抓到中國人就用槍托毆打。房子被燒為平地，有些中國人在屋子裡被活活燒死。到了傍晚，至少有二十八名中國人死亡，許多人受傷，躲到丘陵高地。後來有十六名白人遭到逮捕，被控多項罪名，但大陪審團找不到人作證指控他們，最後他們獲得釋放，社區民眾為他們大聲喝彩。雖然東部的新聞報紙和政客嚴厲譴責暴力行為，但西部人普遍支持殺人凶手。確實，石泉鎮屠殺事件似乎增強了反華力量，在接下來的幾個月，華盛頓州的塔科馬（Tacoma）和西雅圖就把中國居民趕走。西北部暴民四起，發動攻擊，經常殺害成群的中國礦工、伐木工和農場工人。除了在舊金山和波特蘭等城市裡飛地的中國人，大部分的中國人都認為該是離開美國西部的時候了。一八七〇年代後期，他們開始搭船逃回中國，從此不再回來；或者越過邊境，逃到加拿大或墨西哥；又或者沿著他們興建的鐵路，逃到東北部的大城市。

CHPATER 5

第五章

美味的中國菜

A TOOTHSOME STEW

一八八四年初，紐約作家艾敦．崔夫頓（Edwin H. Trafton）寄邀請函給六位「美好生活鑑賞家」同好：

下週六晚上兄台能否賞臉，與其他好友一同到中華樓（Chung Fah Low）品嚐中國菜？您一定知道的，這家可說是中國餐館的戴爾莫尼克（譯註：戴爾莫尼克是紐約最有名的美式餐廳），在勿街（Mott Street）十一號冰晶樓（Been Gin Law）的樓上。對了，主廚用破爛的英語向我拍胸脯保證：「I cookee allee talkee.」我猜他是說：「每一國的菜我都會做。」我知道您喜歡吃世界各地的美食，而且有一副鐵打的胃，不然我怎會邀請您！第一道菜七點準時上桌，大概九點可以叫胃泵。1

這一餐的目的，除了為崔夫頓提供寫作材料之外，也是為了回答中國人所說的「你吃了嗎」。崔夫頓認為，「要回答範圍這麼廣的難題，必須拿筷子嚐嚐中國菜，切身體會，才能提出明確簡潔的答案。」他的六位賓客吃遍紐約市，他們到過最新、最高檔的飯店——第五大道上的溫莎飯店——的餐廳，吃頂級的餐，也去過柏路（Park Row）報社大樓旁的希區考克廉價餐廳，吃豬排豆子餐。對這些饕客而言，這場筵席將是一生僅此一次的經驗，感覺「時而像乘著氣球往上飛，時而像搭著潛水鐘往下沉；時而像被絞死、淹死或在斷頭台被斬首；時而像暈船。這就是吃中國菜的感覺。」

筵席幾日之前，崔夫頓鼓起勇氣前往位於紐約華埠中心的勿街，當時，勿街上只有兩家中國餐館，都位於勿街南端，與且林士果（Chatham Square）交會的路口附近。一家是「中華樓」，位於十一號，在一間中國百貨商行的樓上。「髒兮兮的，牆壁低矮，光線不足。」這家餐館與舊金山華埠裡的三層

位於二樓的旅順樓，吸引了「喜歡出入貧窮地區」的有錢白人來到紐約華埠勿街。
（George Grantham Bain Collection / Prints and Photographs Division, Library of Congress）

樓的高雅中國餐館相比，差了一大截。崔夫頓爬上搖晃不穩的階梯，走到餐館的後場，那裡有兩張桌子、一張櫃檯，還有一些架子，上頭放著瓶瓶罐罐和陶瓷器，還有各式各樣的乾燥食材，都是從中國進口的。可以俯瞰勿街的客廳改建成用餐大廳，擺著一張大桌子和六張小桌子，牆壁上漆著美國彩色油漆，貼著寫著斗大漢字的海報。後場後面是廚師做菜的廚房。崔夫頓覺得廚房很乾淨，但是裡頭有毛被拔光的鴨子，「堆成一堆堆的，看起來很嚇人」，以及無法分辨的肉類和蔬菜。還有鍋子，「看起來好像巫婆的大煮鍋」，裡頭裝著神祕的湯，散發出刺鼻的味道。儘管外觀難看，味道難聞，崔夫頓仍舊決定訂一桌筵席。

「你想幹嘛？」老闆問道，懷疑這個四下窺探的白人心懷不軌。聽到崔夫頓想要訂餐宴，「圓臉的老闆驚訝得睜大雙眼」，態度旋即變得友善，遞上一根雪茄和一杯中國「米酒」給他，接著，又倒了幾杯茶請他喝。崔夫頓始終不曉得老闆的本名，只是稱呼他為「阿興」，這個名字來自布雷特・哈提（Bret Harte）著名、廣為流傳的詩〈中國異教徒〉（The Heathen Chinee，譯註：詩中有個長相老實但手腳不乾淨的中國人就叫「阿興」）。崔夫頓和老闆找來廚師和簿記員，四個人一起討論晚餐的菜色。可惜，語言障礙加上崔夫頓對中國菜一竅不通，導致他們彼此難以溝通。「阿興」為了幫助他理解，拿出生食材的樣品，「有一塊塊的印度橡膠、各種種類與大小的魚乾，還有一些東西很臭，就算過了一百年，我也認得出那些味道。」不過，崔夫頓無法想像那些東西可以做成菜餚。幸好，這名作家的中國友人霍凌（Hawk Ling）就在這時候出現，幫忙解決難題。霍凌是一家批發百貨商店的代理人，穿著美式服裝，會講「流利」的英語，八成是他推薦崔夫頓來這家餐館用餐的。他們一起想出菜單，有燕窩湯、味道刺鼻的「公牛魚」、牡蠣乾、中國鱈魚、鴨肉、豬肉、茶、中國酒和米飯，一共要八美元，與在舊金山買的餐點相比，這一桌筵席算是很便宜了。

到了星期六晚上，有一半的人沒到，編造的藉口「雖然頗有巧思，但是無法令人滿意」。只有四個人去吃這場餐宴，包括了霍凌。這四位勇敢的用餐者看見一張餐桌，特別「依美國人的喜好與用餐習慣」擺設：白色桌巾、紅色餐巾、稍微失去光澤的刀叉（上頭有「簡單的農舍圖案」）和小碟子（上頭放著淋著油的芥末）。（後來，在美國廣式餐廳裡，每張餐桌上都可以看見芥末，通常用來搭配酸梅醬和炸雜碎麵。）另外還有中式餐盤、碗和湯匙。「阿興」拿菜單給他們看之前，稍微捉弄了一下他們，先拿一張中國洗衣店的帳單給他們看。後來，這群美國人發現這一餐裡沒有鴨肉和豬肉。餐館老闆認為這兩種肉太普通了，他要讓客人嚐嚐「進口的食物，大都是魚肉，而且是『中國上流人士』吃的那些魚肉」。（袁枚要是在，絕不會認同這一點。）崔夫頓故意逞強，不用叉子，要了筷子來用，開始吃了起來。除了提到「米飯」，他的報導並沒有詳細記述他們吃的東西，只有寫下面這一段：

味道與我們比較熟悉的美食截然不同，每道菜的主要食材都巧妙隱藏起來，不讓人嚐出來。有一道菜裡有一種白色凝膠狀的東西，硬硬的；有一道菜裡有條狀的東西，看起來很像內臟；有一道菜裡有小小的捲狀物，顏色像俄羅斯皮革一樣，是黃灰色的。不過主菜是那碗公牛魚。[2]

公牛魚是進口的美食，阿興說「聞起來很刺鼻」。吃完最後一道菜後，賓客們立即向霍凌和餐館老闆道謝，趕緊跑到在附近百老匯的阿斯特豪斯飯店（Astor House）。他們一邊喝酒一邊交換意見。崔夫頓說「感覺好像吃了一道泡過鹽水的彩虹」，這群人裡有一位「身處上流的紐約雜誌編輯」，他覺得自己好像吃了「半生不熟的惡夢」。他們吃這頓中國菜，單純只是想要體驗新奇的東西，拿來說嘴，完全不想再嚐一次，這種態度不禁讓人回想到一八四四年的澳門或一八五〇年代的舊金山。

十年後，美國的餐飲歷史出現了巨大的文化改變，紐約人蜂湧前往勿街吃中國菜。這次餐飲變革的發展是循序漸進的，從紐約華人社區的成立開始。中國人最早在十九世紀初開始遷入紐約，速度緩慢，但是川流不息，有些來自美國西部，有些則來自古巴、秘魯和「中央王國」本土。最早開始扎根的是船員，船靠岸之後到離岸這段期間，船員會暫時住在東河碼頭附近的宿舍。有些人是表演展覽的成員，像是名叫梅阿芳（Afong Moy）的廣州「公主」、巴納姆（P. T. Barnum）的「中國家族」——他們是一艘中國舢舨的船員，後來到倫敦水晶宮作為展覽品）；還有一家中國戲劇公司——後來支助者破產，他們陷入了困境。到了一八五〇年代，紐約的中國人形成了固定的社群，位於碼頭附近第四行政區的愛爾蘭宿舍區。中國人當船員、雪茄糖果小販、廚師、服務生和商店老闆，生活還過得去，許多中國男人娶愛爾蘭或德國女人。一八七三年，名叫吳奇（Wo Kee）的生意人在勿街三十四號開了一家商店兼民宿（在披露街南方不遠處），是華埠最早的前哨站。此時，一名《紐約時報》記者估計有五百名中國人住在紐約市裡，最常見的就是雪茄糖果小販，經常出沒於市府公園（City Hall Park）。華人社區的中心是三四家民宿、巴士特街（Baxter Street）上的一間廟宇兼俱樂部，還有另外一家俱樂部，位在吳奇於勿街的那棟建築裡。記者在這裡遇見幾名男子在下中國象棋，也親眼目睹有人在街角用爐子燒菜。

有兩名男子忙著做菜給十幾個焦急等待的人吃。他們在煮什麼是個謎，只有「留著辮子」的中國人才知道。好像是把市場裡賣的各種蔬菜和肉類混在一塊。看起來像是主廚的那個人，先把大約半磅的豬油倒進大炒鍋裡；他的助手則把高麗菜大大的頭端切掉，當豬油一融化，助手就把高麗菜和五六塊削了皮的紅蘿蔔丟進炒鍋裡。主廚先撒大量的鹽和胡椒，再丟一層切好的肉，接下來是煮熟的冷馬鈴薯，最後是看起來像鱈魚的東西。這道菜飄出來的味道我就不描述了，請各位自行想像。……中國人似乎很討厭外國人暗指他們廚房的味道難聞，或者他們做的菜對腸胃不好的人來說可能有點難消化。[3]

這是關於珠江三角洲的村莊特色菜炒雜碎最早的記述之一。炒雜碎將會產生巨大的影響力，改變美國人對中國菜的看法。

在一八六〇、七〇年代，紐約的新聞記者預料即將會有大批中國移民從西部到來。而隨著鐵路修建工作停止，反華暴力蔓延，這樣的預言愈來愈常耳聞。事實上，從來沒有大批中國移民湧入，中國移民確實持續流入，不過是與一直以來一樣逐漸遷入。紐約的記者仿效舊金山的報社，湧入紐約剛成立的華埠，想要報導賭博和衛生不佳等現象，特別是對吸食鴉片感興趣。一八八〇年，一名《紐約時報》的記者造訪勿街的華人小社區，以為會看見「龍翼散落滿地，大蛇的尾巴消失在床底下」，不過他坦言：「完全沒有看見那些東西。」他請一名警察帶他到一家餐館兼賭場的後頭，才找到一間小鴉片房，在那裡盡情幻想東方人有多麼墮落。[4]不過，整體而言，這些記者譴責中國人道德淪喪的程度都輸給貝亞德．泰勒。好奇多過憤怒，他們不僅探詢了一下中國賭博遊戲的規則和賭注賠率，還抽了幾口鴉片，想知道要怎麼抽。

這次並沒有引發激烈的排華情緒，可能是因為紐約市裡那一千多名中國人，與其他移民團體的規模相比，根本微不足道。一八八〇年五月，《紐約時報》報導，從年初到此時，已經有超過十萬移民來到曼哈頓南端的城堡花園（Castle Garden），通過移民中心的審核，[5]德國人、英國人、愛爾蘭人、法國人和斯堪地那維亞半島人占了多數。幾年以後，大批義大利人和東歐猶太人才開始湧入。大部分的移民在拿了行李之後，就趕往美國其他地方，只有幾千人留下來，定居在下東區和西區的移民區。中國人自然是最特別的新移民，不過，與大批湧入的歐洲人相比，中國人不可能會被視為經濟威脅。

就像加州的華人，紐約市的華人馬上開始改造環境，解決飲食需求。到了一八七八年，兩名名叫阿瓦（Ah Wah）和阿林（Ah Ling）的中國農夫，在布朗克斯區的特里蒙（Tremont）耕種三英畝地，種植亞洲蔬菜。（幾年後，布朗克斯的另一名農夫以及皇后區阿斯托利亞的幾名農夫先後加入他們。）吳奇之類的商店老闆販售進口特產，像是醃漬、鹽漬和乾燥的蔬菜，以及各種尋常的中國乾燥海產。一八八〇年，嗜魚俱樂部（Ichthyophagus）的代理人到華埠，尋找年度餐宴要用的奇特海產，最後找到了魚翅、牡蠣乾、鹽漬章魚和魷魚、海參和燕窩。這些外國菜的出現，很快就在紐約市引發了關於中國食物的第一個爭議。一八八三年，一名「法國人，身材矮胖，脾氣易怒」，人稱查爾斯．凱默河醫生（Dr. Charles Kaemmerer）。他指控華埠有家百貨商行煮貓肉和老鼠肉。他到窩夫街（Worth Street）一百九十九號的酒館時，注意到一股「非常奇怪的味道」從後院傳來，那處後院是與勿街五號的中國食品雜貨商行共有的。他望向外頭，看到「幾個中國人站在那裡弄看起來像小貓或大老鼠的動物」。他告訴一名記者：「雖然我沒有看見他們吃那些動物……但是我敢篤定他們有吃。」（畢竟，有這麼一首打油詩在街頭巷尾廣為流傳：「中國佬啊，中國佬，愛吃死老鼠，當成薑餅吃到飽。」）一名記者後來與隨衛生稽查員弗密力醫生（Dr. Vermilye）到現場查看，結果發現：

> 後院沒有動物的內臟，沒有貓或老鼠的皮，也沒有臭味。我們看見一個中國廚師在打開的窗戶旁邊做菜，他在燉煮東西，裡頭有鹹白蘿蔔、軟殼蟹和豬耳朵。還有其他各式各樣的食物，他洗一洗之後，拿屠刀在大砧板上切。那名廚師廚藝精湛，像飯店大廚一樣，工作時十分細心乾淨。他把新鮮豌豆的殼剝掉，把看起來很健康的高麗菜切碎，把新鮮馬鈴薯的皮削掉（馬鈴薯皮幾乎是白色的）。這個地方看起來不像有老鼠或貓，醫生說他會回報上級找不到提出檢舉的理由。[6]

但是紐約第一家華人報社的編輯王清福（Wong Ching Foo）認為這樣還不夠。他與其他的中國居民截然不同，他在上海地區長大，不是珠江三角洲。他在一流的學府接受教育，而不是鄉村學校。他甚至在中國朝廷當過口譯員。他也能言善辯，十分難纏，絲毫不怕與人抗辯，大膽對抗加州種族歧視煽動者丹尼斯·柯尼，或任何想要剝奪中國人權利的人。其實，他積極幫同胞辯護可能是反華運動無法在紐約延燒擴大的原因之一。到一八八三年，也就是他創辦《華裔美國人雜誌》（*Chinese-American*）的那一年，他已經是經驗豐富的演講老手，至少到全國巡迴演講兩次，一次的主旨是捍衛自己的「非基督教」信仰，一次是抨擊反華運動。當他聽聞凱默河醫生的指控時，他懸賞五百美元，要送給能夠「證明中國人吃老鼠和貓的人」，如果沒人能證明，他就要提出誹謗訴訟。他說，他去過中國許多地方，從來沒聽過有人吃貓或老鼠：「他們頂多就吃狗而已。」[7] 沒人敢接受王清福的挑戰，不過，這件事顯然刺激他寫了一篇關於食物的文章，這篇是《布魯克林鷹報》（*Brooklyn Eagle*）第一次刊載中國人寫的英文文章。

> 東方與西方都有許多饕客。在歐洲，饕客崇敬法國的美食天才，在亞洲，饕客拜服中華帝國的廚藝大師。中國的美食與烹飪技藝絕對是名副其實，孔夫子和佛陀的追隨者世世代代不斷研習這項讓布里亞—薩瓦蘭（Brillat-Savarin）和布勞特（Blot）成名，並且已發展出一套體系的藝術，雖然它可能在各方面還不符合西方種族的認可，但卻具有最高階的個性和價值。[8]

王清福繼續發表大膽的言論說中國菜略勝一籌，因為食材種類遠遠較多，還有中國饕客偏好「奇特」的昂貴食物，歐洲饕客卻喜歡普通的便宜火雞、鴨、羊或牛。王清福進一步比較這兩種菜餚，並提出凱萊布．顧盛以前對中國人和美國人所進行的比較：

美國人愛喝冰水，中國人愛喝熱茶；美國人愛喝甜茶和咖啡，中國人愛喝清淡的飲料；美國人吃魚加鹽，中國人吃魚加糖；中國人吃正餐前先上點心，每道菜都煮得熟透，以致失去了原本的風味；美國人吃半熟肉、生蔬菜、俄國沙拉、簡單的水果、牡蠣、蛤蠣，幾乎都以自然的狀態呈現。

這裡提到的「我們」和「他們」有點混淆，畢竟作者是中國人。這種混淆的觀點出現在這篇文章許多地方。但絕對不可能會有中國人說中國菜煮得太熟，因為中國人認為西方人總是把食物煮得過熟。事實上，王清福之後讚許中國人蒸的做法，說廚師能夠用蒸的方法，把蔬菜「完好無切地」蒸熟。不過，王清福絕對注意到紐約的餐桌上有生的和煮得半生不熟的食物，不禁令人猜測，在這篇文章多處撰寫者是編輯，而不是王清福。

王清福先談到讓西方人喜歡上中國某些「奇特」的食物，嗜魚俱樂部功不可沒。再論有些菜「很適合讓全世界的人品嚐」，像是中國娃娃魚、鱘龍魚鰾、家禽腳和魚翅；不過（怪的是），他竟然拿魚翅來與醃漬鯡魚作比較。最後，他列出「其他特別的菜」，這是最早的可靠記錄，讓我們一窺珠江三角洲移民在美國餐廳裡供應的普通餐點。有荷葉包糯米飯糰（一種主要點心）、「餛飩」、「一種麵」（肉湯麵）、「絲粉」（海鮮米粉）、牛肉、雞肉、豬肉或培根丸（經常煮成湯或作成點心）、咖哩飯配肉或海鮮、「煲鴨」（用柳丁皮煲熟的鴨肉）和「雜碎」。「每個廚師做雜碎的用料都不一樣。主要食材有豬肉、培根、雞肉、香菇、竹筍、洋蔥和胡椒。這些也可以稱為特色食材，另外還有次要食材，像是鴨肉、牛肉、五香大頭菜、豆豉、山藥切片、豌豆和四季豆。」王清福說，「雜碎被稱為中國國菜，當之無愧。」王清福遊歷過中國許多地方，所以他肯定知道這種說法是錯的。他會這樣說，或許是因為「雜碎」已經受到西方人喜愛，西方人也稱「雜碎」為「炒雜碎」。王清福總結道：「中國菜比美國菜更好、更便宜，用上了食用動物幾乎每個部位，美國人不知道可以吃的許多植物、藥草和樹木，不管是陸生的還是海生的，中國菜都拿來用。」那麼那些與貓、狗和老鼠有關的故事呢？當然是假的囉。窮人在饑荒的時候會吃，但是那些動物「並非被認同的食材，大型中國餐館與戴爾莫尼克（the Delmonico）或布倫威克（the Brunswick）一樣，絕對不認同」。[9]這是善意的謊言，可以防止世界上像柯尼那樣的人攻擊中國人。

王清福的文章出現在高譚市（譯註：紐約市的舊稱）歷史上非常特殊的時刻：處於鍍金時代，當時紐約市紙醉金迷。新聞報紙大肆報導范德比家族（Vanderbilts）、古德（Goulds）和阿斯特（Astors）等富豪家族的豪宅和奢華派對。在第五大道，老的和新的富人們在社會道德觀不斷改變的背景中，爭搶地位。已經「擠進」上流社會的人試圖阻撓心懷野心的人爭搶社會地位，以勢利的態度互相排擠。華德．麥卡利斯特（Ward McAllister）之流的社會仲裁者把上流菁英限制在四百人（只有這四百人能夠參加阿斯特夫人的舞會），並且明確制訂一系列的行為規範。麥卡利斯特認為，招待賓客時，花費可以無上限，包括食物花費。餐宴餐點必須是上等的法國菜，因此，家裡的廚師當然也得是法國人。在一八九〇年，麥卡利斯特寫道：「二十年前，這個城市裡，私人家庭裡的廚師沒有超過三個。反觀現在，上流士紳如果家裡沒有請一流廚師或名廚，反而是例外。」[10]在準備餐宴方面，家中女主人必須精通法國菜，才能為個性倔強的廚師提供最好的靈感，不斷精進廚藝，並且幫忙決定是要出松露肉排搭配黑醬，還是土魯斯小牛肉或是頂級雞胸肉配黑醬。如果女主人家裡的餐廳不夠大，就到紐約市的豪華餐廳，像是麥迪遜廣場上最高檔的戴爾莫尼克，與戴爾莫尼克本人或他的名廚查爾斯・藍侯福（Charles Ranhofer）商議菜單。如果女主人的品味獲得賓客的肯定，再塞足夠的錢給關鍵的社會專欄作家與編輯，那麼整個紐約市就會再次肯定她的上流社會階級身分。這個世界裡不只有社會名流，還有珠寶商、花商、裁縫師和新聞工作者（像是與艾敦・崔夫頓一起吃中國菜的那名「時尚雜誌編輯」），有正確或錯誤的方式來衡量自己。可以去華埠用餐一次，吃完之後到阿斯特豪斯，一邊抽雪茄喝酒，一邊笑談中國菜，但是經常去吃可就不行了。

不論上流菁英具有多大的文化影響力（或自認為），並非所有紐約人都會拚命仿效他們的行為。此時，還有另一個似乎樂於嘲諷麥卡利斯特那四百個人所重視的每項規範的團體出現了。他們自稱為波希米亞人，這個名稱取自亨利・穆傑（Henri Murger）的故事《波希米亞生活》（*La Vie de Bohème*），故事的背景是一八四〇年代的法國拉丁區。穆傑筆下的角色是自由不羈但是經常挨餓的藝術家，不過，十九世紀末葉的紐約波希米亞人則是自由不羈但是經常吃得飽飽的藝術家和作家。事實上，美國波希米亞人的其中一項特色就是用餐地點。阿斯特夫人到戴爾莫尼克用餐，他們則選擇到移民區昏暗骯髒的餐館用餐，那裡食物便宜，顧客盡是些聲名狼藉的人。他們是最早出現的「地下美食家」和「饕家」。一八五〇年代期間，第一代紐約市波希米亞人，包括華特・惠特曼（Walt Whitman），最喜歡去的地方是百福酒吧（Pfaff's），這間酒吧其實是一間德國啤酒地下酒窖，位於人行道下面，在百老滙上，鄰近布利克街（Bleecker Street）。他們喜歡到百福酒吧喝酒、聊天、唱歌、狂歡和作愛。二十年後，新一代的作家和藝術家喜歡到華盛頓廣場「法國區」，聚集在餐館裡，像是葛蘭瓦岱勒（Grand Vatel）和惡棍聚集的阿爾薩斯酒館（Taverne Alsacienne）。在葛蘭瓦岱勒，可以點三道菜的餐點，容易飽，而且「不難吃」，外加酒、咖啡和一條法國麵包，只要五十美分。這些波希米亞人去移民餐廳的目的，不只是要吃廉價的食物，與藝術同好聚聚，同時也是想要進入比第五大道那些舞廳更能準確反映紐約市真實狀況的環境。因此，一八七〇年代末期，當勿街南端出現小型中國社區時，自然成了波希米亞人的聚集地。（相對之下）他們心胸開闊，飢腸轆轆，看在四百貴族眼裡，他們就像是在讚許中國餐館，帶頭攻過飲食的邊界。

新聞記者兼編輯亞倫・福曼（Allan Forman）在一名友人的引領之下，愛上了中國菜。一名「有著明顯的波希米亞性格、開朗的紐約律師，有一天，他開口邀請我：『跟我去吃飯吧！』」「去哪吃？」福曼問道，他知道那名律師向來熱中到移民區吃「可怕、神祕又古怪的食物」。

「哦，到勿街十八號的孟興華餐館（Mong Sing Wah's）。孟興華可是天朝人裡的戴爾莫尼克喔！」

「非常感謝你的邀約。不過，我還是沒辦法把老鼠和狗吞下肚。我去找家法國餐廳吃就好，法國菜烹調後仍保有食材原本的風味，比較好吃。」我答道。

「真沒想到你會有這樣的偏見。」他頗為生氣地驚呼道，「中國菜與美國餐點一樣乾淨，而且還更加美味。聽我說，這樣好了，今晚跟我去孟興華餐館，我帶你去參觀廚房，如果沒有像你去吃麵的那家義大利餐館一樣乾淨，咱們就到戴爾莫尼克吃，你點最高檔的餐點，我請客。」[11]

於是，在一八八六年初某個嚴寒的夜晚，這兩名白人在第三大道搭乘有軌電車到且林士果，接著前往隱藏在勿街十八號後面院子裡孟興華的餐館。律師與老闆打過招呼後，用聽似流利的中文點餐，福曼看了著實嚇了一跳：「『炒雜碎、叉燒、米飯、山水鮭、諾馬達思。』我的朋友流利地點菜。穿著白袍的服務生記完後，快步走開，去把送餐升降機放下去。」這一餐吃的不是從中國進口的稀罕食材，而是菜單上沒有的餐點，是紐約的中國人日常到餐館吃的菜。菜餚端上桌時，福曼似乎忘了對老鼠肉和狗肉的恐懼：

炒雜碎是我們吃的第一道菜，美味極了，裡頭有豆芽、雞胗、雞肝、小牛肚、鱘龍魚（從中國進口的乾燥鱘龍魚）、豬肉、雞肉，還有許多我認不出來的食材。雖然成分神祕，但是十分美味，這奠定了我熱愛中國菜的基礎，從此之後，我品嚐了許多次中國菜。叉燒是香噴噴的烤豬肉。豬肉先烤過，再吊起來，用許多種很香的藥草燻過，讓豬肉變得很美味。接著把叉燒切成小片，就像中國餐館裡的每道菜都切得小小的，方便筷子挾取。中國餐裡沒有麵包，由米飯取代了。這幾碗飯是「loanraan」，福曼吃了一些後，就撐著了；這樣的米，雪白透亮，煮得熟透，粒粒分明。魚烹煮得色香味俱全，淋上一種棕色醬汁後再烘烤，名為山水鮭。

福曼和朋友用完餐後，喝了茶和用小杯子裝的「諾馬達思」，這是一種中國米酒。用完餐後，福曼大感詫異，發現自己竟然徹底喜歡這一餐：「這一餐不只新奇，而且美味。還有令人意外的是，總共只要六十三美分！」[12]幾乎整個二十世紀，中國菜吸引美國人的特色可以總結為三點：美味、奇特和便宜。

在一八八〇年代，到華埠用餐的非華裔紐約人不計其數。一八八五年，王清福說已經有數千名紐約人嚐過「東方」餐點；三年後，他又說至少有「五百名美國人經常到中國餐館用餐」。[13]幾乎所有中國餐館都位於勿街街區，在且林士果和披露街之間。王清福認為只有勿街十四號雲芳樓（Yu-Ung-Fang-Lau）是高級餐廳，「廣東進口商、香港商人、來自舊金山的蒙古觀光客、興奮的賭客和有錢的洗衣工」[14]最喜歡去那裡。其餘五、六家中國餐館則接待其餘的中國顧客：僕人、廚師、雪茄製作工人，還有從珠江三角洲貧窮的四邑地區來的大部分的洗衣工人。這些人大都沒有老婆，因此在工作日時，他們會在工作地點或公寓吃粗茶淡飯（米飯配些肉和菜）；星期日就到華埠買東西、社交、打探新聞，還有到餐館用餐。如果有錢的話，他們喜歡揮霍一下，點昂貴的高檔進口食物。波希米亞人和其他的非華裔紐約人則相反：「許多美國人喜歡上中國菜，與中國人點一樣的菜，不過，餐館老闆通常不會迎合中國人以外的顧客，因為中國人經常點兩、三美元的菜，而美國人點中國菜則很少花超過五十或七十美分。」[15]美國人偏好的菜餚有很多，其中簡單的混炒菜餚「炒雜碎」更是美國人的最愛，「雜」就是混雜在一起的意思，「碎」則是細碎的意思，連著讀，最常見的翻譯是「零雜瑣碎」。在烹調上，「雜碎」是指把許多不同食材混在一塊，而這道菜是用炒的，因此被稱為中國炒雜碎。

今天，雜碎在美國的大部分地區早已成了遺物，曾經風行一時，最後被丟進餐飲歷史的垃圾堆中。還記得雜碎的人，只知道那是切碎的豬肉或雞肉，加入豆芽、洋蔥、芹菜、竹筍和荸薺，炒到所有食材都糊糊的，沒有味道，配白米飯吃，飯上面淋著黏糊狀的半透明醬汁。不過在十九世紀的紐約，雜碎的定義變來變去，根據最早的描述，雜碎是雞肝、雞胗，或許還有鴨內臟，加牛肚、豆芽、「真菌類植物」（大概是木耳）、芹菜、魚乾一起炒，或是其他廚師覺得可以搭配的食材，都可以加，包括香料和「抽」（也就是醬油）。王清福和其他記者說雜碎是紐約華人的主食，甚至是「中國國菜」。一八九三年，亞倫·福曼成了這個主題的專家，寫道：「中國人眼裡的炒雜碎，就像西班牙人眼裡的爛燉鍋（olla podrida），或像我們波士頓人眼裡的豬肉配豆子。」[16]中國菜的傳統博大精深、歷史悠久，這種說法顯然不對。不過，如果福曼只接觸過來自珠江三角洲的中國人，那麼他說中國人偏好雜碎倒是沒錯。無論如何，這道內臟、肉類和蔬菜一起混炒的菜餚，來自四邑地區的台山。幾十年後，知名的香港外科醫師李樹芬（Li Shu-Fan）回憶兒時造訪祖籍台山：

一八九四年在台山的一家餐館，我第一次吃到雜碎，不過，這道菜早在我出生之前，在台山就很常見了。烹飪方法大概是台山人傳到美國吧！台山人，誠如我所說的，是勇敢的旅行家。從台山附近的廣州和香港等地去美國的中國人，不曉得雜碎是道地的中國菜，並不是為了迎合美國人所改出來的菜。[17]

此時，中國菜——尤其是雜碎——慢慢明確地獲得美國人的接納，即將風靡全美。一八九六年春天，紐約人得知，在中國手握重權、實際上相當於外交大臣的政治人物即將在那一年造訪紐約。美國的中國觀察家認為，直隸總督李鴻章（直隸包括北京附近的幾個省）是最有希望幫助中國增強國力與現代化的人。李鴻章此行的目的，是要鞏固與美國的邦交，並且抗議不公平的《排華法案》以及中國移民遭到不當對待。（這樣做或許能夠鞏固他在祖國的聲望，然而，不久前，他的北洋水師才敗給日本海軍，令國家受辱，也導致他的聲望受損。）八月下旬，他搭乘聖路易號郵輪抵達紐約港，從華埠到第五大道，這個年紀老邁、身子虛弱、穿著華貴黃色絲綢長衫的中國人轟動了整個紐約。一支騎兵部隊從碼頭一路護送他到第五大道和第三十三街的華爾道夫飯店（Waldorf Hotel），他即將入住皇家套房。紐約市有許多家報社競爭激烈，派出數組記者，鉅細靡遺地報導他的一切活動。

在勿街、戴爾莫尼克和華爾道夫飯店的廚房裡，大批廚師備妥了餐宴，接待這位赫赫有名的賓客。同時，威廉・藍道夫・赫斯特（William Randolph Hearst）的《紐約新聞報》（*New York Journal*）亟欲報導花絮，娛樂讀者，於是在華爾道夫飯店的廚房裡安插了記者，記錄跟隨李鴻章一同從中國前來的四名廚師的一舉一動。一名速寫畫師畫下了他們工作的模樣，畫出他們的工具，還有用來把總督的餐點端到套房的漆盤。在公開場合中，新聞記者盯著李鴻章吃下的每一口食物，或者應該說，至少有一部分的記者是這樣。受到李鴻章邀請到華爾道夫飯店參加餐宴的《紐約時報》記者寫道，一開始上頂級法國菜，他淺嚐則止，當一名僕人端上中國菜之後，他才大快朵頤起來：「有三樣菜。第一樣是煮雞肉，雞肉切成小方塊狀。第二樣是一碗米飯。第三樣是一碗蔬菜湯。」[18]就袁枚看來，吃這些食物的人，不是病弱的人，就是美食家。《華盛頓郵報》也報導了這場餐宴：「用餐時，面前的佳餚他只吃了幾口，葡萄酒更是滴酒不沾。東道主注意到了這一點。片刻過後，雜碎和筷子擺到他面前，他才津津有味地吃了起來。」[19]根據《紐約新聞報》的詳盡報導，李鴻章待在紐約期間從來沒有吃過雜碎，但是許多其他報社和新聞通訊社都發送文章到美國各地，報導說他有吃，這單純因為雜碎是唯一一道多數美國白人都吃過的中國菜，已經變成整體中國菜的象徵。（中國外交官讀到那些報導，肯定會大吃一驚，難以相信北京高官竟然會降低格調去吃珠江三角洲的農家菜。）

李鴻章在美國待了一個多禮拜，先是造訪費城、西點軍校和華盛頓，再往北到多倫多，最後橫越加拿大，搭船返回中國。（他刻意避開加州，因為加州人歧視中國人。）然而，紐約人則掀起中國熱潮，蜂擁到華埠買古董珍品，吃雜碎。《布魯克林鷹報》寫道：「女人如果想嚐嚐新奇的餐點，可以參考本報的建議：李鴻章的廚師的拿手好菜是道地的中國菜，中國的偉大政治家造訪紐約期間，住在華爾道夫飯店，華爾道夫飯店幫他準備的都是道地的中國菜，華爾道夫飯店提供最道地的中國菜。」[20]《紐約新聞報》的星期日特刊刊載全頁報導，標題叫〈雞肉大廚在華爾道夫飯店為李鴻章做的奇特菜餚〉（Queer Dishes Served at the Waldorf by Li Hung Chang's Chicken Cook），報導那些菜餚，包括米飯、燕窩湯、混炒菜餚（也就是「炒雜碎」）、雞湯、豬肉香腸、魚翅湯等。這幾乎是美國報紙首次報導中國菜的做法，以下是雜碎的製作說明，作者承認這道菜已經頗負盛名：

> 把等量的芹菜切丁。將一些乾燥香菇與生薑清洗後泡水。以花生油將雞丁炒到快要全熟時，加入其他材料以及微量的水。大家最喜歡添加到這道菜的是切碎的豬肉和乾燥墨魚的切片，還有在潮濕的地上放到發芽的米，芽約兩吋長，又嫩又好吃。炒雜碎時，應該加入一些醬油和花生油，讓口感更加滑

1896 年，李鴻章造訪紐約市，引起了中國菜的熱潮。然而，他並沒有吃雜碎這道菜。
（Underwood & Underwood / Prints and Photographs Division, Library of Congress）

順。大快朵頤吧！吃了就會和李鴻章一樣長壽喔！[21]

這不過是粗簡的混炒菜餚，才不是李鴻章吃的餐點。其實這些菜與勿街和披露街上林立的廣式餐館裡的菜像極了，這不禁讓人懷疑這篇文章的內容是不是出自當地餐館老闆之手。不論如何，李鴻章把雜碎引進美國的故事就是這樣誕生的，這個民間傳說至今仍舊流傳著。

李鴻章訪美開啟了新時代，美國人突然積極關注外面的世界，轉捩點出現在一八九八年二月十五日，那天美國戰艦緬因號在哈瓦那港離奇爆炸。不知道是不是刻意的，新聞記者和軍方人員利用這次爆炸事件，振興了原本奄奄一息的「昭昭天命」信仰，要求美國入侵西班牙在加勒比地區和太平洋對岸的殖民地，目的在於聲明美國擁有「上帝賜予」的權力，可以擴張領土。其中有一名新聞記者名叫瑪格麗特．雅莉娜．漢姆（Margherita Arlina Hamm），是知名的婦女參政主義者，也是最早「遊歷世界」的女記者之一。她是美國領事的妻子，曾住過中國。一八九五年，她幫《好管家》（*Good Housekeeping*）寫了一篇文章，題目為〈幾道天朝食譜〉（*Some Celestial Dishes*），這是美國首次出版的中國菜食譜。[22]（儘管她自稱是在中國學這些烹煮方法的，包括一道雜碎，但是那些完全是西化菜餚，使用番茄醬、伍斯特醬和馬鈴薯之類的材料。）

漢姆對中國的傳統生活方式或政府制度可沒有耐性。她認為，要讓中國變得文明，只能冀望西方強權，包括美國，瓜分中國，納為保護領地。當然，中國人可不那樣認為。一八九九年，被西方人稱為拳民的義和團開始使用暴力把外國人和外國宗教趕出「中央王國」。義和團運動獲得慈禧太后的支持，一九〇〇年延燒到最高點，拳民包圍北京的使館區，著實諷刺地逼迫受困的西方人吃洋人長久以來所鄙視的禁忌食物：馬肉和米飯。最後包圍解除了，由日本、美國與歐洲列強的軍隊組成八國聯軍，擊退了拳民，旋即到中國都城裡姦淫擄掠。在勿街，這些事件似乎未造成美國人仇視當地的華人社群（其實美國的中國人也不太同情在北京統治中國的那些滿族）。事實上，義和團拳亂反而引起美國人對中國文化感到好奇，至少讓美國人喜歡買紀念品、參觀鴉片窟和吃中國菜：

昨天華埠的大街小巷像極了康尼島的人行步道，湧入了數百名中國人。自從在中國的禍事爆發開始，華埠就備受報紙注目，引來來自紐約市各地的好奇群眾。……華埠裡有許多家中國餐館，吸引年輕男性帶著女朋友到華埠觀光旅遊。有一對情侶來之前對中國菜不甚瞭解，吃完第一頓中國菜之後，至少增廣了許多見聞。他們研究菜單好久，連慵懶、有耐性的服務生等得都不耐煩。

「我們要雜碎湯。」年輕男子最後終於說，「這道菜很有名，我不相信裡頭有老鼠肉。」[23]

中國人喜歡吃老鼠的謠言依然流傳，不過當白人發現中國餐館裡有「安全」的菜餚，便置之不理了。就在那一年，華埠外首度出現中國餐館，中國餐館不再只是等顧客到勿街，更把雜碎送上門給顧客。中國人在華埠之外開了好幾家中國餐館，改稱為「雜碎」，在第三大道、第六大道（在夜生活熱鬧的油水區）和長畝廣場（現在的時報廣場），連哈林區也有。他們的菜色比勿街的中國餐館少多了，招牌菜主要是雜碎、炒麵、雞湯麵，一種小麥麵湯（裡頭有煮熟的雞肉和煮老的蛋）。廚師為了

1911 年，一本雜誌報導如下：美國社會的最新熱潮，紐約人流行到中國餐館用餐。當時中國菜已經傳播到遠超出曼哈頓的華埠之外。（Private Collection / The Stapleton Collection / The Bridgeman Art Library）

迎合住宅區居民比較保守的口味，雜碎不再使用粗簡神祕的食材，改用容易辨識的溫和食材，肉類或海鮮摻雜豆芽、竹筍、洋蔥和荸薺，炒到全熟。

住宅區餐館賣的炒麵只不過就是在炒麵上頭加上雜碎，換掉米飯，與珠江三角洲做的炒麵完全不一樣。羅伊・麥卡多（Roy L. M'Cardell）在幽默的專欄「與歌舞女郎對話」（Conversations with a Chorus Girl）中，利用魅力迷人、舉止輕佻的主角宣傳炒麵的美味：「天啊！我喜歡吃炒麵，那細麵條吃起來好像是做成條狀的洋芋片。」[24]顧客覺得這些中國餐館十分合口味，他們喜歡餐館的裝潢，尤其是紅色燈籠和中國美女與風景的印刷圖案，雖然有點粗劣，但是充滿異國風情。而且食物美味，容易飽，又便宜（一碗雜碎只要二十五美分）。加上環境別緻，完全不會像廉價簡餐店那樣吵鬧，也不會像戴爾莫尼克那樣窒悶。

中國餐館的用餐氣氛輕鬆又自在，吸引了許多想要當「波希米亞人」的人，還有許多在波希米亞人之下的階級——在紐約市，波希米亞人可是又分為許多階級。顧客慵懶地走來走去，大聲閒聊嘻笑。想要叫服務生的時候，就扯嗓大叫，廚房會傳出一聲大喊來回應，一名矮小的中國人旋即就會小跑步過來。任何人都可以走進廚房，用涇浜英語與廚師聊天。老闆很樂意教顧客使用筷子，看見新手夾不起菜，總是不禁哈哈大笑。大家想要做什麼都行，雖然還是有規矩，但是彈性非常大。[25]

在油水區和長畝廣場，這些「雜碎餐館」營業到很晚，因此，看完戲和尋歡作樂到深夜的人，如果想吃點東西果腹再回家，都喜歡到那裡吃。只要顧客守規矩，會付錢，餐館老闆就一視同仁。在廉價公寓區，光顧廉價中國餐館的大都是「醉漢、窮黑人和窮流浪漢」。確實，在某些地區，非裔美國人是主要的顧客：「黑人似乎很喜歡中國人。」一名記者寫道，「中國餐館的廚房吵吵鬧鬧的，確實與黑人掌廚的南方廚房很像。」[26]同時，「真正的波希米亞人」則待在華埠，探尋新的飲食冒險：

> 波希米亞人的風尚就是放逐自己，去找尋奇特的環境，當他所在的地方開始吸引文明，他就逃離，去找尋新的藏身地。他想要吃中國菜的時候，如果可以的話，他一定會找一家白人沒去過的中國餐館。……等到別人也開始光顧那家，他就又離開了。[27]

雜碎餐館沿著東岸往南北擴張到各個大城市和許多比較大的鄉鎮，這不僅證明了中國餐館老闆有精明的生意頭腦，也證明了中國菜確實吸引人。波士頓和費城的華人社區在一八七〇年左右成立，同樣，一開始只有幾家洗衣店和雜貨店。起初，當地人對中國菜避之唯恐不及，因為報導提出警告，說醬料可疑，主菜「新鮮」得嚇人，還有餐具很古怪。不到十年以後，《波士頓環球日報》（*Boston Daily Globe*）承認哈里森大道三十六號的梅娥餐廳（Moy Auk's）的「雜碎」「十分美味」。一八九一年，一名《波士頓環球日報》的記者順路造訪另一家餐館，聽到上面傳來音樂聲，於是上樓一探究竟：

> 我走到一扇上半部是玻璃的門前，停了下來，往門內一瞧，看見約莫四百名波士頓人，有男有女，

齊聚吃大餐。我看得不禁出神了。接下來會發生什麼事？社會精英在一家中國餐館吃中國菜，讓中國服務生服務，聽著令人心曠神怡的中國音樂。

有幾十位波士頓上流菁英在那裡，包括威廉・迪恩・豪威爾斯（William Dean Howells）夫婦、東方文化專家恩尼斯特・費諾羅薩（Ernest Fenollosa）和愛德華・摩斯（Edward S. Morse），還有各個領域的學者與藝術家，吃著燕窩湯、鴨肉、雞肉、鱘魚、飯，當然，還有雜碎。看見眼前的景象，這名記者認為，「顯然中國人不能走」。[28]同時，在費城，華埠沿著瑞斯街（Race Street）發展成形，到一八九九年，開了十幾家「雜碎」餐館，深夜的客人相當多。與紐約和舊金山一樣，許多食材都是進口的，不過，新鮮蔬菜是來自附近的華人農田，就蓋在紐澤西州界過去一點點。華盛頓特區的華埠雖然小，但是好歹仍舊是當地波希米亞人的社交中心：

這片經過一再模仿的新波希米亞，有一天晚上我去看看是什麼模樣。我實際品嚐了那道深褐色的中國菜，實在是無法用言語形容。……前廳裡有幾個女人，濃妝艷抹，服裝華麗，但是無精打采。中廳裡坐著兩、三個男人，坐如針氈。他們非常害怕，一臉憂懼地張望周遭的人。難怪，……大部分的人都吃著湯麵和雜碎。各位如果想開開眼界，可以來這裡看客人抓住六呎長的麵條的一端，開始慢慢吃下肚。雜碎味道很臭，油膩膩的。[29]

儘管有人批評，但中國餐館仍舊繼續擴張到只有少數中國人的社區，引進了十分獨特的食物、價格、顧客和氛圍。從亞特蘭大到紐哈芬，再到緬因州的波特蘭，在半夜與一群流氓惡棍、敗德的婦女和演員吃一碗雜碎，代表你經歷過城市的世故。

中國菜傳到美國中西部以及被接納的模式與其他地方大同小異，只不過時間稍微晚了一點。最早來到這個地區的中國人可能是一團巡迴表演的雜技表演團，他們在一八五〇年代初期沿著密西西比河往上游走。在接下來的二十年間，少數中國人跑到芝加哥和聖路易開店，直到一八六九年橫貫大陸鐵路完工後，第一批亞洲移民才開始遷入。他們在芝加哥的克拉克街（Clark Street）和聖路易的「哈普街」（Hop Alley）建立小型華埠，再次靠經營洗衣店和商店或當僕人來營生。一八八九年，《芝加哥論壇報》（*Chicago Tribune*）報導芝加哥市裡不只有兩家中國商店，還有三處菜園、兩家肉店和一家地下餐館，餐館老闆「歡迎美國人來用餐，不過……害怕有人故意來嘲弄他們，經常有人無禮地盯著他們看，然後走進餐館裡大肆嘲笑他們」。[30] 為了一八九三年的世界哥倫比亞博覽會，當地的中國商人蓋了一座「中國村」，裡頭有戲院、廟宇、茶園和小餐館。他們不相信美國人會喜歡吃中國菜：餐館的菜單上大都是美國菜（冷鹽醃牛肉、蛋三明治、馬鈴薯沙拉等餐點），還有「中式」米飯、「中式糕餅和甜點」、蜜餞和茶。換句話說，全都是西式茶會的餐點。翌年，名叫西奧多・德萊賽（Theodore Dreiser）的年輕作家（六年後，他出版小說《嘉莉妹妹》（*Sister Carrie*）走訪聖路易的華埠，尋找寫新聞的材料。不過，他找不到任何「鴉片館」或賭場，只有找到核桃街（Walnut Street）和市場街（Market Street）之間的南八街（South Eighth Street）有個街區，星期日時移民喜歡到那裡廝混。為了找尋無法用言語形容的異國事物，他到華埠一家只有中國人能光顧的餐館訂了一餐，品嚐鴨肉、雞肉、雞湯，還有一道叫「中國菜」的菜單：

這道菜很棒，令人驚嘆，而且很好吃。它被盛在一個盤子裡，那個盤子一半是碗，另一半是淺盤。淺盤那邊的外緣，精心擺放著一些東西，看起來像是濕的餡餅皮，吃起來像燻魚。沿著盤緣擺放，凸出盤緣，看起來很像是裝飾用的萵苣、歐芹和水田芥。整道菜的擺盤就像是熱沙拉。這道菜冒著煙，熱騰騰的，裡頭有芹菜、雜碎、洋蔥、看起來像紅藻的海草，還有看起來像大麥的奇特外國穀物。[31]

這八成也是雜碎，不過，沒人知道答案。德萊賽為了守住這個謎，沒有去詢問餐館老闆。他在報導文章裡把餐館裡頭的景象描寫得與訛傳一樣：三名中國人用錯誤的方法拿著筷子，吃著裝在碗裡的老鼠肉，上方有個招牌寫著「洋蔥燉鼠肉十五美分」。老舊的刻板印象實在很難消除啊！不到十年之後，《芝加哥論壇報》有篇報導〈雜碎熱潮延燒〉（Chop Suey Fad Grows）寫道，中西部人湧入芝加哥、聖路易、堪薩斯城、明尼亞波利斯等城市的中國餐館。《堪薩斯星報》（*Kansas City Star*）則報導：「城裡有幾家雜碎餐館，不過，沒有一家賣的是真正的中國菜。」[32]幾十年之後，才有人發現自己錯過了什麼。

最後，我們回到西部，抵抗中國菜誘惑最久的地區。在一九〇〇年代初期，舊金山的報紙經常報導「雜碎餐館」引發的鬥毆，通常是因為愛爾蘭移民或非裔美國人到廉價的中國餐館吃霸王餐，不過，其實遭到白吃的通常是美國餐點，像是火腿、蛋和馬鈴薯。一九〇三年，舊金山最前衛的東道主羅素．庫爾夫人（Mrs. Russel Cool）想要打破文化障礙，帶賓客穿著中國服飾到華埠參加宴席，「喝了一道又一道的湯，最後吃到雜碎、肉丸和燕窩。」可惜，當時的人不像她那麼前衛，「只有少數幾個人敢吃，而且只敢稍微淺嚐而已。」「我對那場餐宴感到十分愧疚啊！」她後來如此坦言。[33] 翌年，一名年輕的交際花打破了許多禁忌，因為十分喜歡吃麵，每天晚上都到洛杉磯的華埠。她會在十一點時，大搖大擺走進一家餐館，「裡頭的顧客大都是無家可歸的黑人和身敗名裂的白人少女。」她會高傲地瞪視顧客，大聲罵道：「豬！你們全是豬！」接著，她會點三碗中國麵，每碗都「大得足以餵飽一隻河馬」，吃個精光，吃飽喝足便離開餐館，走入黑夜之中。[34] 到了一九〇六年，洛杉磯已經有好幾家雜碎餐館，像是上海雜碎餐館（ShanghaiChop Suey Café），當地的信用人協會（Credit Men's Association）每年都會在那裡舉辦餐宴。菜色有豬肉蔬菜湯、火腿煎蛋餅、無骨鴨肉火腿、栗子雞肉、雞肉燕窩、蜜餞、茶、糕餅和招牌菜。[35]

一九〇六年四月十八日清晨，舊金山人被大地震嚇得跳下床，倉皇跑到街上，發現剛剛的地震震毀一些建築，震破許多瓦斯管線，引發了火災。餘震再度驚動這座城市時，屋主紛紛放火燒掉自己的建築物，希望損失能夠獲得賠償（保險公司只有理賠火災，沒有理賠地震）。整座城市火災四起，五百個街區燒到無法修復。幾個小時之後，普西迪奧（Presidio）軍事基地派軍隊到市裡巡邏大街小巷，上級命令遇到搶劫犯，格殺勿論。華埠自然也陷入混亂，有人親眼目睹白人，包括國民警衛隊（National Guardsmen）和「穿著體面的女性」，在碎石瓦礫堆之間爬來爬去，搜刮財物。（幾十年後，仍舊有那些人的後代一臉羞愧地把搜刮來的中國財物捐給當地的博物館。）華埠遭到破壞，當地報紙幸災樂禍，報紙長久以來一直都聲稱華埠是城裡最大的禍害，簡直就是個貧民窟，人口過度擁擠，充斥犯罪與邪惡。美國人成立了一個委員會，要強制把整個華人社群趕出舊金山；不過，中國人展開反擊，指出他們也是財產的擁有人，而且如果他們把店搬到別的地方，舊金山會損失大量的生意。幾個星期之後，他們開始重建華埠，蓋得更大、更乾淨、更具東方風格，即使鴉片館和惡棍聚集的場所沒有消失，也藏得比較隱密。這種「新風貌」的華埠吸引來了生意人、觀光客，甚至還有當地的舊金山人晚上來找樂子。一九〇七年初，《舊金山召喚報》（*San Francisco Call*）刊登了一則小廣告，宣傳一家位於吉瑞大道（Geary Boulevard）一五三八號，名為「中國」（The China）的餐館，提供「新奇又美味的中國菜」，包括雜碎、麵、茶和蜜餞。[36]或許是因為白人和中國人在大地震期間及其餘波中共患難吧！舊金山的白人終於開始愛上中國菜。兩年後，雜碎席捲西部，加州協會（California State Association）說：「如果不消滅美國的雜碎餐館和中國洗衣店，下個世紀美國將會變得道德淪喪、墮落腐敗。」[37]這番言論並不足以影響趨勢，雜碎繼續如洪水般氾濫，甚至擴散到那些始終堅決反對中國移民的西部社區。

在距離當時超過一個世紀的現在，實在很難理解為何當時雜碎會掀起如此驚人的熱潮。現在的雜碎嚐起來不過是炒得過熟的混炒菜餚，呈現棕色，沒有味道，毫無特色，不禁令人想起學校自助餐廳裡難聞的氣味，和骯髒破爛的中國餐館。唯一值得一嚐的地方，大概就是這令人懷舊的，吃一口雜碎，能讓人回想起星期日晚上全家一起到街角的美國中式餐館吃晚餐。不過，對一個世紀前的美國人而言，雜碎可是當時最熱門的食物，一般人愛吃又常吃。他們喜歡雜碎主要是因為便宜、容易填飽肚子

明信片裡的照片是 1958 年芝加哥的中國餐館如心（Guey Sam）。1900 到 1960 年代，華裔美國人的變化並不大。（Chinese-American Museum of Chicago）

而且有異國風味，不過其實還有其他原因。雜碎令白人感到滿足，不只是填飽肚子，更帶來一種更深層的喜悅。這與一項重要的西方飲食傳統有關係。至少早在古羅馬時代開始，西方的鄉下人和都市勞工都是吃雜燴，把肉類和蔬菜混在一起煮到無法辨識原形，像是雜燴粥或燉雜燴之類的菜餚。或許西方人覺得雜碎嚐起來的滋味，與數個世紀以來餵飽他們古老美味的菜餚有幾分相似吧！

無可避免地，就在雜碎的熱潮達到最高點時，開始出現反彈浪潮。一開始出現的舉動很滑稽，至少一名《紐約時報》的記者是這樣寫的。據說在一九〇四年有一名廚師名叫連生（Lem Sen）剛從舊金山來到紐約。有一天，他出現在曼哈頓下城的一家律師事務所，聲稱自己是雜碎的發明人。不只如此，他還說「雜碎與豬肉配豆子一樣，根本不是中國人的國菜。……與天朝人毫無干系」。他說，在李鴻章來到美國之前不久，他就在舊金山一家「波希米亞」餐廳的廚房裡發明了那道菜：「餐廳老闆……建議連生發明一道奇特的菜，結果大家以為那是中國菜，掀起了熱潮。連生說自己就是在那個時候發明了這道偉大的菜餚，震驚了全世界。」接著他說，有個美國男子偷了他的食譜，連生要求賠償：「米國人現在讚很多錢了。偶連生也讚很多錢，不過偶一集在腳偷息普的那個米國人。最後偶忠儀腳到了。現在偶要把息普討回來，不准大家再賣雜碎，至少要付錢給偶才行。」（當時美國報紙總是用破爛的英語來描寫移民和非裔美國人講話。）連生的律師揚言要向法院申請強制令，「禁止所有中國餐館老闆再賣雜碎」。[38]不過，他根本就沒有申請，八成是因為紐約人知道連生的話很可笑吧！早在李鴻章來訪前逾十年，紐約人就已經在勿街吃雜碎了。

不過，雜碎不是中國菜的說法仍舊繼續發揮影響力。隔年，《波士頓環球日報》刊登一張照片，那張照片是六個中國學生在麻薩諸塞州新伯福（New Bedford）的一所紡織職業學校拍攝的，每個人都穿著整整齊齊，穿西裝打領帶，標題寫著〈在中國沒聽過雜碎〉（Never Heard of Chop Suey in China）。那些學生有兩個來自長江地區，其餘來自廣東，他們說「他們來美國之前，都沒有聽過雜碎」。報導說「十幾年前，李鴻章來到紐約，在餐宴中吃到一道他很喜歡的菜，雜碎就是用廉價的食材模仿那道菜做出來的。」[39]當然，其實李鴻章根本沒有吃過雜碎，不過，這個瑣事就不用放心上了。

指控「雜碎是假中國菜」的故事從那時候開始大幅增加，故事的主旨千篇一律都是在指控雜碎是假中國菜，根本是為了迎合美國人而發明的，而美國人由於對真正的中國菜一無所知，所以無法分辨真假。消息來源經常是剛從中國回來的美國旅行家，更常是中國人自己，通常是受過高等教育的外交官或生意人，來自珠江三角洲以外的地區。他們熟悉「中央王國」，遊歷豐富，講述不為人知的故事，揭露雜碎這道菜是怎麼發明的。據說，在中國有些乞丐會隨身攜帶銅鍋，挨家挨戶到廚房討剩菜，討夠了剩菜，就全部放到鍋子裡，生火煮成「乞丐雜燴」，中國人稱之為「雜碎」。在淘金熱時代的舊金山，在某個關鍵的夜晚，美國人第一次品嚐到這道菜，地點好像是在一家中國人經營的宿舍或是餐館。這個故事，住在上海的美國商人卡爾．克勞（Carl Crow）說得最詳細，他是從一名中國外交官那裡聽來的：

發現黃金不久之後，舊金山裡的華人聚居地就變得很大，開了幾家餐館，老闆是廣東廚師，只賣餐點給來自中國的移民同胞。白人經常聽到謠傳，說這些綁辮子的黃種人都吃些什麼東西。有一天晚上，一群礦工決定嚐嚐古怪的中國菜，一探究竟。他們聽說中國人愛吃老鼠，想要去看看是否真是如此。他們到餐館的時候，常客已經吃完晚餐，老闆準備關門。不過礦工們硬是要點餐，老闆為了避免惹上麻煩，盡快打發走他們，就順著他們的意。他到廚房裡，把中國顧客碗裡吃剩的食物全倒在一塊，淋些中國醬料到上頭，就端給那些不速之客吃。他告訴礦工，他們吃的是雜碎，也就是「乞丐雜燴」，但是礦工聽不懂廣東話，無法理解他的意思。不論如何，礦工很喜歡那道菜，後來又來吃，就這樣誤打誤撞，造就了巨大的雜碎產業。[40]

根據《費城詢問報》（*Philadelphia Inquirer*）的頭條標題，這則故事的寓意是〈雜碎的起源是中國的大笑話〉（The Origin of Chop Suey Is an Enormous Chinese Joke）。[41]即使在今天，這道菜仍舊被認為是「中國文化對美國文化開的天大餐飲玩笑」。[42]不管是哪個版本，這個笑話取笑的對象都是美國人，笑美國人蠢到不知道自己根本是在吃剩菜。

實際上，當然在四邑出生的華埠居民顯然與美國人一樣愛吃雜碎，而且沒有任何證據可以證明舊金山的白人在一九〇〇年之前就在吃雜碎。那麼為什麼「專家」要反覆說一個看似沒有事實根據的故事呢？嗯，這個訴說礦工仗勢逼迫中國餐館老闆的故事聽起來確實像是真的；給礦工吃剩菜這段趣事，是在隱射老闆暗中報復（類似廚師朝湯裡吐口水）幾十年來遭到白人的欺負。就把這個故事當成傳說吧！不過，其中可是傳達了許多歷史「真相」喔！儘管流傳著這一類的故事，現在肚子餓了的美國民眾還是繼續津津有味地大啖雜碎。

CHPATER 6

第六章

美式雜碎

AMERICAN CHOP SUEY

一九〇九年，十九歲的愛希・西高（Elsie Sigel）住在紐約市的華盛頓高地，喜歡中國菜，顯然也喜歡中國男人。愛希的母親致力於向中國人宣揚基督教，經常造訪勿街的一個傳教團。母女倆經常光顧兩家「雜碎餐館」，一家在曼哈頓上城她們住的鄰里，另一家高檔中國餐館在勿街，名字叫旅順樓。西高家的公寓裡裝飾著花瓶、茶具組和從華埠買來的其他珍奇古董。愛希的父親是保羅・西高（Paul Sigel），是一名政府職員，而保羅的父親則是內戰時期受人敬重的將軍。保羅討厭妻子的傳教工作，而且經常揚言要把踏入西高家家門的中國人趕出去。事實上，中國人經常到他家，請西高夫人幫忙，還有追求她的女兒。愛希的鼻子寬扁，一口爛牙，雖然算不上美人，但是身材豐滿討喜，穿著體面，個性親切，說話溫柔。有許多追求者受到這些特質所吸引，其中包括梁凌（Leon Ling）和邱堅（Chu Gain）。梁凌溫文儒雅，穿著體面，以前曾經在華盛頓高地那家雜碎餐館當經理。邱堅則是正在旅順樓當經理。西高夫人比較喜歡邱堅，聽說他很有錢，不過，愛希卻比較喜歡梁凌，一年多來經常寫煽情的書信給他。許多人猜測愛希和梁凌在談戀愛。然而，一九〇九年春天，愛希似乎厭倦了梁凌，受到母親影響，改愛邱堅。知道這樁三角戀的人都意識到可能會發生不好的事：梁凌不肯死心，而且他的脾氣火爆是出了名的。

一九〇九年六月九日早上，愛希・西高告訴母親要先去雜貨商行和肉店，接著去布朗克斯區找祖母。她曾去前兩個地方，但是最後並沒有到祖母家。到了晚上，一家人憂心忡忡，即使收到了從華盛頓特區發來的電報，仍舊無法徹底消除心中的恐懼。「別擔心。星期日中午就會回家。愛希・西高。」他們確信女兒逃家了，很可能與梁凌私奔，儘管如此，隔天早上他們仍舊趕往華埠，看看能否找到女

Fair Tonight and Monday.

The Washington Times

Sunday Evening EDITION

NUMBER 6378. WASHINGTON, SUNDAY EVENING, JUNE 20, 1909. PRICE ONE CENT.

CALL TO AMBUSH IS SOUNDED AGAIN IN KENTUCKY WILDS

Breathitt Feudists Take Winchesters From Unaccustomed Resting Places.

SHOT AT CALLAHAN STIRS BATTLE FIRE

His Recovery Expected to Reopen Bloody Feud About "City of Sudden Death."

By THEODORE H. TILLER.

An eagle-eyed Kentucky mountaineer, a rifle across his lap, sat in the early dawn behind a convenient crag 500 feet up the mountain side—his gaze intent upon the valley home of Ed Callahan below.

Behind him, his Winchester nestling in the fork of a sycamore tree, stood another resolute native of the hills. In front of each, with cold-hearted deliberateness, a few interfering bushes had been cut away that, through the narrow aperture, an unobstructed focus on their intended victim's store door might be had.

They were waiting, waiting, these two feudists, for the usual before-sunrise appearance in his doorway of Callahan, one of the greatest feud leaders of them all, and the head of the hated opposing clan.

"He's a little late gittin' out this mornin'" drawled the one, fingering his rifle half nervously.

"He'll be a comin' out soon, then we'll git him," responded the other. And then, in silence, they resumed their watch.

Victim Appears In the Door.

Central Figures and Features of the Elsie Sigel Murder

CHUNG SING, Roommate of Supposed Murderer of Elsie Sigel.

782 EIGHTH AVENUE. Where Body Was Found.

WILLIAM L. LEON (LEUNG LING). Sought as the Murderer of Elsie Sigel.

H. M. MILLER WINS BIG SOCIABILITY RUN

In Thomas Taxi, Goes It in 54:13 4-5, Against 54:07 Set by Vice President

ELECTRIC MACHINES SHOW THEIR METTLE

John Bartrem, Second; R. P. Andrews, Third—Event Free From Serious Mishap.

By HARRY WARD.

BRACELET AND THE "P. C. G." PIN. These Bits of Jewelry Aided in Identifying Elsie Sigel.

WHERE BODY WAS FOUND. The Trunk is That in Which the Corpse Was Hidden.

HOME OF A PRIEST WRECKED BY BOMB

Attack on House and Sunday School Follows Black Hand Trouble.

TIMES DISCOVERS IMPORTANT CLUE IN SIGEL MYSTERY

Letter to Missing Chinaman Found at National Hotel.

MAY GIVE NEW TRACE OF ALLEGED SLAYER

Envelope Bears Name on Back of Sam Wing, New York, as Apparent Sender.

One of the most important clues that has been placed in the hands of the Washington police in their efforts to trace the actions in this city of Leung Ling, alias William L. Leon, the Chinaman accused of the murder of Elsie Sigel, of New York city, was furnished Inspector Boardman, chief of detectives, early this morning by The Times through the discovery at the National Hotel of a special delivery letter addressed to the missing Chinaman, from Sam Wing, of New York city.

The letter was mailed at 6 p. m. June 11, and reached the National Hotel the same evening.

Address of Letter.

"Mr. William Leon, care of G. F. Schutt, National Hotel, Washington, D. C." is the address on this important letter, while the name of the apparent sender is written on the back as "Mr. Sam Wing, 11 Bayard street, New York city."

A number of Chinese characters preceded the name of Wing.

Other Developments.

全國媒體稱 1909 年愛希・西高遭謀殺的懸案為「華埠箱屍懸案」，使民眾更加恐懼那個地區的外來移民。警方說主嫌是「中國人」，「經常穿著打扮得像美國人」，「英語流利」，這番描述搞得人心惶惶。（Chronicling America: Historic American Newspapers / Library of Congress）

兒。（他們擔心家醜外揚，所以沒有向警察提報女兒失蹤。）他們找遍了百老匯和包厘街之間的地區，遇見邱堅，不過沒有遇到梁凌。邱堅也一起去找愛希。第八大道和四十八街交會處有一家腳踏車店，樓上是餐館，餐館老闆叫孫連（Sun Leung），也在找梁凌，因為梁凌是餐館裡的服務生。梁凌與另外兩名中國人共住一間公寓，就在餐館那棟建築的四樓。接下來幾天，孫連天天到他的房間敲門，直到六月十八日，他聞到門後傳來一股臭味，趕緊跑去報警，警察旋即帶一名鎖匠抵達現場，打開房門。在整齊的小臥室裡，他們找到一個黑色行李箱，綁著繩子。警察割斷繩子，把蓋子撬開，發現裡頭裝著一具腐爛的屍體，那是一名年輕女子，身上包著毯子。行李箱裡沒有東西可以辨識屍體的身分，但是調查人員在書桌上找到一封信，信上註明寫給「伊莉莎白．西高小姐」。於是，他們趕緊前往華盛頓高地。

保羅．西高坦承女兒失蹤，但看過屍體之後，他和兩個兒子都無法確定那名年輕女子是愛希。證實屍體身分的人是佛羅倫斯．塔德夫人（Mrs. Florence Todd），她是勿街傳教團的團長。兩天後，西高家在伍倫墓園（Woodlawn Cemetery）舉辦家祭。後來，西高夫人退休，住進康乃狄克州的一所療養院；愛希的父親和兄弟不願對這起駭人的謀殺案再做評論。這樁謀殺案引起騷動，不只整個紐約市，甚至延燒整個美國。許多報紙紛紛率先報導這個故事，猶他州的《奧格登標準報》（*Ogden Standard*）大肆報導「該中國男子涉嫌殺害該年輕女子」。為了回應抗議的聲浪，警方展開嚴密追捕，要捉拿梁凌，發出電報到全國各地，說明他的外形特徵。警方找來與本案有關的所有中國人，加以審問，有時會嚴刑拷打。民眾只要在街上看到有中國人看起來「像美國人」，穿著西式服裝，沒有留辮子，就會被懷疑是嫌犯。在紐約上州、賓州、芝加哥、加州等地方，當地的白人報警抓了幾十個亞裔男子，中國人和日本人都有。儘管在舊金山每一個重要的火車站和太平洋郵船碼頭都有人警戒，仍舊抓不到謀殺案的嫌犯。雖然紐約警方聲明很快就會把嫌犯緝捕到案，不過《芝加哥論壇報》的「一流犯罪學專家」威廉・克萊門斯（William M. Clemens）可不這麼認為：「紐約的警探猜不透中國人的思維，……中國人喝酒是喝熱的，打招呼是握自己的手，等到蛋和瓜又老又乾才吃。這種民族的犯罪手法可能狡猾得令人無法意料。」[1]梁凌始終沒被抓到，愛希・西高到底是怎麼死的，真相仍舊成謎。

這個案子會如此轟動，原因之一是當時「白人奴隸」是重大的議題。許多有影響力的人，包括政治人物、警員、宗教領袖和女權主義者，都認為賣淫行為氾濫，遍及全國，年輕女性被迫過著可恥的生活。引發這種想法的原因有很多，像是數以千計的女性在城市裡找工作，尋求新的財務獨立；美國人歧視當時湧入的大批歐洲移民（包括許多單身年輕女性）；還有，確實有些女性在賣淫。氣憤愛希謀殺案的聲浪，把全美的華埠和數千家雜碎餐館與白人奴隸議題扯在一塊。改革人士聲稱中國餐館會引誘未婚女性幹墮落敗德的事，就與公共舞廳、妓院、賭場以及名聲不好的旅館一樣。在勿街，中國餐館生意最好的時段是深夜，警方強制餐館提早打烊，並且暫時禁止白人女性獨自到那裡。伊莉莎白・古勞（Elizabeth Goodnow）在《靈魂市場》（*The Market for Souls*）一書中，描寫自己走訪曼哈頓下城風化區的經歷，終點是華埠：「我們進入一棟樓房，一樓是雜碎餐館，其餘的樓層有好多女人，鴉片的煙霧從樓梯飄下來。」[2]古勞走到樓上的妓院，看見一間小房間，房裡裝飾著俗麗的中國刺繡，擺著一尊中國偶像。床上躺著一名白人妓女，那名妓女因為吸食過量的鴉片死了，又一名受害者，傻傻前往華埠，從此步上墮落之路。《芝加哥論壇報》報導如下：

根據警方統計，去年芝加哥有超過三百名白人女孩因為誤入雜碎「館」而葬送性命。……據說，她們是因為愛慕虛榮，想要穿漂亮的衣服，而自甘墮落。她們的墮落始於在雜碎館抽鴉片、喝酒，放任自己沉迷於演奏個不停的靡靡之音。[3]

同時，在印第安納州的南彎（South Bend），衛生局（Board of Health）更直言不諱地說城裡的中國餐館「掛羊頭賣狗，其實是順便賣雜碎的鴉片館」。[4]警方和其他團體繼續把雜碎和罪惡扯在一塊，長達將近十年，警方突襲檢查華埠的新聞經常占據頭條版面。

回來談談女性的版面，情況截然不同。瑪莉安．哈倫（Marion Harland）和珍．愛丁頓（Jane Eddington）之類的聯合供稿專欄作家，沒有加入反中國食物的熱潮，反而刊載許多食譜，教人做雜碎和其他菜餚，顯然是因應大眾要求的。一九一四年，愛丁頓在《芝加哥論壇報》寫道：「一直有人要求提供雜碎的食譜。」哈倫是當代創作最豐富的女作家之一，總是樂於嘗試新事物，即使到了八十三歲也一樣：

美國人是由許多個民族融合而成，自然，我們的餐飲也應該多元多變。我喜歡嚐新料理，為餐桌增添來自海洋對岸的新菜色。……我們去過中國餐館品嚐雜碎，覺得很好吃。有些讀者拜託我們提供完整詳盡的說明，教大家做這道中國菜，說明要用什麼方法與食材來做。[5]

兩年前，另一名報社記者《芝加哥洋際報》（*Chicago Inter-Ocean*）的潔希·露意絲·諾頓（Jessie Louise Nolton）寫了《在家自己燒中國菜》（*Chinese Cookery in the Home Kitchen*），是第一本給美國人看的中國食譜。食譜裡的菜色與市區裡一般中國餐館供應的一模一樣：米飯、許多種「雜碎」、「芙蓉蛋」、烤豬肉和雞肉、炒飯等等。

對於廚藝比較高明的家庭主婦而言，煮一碗雜碎給家人吃還不夠。一九一三年，《哈潑時尚》（*Harper's Bazaar*）刊載一系列文章，介紹該如何烹煮與準備中式的晚餐、午餐和茶會。這些文章是莎拉·伊頓·波希（Sara Eaton Bossé）撰寫的，她的母親是中國人，父親是英國人，她在紐約完全過著波希米亞式的生活，當畫家和藝術家的模特兒。對她而言，參加這些中式聚會就像觀賞戲劇表演一樣，讓她能夠逃離中產階級的生活方式，進入新奇的東亞風俗事物之中：「辦得好的中國餐宴著實是令人心曠神怡的新奇娛樂，當然，也應該依照道道地地的中國習俗來辦，這樣就能幫菜餚增添魅力與神祕感。」[6]準備這些餐宴得花上幾天時間，首先得走幾趟華埠（紐約、芝加哥、波士頓、舊金山和蒙特婁等地都有華埠），購買適當的傢俱、餐具、裝飾品，最後還有食材。有些女主人想要把午餐餐宴辦得更「道地」，會要求賓客穿中國服裝赴宴，而且請個中國「男孩」來當服務生（如果找不到，則會請女傭穿上中國服飾，並且要求她走路時拖著腳步走，而且不要發出聲音）。波希睿智地建議讀者先到華埠嚐嚐中國菜，再嘗試自己在家烹煮。菜色十分簡單，類似旅順樓等餐館專門為有錢白人準備的貧民窟餐宴。她介紹的中國菜包括燕窩湯、糖醋魚、鳳梨雞肉、鴨肉炒麵、「嘉盧雜碎」（Gar Lu Chop Suey）、炒黃瓜、香菇炒青椒，還有常見的蜜餞和中式糕餅作為點心。隔年，波希和筆名「夫野渡夫」（Onoto Watanna）的妹妹溫妮芙蕾（Winnifred），出版了前所未見的《中日食譜》（*Chinese-Japanese Cook Book*），這個里程碑（第一本用英文寫的日本食譜，同時也可能是第二本用英文寫的中國食譜）代表當代的前衛料理，為想要在家煮波希米亞風味餐點的家庭主婦提供詳盡的食譜。

在辛克萊・路易斯（Sinclair Lewis）一九二〇年的小說《主街》（*Main Street*），我們也可以看到美國女性如何使用這些食譜和建議來舉辦以中國為主題的餐宴。路易斯生於明尼蘇達州的小鎮索克中心（Sauk Centre），特別善於描寫第一次世界大戰之後的美國中部。在他的許多作品裡，在中西部的城鎮裡，中國餐館（「畫著櫻花和佛塔的燈籠掛在亮金色和黑色的方格窗前」）都是市區裡的顯眼地標。《主街》的主人公凱蘿・康尼卡特（Carol Kennicott），來自明尼亞波利斯的年輕女性，嫁給了一名醫生，從此搬到丈夫那個沉悶又保守的故鄉居住，地鼠草原（Gopher Prairie）。搬過去幾個月之後，她決定學都市人，舉辦喬遷派對。她花了幾個星期準備，到明尼亞波利斯買生活用品、新傢俱、衣服，還有一條日本和服腰帶，掛在牆上。她廣邀地鼠草原的整個「上層社會」來家中作客，包括醫生、律師、商人和他們的妻子。賓客們以為主人會先來個規規矩矩的娛樂招待，再請他們飽餐一頓肉配馬鈴薯的大餐，誰知道凱蘿・康尼卡特可不是這樣盤算，她搞了些「吵吵鬧鬧、有失體面」的玩意兒。她先邀賓客玩一種她在芝加哥學到的遊戲：大家摸黑，沒穿鞋子，雙手撐地，雙膝跪地，玩遊戲。遊戲結束後，她拿出她買給每個人穿的紙製中式化妝舞會服裝。她自己也換上服裝，「身形變得飄飄然，穿著長褲，和一件金邊的綠色錦緞外套；高高的金色衣領，她驕傲地抬高下巴，黑色的頭髮上插著玉簪，她伸出握著孔雀羽毛扇的那隻手，慵懶地搧著；目光往上移，看著一個佛塔的圖案。」[7]她先即興演唱「中國」戲曲給賓客聽，再帶著大家「排成一列跳舞」，跳到餐廳，餐廳裡有炒麵，裝在藍色的碗裡，還有用糖漿醃漬的荔枝和薑。「除了都市通哈利．黑達克（Harry Haydock）以外，他們其他人都沒聽過雜碎以外的中國菜。他們雖然心存疑惑，仍舊樂於品嚐每道菜，從竹筍到金黃色的炒麵都嚐看。」[8]來用餐的賓客讓凱蘿稍微休息一下，她本來想要再做一個舉動來嚇嚇賓客，抽菸，不過旋即打消念頭，認為抽菸會「惹人厭」。在當地週刊的社會專欄裡，有參加那場餐宴的編輯稱讚那場餐宴和餐宴上的新奇娛樂表演，包括「用道地東方做法呈現的美味餐點」。不過幾天後，凱蘿的好友把賓客真正的想法告訴她：那場餐宴花費太過昂貴，中國主題太過新穎：「他們實在太不應該，嘲笑妳所做的那道中國菜，叫炒麵，是嗎？還笑妳穿的那件漂亮的褲子。」[9]凱蘿聽完後放聲大哭，從此再也沒有在地鼠草原做中國菜。（不過，幾章之後，凱蘿和丈夫悄悄到明尼亞波利斯短暫旅行，光顧一家基層勞工在領薪水的日子時，喜歡帶著愛人光顧的中國餐館。他們坐到一張柚木和大理石作成的桌子，吃著芙蓉蛋，一邊聽著花俏的自動彈奏鋼琴彈奏音樂，心中完全沒有任何狹隘的偏見。」）[10]只有熟悉都市生活的人才會喜歡到中國餐廳用餐，至少在一九二〇年代的明尼亞波利斯是如此。

到了第一次世界大戰，許多雜碎餐館裡都有機械式自動彈奏鋼琴，把有些中國餐館的老闆推向經營餐館的新階段。自動彈奏鋼琴就是當代的自動唱機，把五美分鎳幣投入投幣孔，鋼琴就會自動彈奏狐步舞曲、爵士樂曲和流行歌曲。一九一三年，印第安納州哈蒙德（Hammond）的婦女基督教禁酒聯合會分會（Women's Christian Temperance Union）討厭這種鋼琴「叮叮咚咚的彈奏聲」，於是會員就跑到金鴻樓（King Honk Low）餐館上方的公寓，在地板上鑿洞，把拖地的髒水倒到用餐顧客的身上。機械式自動彈奏鋼琴迅速竄紅，身為創業家的餐館老闆靈機一動，把娛樂帶到餐館裡，包括音樂、跳舞和娛樂表演。（這樣的餐館被稱為戲院後餐館。）最早出現的這種新型夜總會餐廳是位於百老匯和四十七街交叉口的北京餐廳，一九一六年紐約市的旅遊手冊介紹「那是一家高檔中國表演餐廳，裡頭有歌舞表演、音樂演奏，又可以跳舞。」[11]一九二〇年初《沃斯德法案》（Volstead Act）施行，禁止販賣酒精飲料，更促使這項風潮加速發展。禁酒令剛發布的那幾年，從曼哈頓的龍蝦皇宮到洛杉磯的小酒館，全國各地數萬家餐廳和夜總會倒閉。中國餐館反倒生意興隆，因為他們從來就不賣酒，他們最濃烈的飲料一直都是茶。

到了一九二四年，時報廣場和哥倫布圓環之間的百老匯大道，有十四家大型「雜碎爵士餐館」。有一名中國夜總會的老闆，以前是在埃塞克斯街（Essex Street）當洗衣工的，據說他手指上戴著很大的鑽石戒指，開著進口車，身邊總是帶著一個金髮的歌舞劇舞者。在舊金山，這些新的夜總會大都在華埠，大概是從一九二〇年代的上海樓（Shanghai Low）開始的吧！在紫禁城（Forbidden City）之類的夜總會裡，歌手、樂師、歌舞團、甚至還有脫衣舞孃，全都是中國人，吸引政治人物、電影明星和生意人來光顧，觀賞異國的娛樂表演。在小一點的城市，中國餐廳裡的娛樂主要仍舊是自動彈奏鋼琴，沒有太多娛樂表演。亞特蘭大的奧本大道（Auburn Avenue）是非裔美國人聚集的中心，在奧本大道上的藍鵬雜碎餐館（Lum Pong Chop Suey Place），鋼琴會彈奏〈你要是死了，我會很開心，你這混蛋〉（I'll Be

Glad When You Are Dead, You Rascal You），讓顧客可以跳舞。

幾乎所有的這些中式餐廳夜總會都是迎合大眾的喜好，從來都沒有像摩洛哥（El Morocco）或鸛鳥俱樂部（Stork Club）那樣的夜總會。陳利餐廳（Chin Lee's）是百老匯和四十九街交叉口最大的中國餐廳之一，一本一九三四年紐約餐廳指南介紹，陳利的「雜碎符合大眾口味。燈光微暗，舞曲播放個不停，歌舞表演雖然普通，但是炒麵多到吃不完」。總是高朋滿座，顧客人都是喜歡中國菜的年輕人：

> 每天營業時間，從十一點到半夜，金寶（Gimbel's）都有女服務生在服務客人。女服務生的男朋友是華爾街百萬保證收入職員的一員。餐廳有成群的布朗克斯區女傭，聒噪不休，一邊嘰嘰喳喳聊著電影，一邊大快朵頤地吃什錦菜。還有普林斯頓的大學生（當然是到貧民窟嚐鮮囉），甚至還會遇到隔壁鄰居。陳記的環境沒有侷限於西方風格，女孩與女孩跳舞，男孩與身邊的人跳舞。價格低廉，基層勞工也消費得起。陳利讓顧客只要花五十五到八十五美分，就能欣賞到價值五美元的歌舞表演。雖然表演不是頂精彩的，但是客人似乎很喜歡，一邊大口吃炒麵配東方洋蔥，一邊大聲鼓掌喝彩。[12]

這些餐館老闆都很清楚，自己賣的不是魚子醬配香檳，而是大家都喜歡、但是沒人會想花大錢來買的雜碎和火腿起司三明治之類的餐點。真正的利潤來自薄利多銷，還有賣酒。這些生意人盡量租大一點的空間，販售五花八門的外國雞尾酒。

中美特色餐點，從雜碎、蘑菇雞片到胡椒牛排，最後都失去了異國風味。伍德豪斯（P. G. Wodehouse）

1938 年到 1962 年，舊金山的紫禁城夜總會裡，有亞裔美國樂師、舞者、脫衣舞孃和魔術師進行表演。藝人通常被冠上「中國辛納屈」之類的綽號，吸引非華人的顧客。
（Virtual Museum of the City of San Francisco）

在一九一六年出版的小說《意外之財》(*Uneasy Money*)裡，把雜碎與紐澤西蚊子、伍爾沃斯大樓(Woolworth Building)和玉米棒並列為「偉大的美國特產」。在紐約那種大城市，最受歡迎的中國餐廳的菜餚變成了日常菜單：

> 雜碎變成了重要的餐點。雜碎、三明治和沙拉競爭激烈，爭相成為約翰街、戴街和福爾頓街的年輕女打字員和話務員偶爾吃的餐點。雜碎也與咖啡配兩種蛋糕爭相成為西三十四街的百貨公司銷售員休息時吃的餐點。午餐時間，在富蘭克林街、杜安街和窩夫街工作的女性勞工，都急忙湧入華埠。對她們而言，那個地方不是有趣的東方移民區，單純只是用餐的好地方而已。[13]

在辛克萊．路易斯描繪地鼠草原時作為參考範本的那些中西部鄉鎮，中國食物大概在一九三〇年代始終都保持著神祕。(小鎮裡閱歷豐富的人經常覺得，只有當地的中國餐館能令他們著迷，而且營業到很晚。)除了中國餐館，汽水販售櫃檯、簡餐店、學校自助餐廳、軍營餐廳、教堂晚餐，甚至曼哈頓最頂級的鸛鳥俱樂部，都提供雜碎(鸛鳥俱樂部裡的雜碎是用菰米、奶油、芹菜、菠菜和大牛肋排做成的)。雜碎在勿街出現四十年之後，變成了美國菜，便宜、有趣，又容易填飽肚子。

美國人喜歡雜碎，一來是因為結合多樣食材、烹煮方式特殊和久久不散的遠東風味，二來是因為雜碎滲透了大文化，在不同的背景中呈現出不同的意義。食譜讓家庭主婦能夠做雜碎和其他中國菜，不過，醬油和豆芽等食材在大城市之外仍舊難以買到。到了一九一五年，芝加哥的利比麥內爾利比

（Libby, McNeil & Libby）之類的區域性公司，開始把雜碎作成罐頭，送到百貨商行販售；不過，顯然這項商品平淡無味，不吸引人，並不受歡迎。一九二〇年，在底特律有兩個人，華利·史密斯（Wally Smith）和伊韓·紐（Ilhan New）開始在史密斯的浴缸裡種豆芽，採收後裝成罐頭。四年內，他們的公司，名叫辣炒（La Choy），已經有一整個系列的罐裝中國食物在市場上販售：豆芽、香菇、炒麵的脆麵條、中國蔬菜（荸薺和竹筍的混合）、「中國醬油」、「棕醬」（一種糖漿作成的美味滷汁）。標籤上頭寫道，現在「花十分鐘，就可以做出道地的雜碎或炒麵」。辣炒所發出的數百萬冊食譜小手冊上頭寫道，只要把肉、洋蔥和芹菜加在一起炒一炒，再加入辣炒的蔬菜，還有中國醬油和棕醬，炒好後配飯或炒麵吃。半手炒的雜碎吃起來比罐裝的好吃，因此，辣炒很快就擺滿百貨商行的商品陳列走道。（辣炒現在是康尼格拉食品所擁有，仍舊是罐裝美國中式食品的領導品牌。）

二十世紀初，中國餐廳以外的地方也出現了名稱裡有「雜碎」這兩個字的食物，這就是雜碎滲透美國文化的鐵證。汽水販售櫃檯開始賣「雜碎聖代」，就是「細碎的棗子、櫻桃、無花果、葡萄乾、香櫞和各種核果，混在一起，作成櫻桃色的糖漿，淋到圓形的鮮奶聖代上面……再撒上一些核果」。[14] 二十年後，這項食品的製作方式，變成細碎的新鮮熱帶水果加櫻桃糖漿調味，倒到冰淇淋上面，加上香蕉切片、核果和打發鮮奶油。大約在同一時間，還出現另一道模仿雜碎做出來的「美國雜碎」。《奧爾頓晚間電報》（*Alton (IL) Evening Telegraph*）報導，這道中國菜（「十分美味」，接著說，美國雜碎或許更合普通人的胃口）。食譜如下：

1916年紐約華埠萬芳樓（Oriental Restaurant）的菜單，不僅有燕窩湯和魚翅，也有「雜碎」和炒麵。（From the Harley Spiller Collection）

把一塊胡桃大小的奶油放入平底鍋。等鍋油變熱之後，把一磅半的漢堡排煎到變棕色。加熱一罐番茄。煎四顆中等大小的洋蔥。把兩杯通心麵或義大利麵煮熟。在各項食材上加入適當的調味料。把通心麵的水瀝乾。把通心麵、洋蔥和番茄倒到鍋子裡，與肉一起用文火煎五分鐘。五分鐘後，美味又豐盛的午餐就完成了，夠六、七個人吃，不需要小菜。[15]

今天在新英格蘭和中西部的鄉村地區，大家在家裡依舊會做這道菜，幾乎一模一樣，這道菜吃了容易飽，適合做苦工的人。《奧爾頓晚間電報》的記者坦承，雜碎其實不過就是什錦的另一種說法。

在餐廳櫃檯和家裡的餐桌之外，還有一項流行藝術的表演者也善用雜碎的概念。早在一九〇〇年，就有人認為中國菜很有趣，生氣勃勃，非常吸引人。那為什麼不把中國菜的概念融入歌曲、電影或輕歌舞劇表演之中呢？那年，有一段二十四秒的短片，名叫《在中國餐館裡》（*In a Chinese Restaurant*），以雜碎作為主題，由美國電影放映機與傳記公司（American Mutoscope and Biograph Company）製作，影片中，包厘街的名人查克．康納斯（Chuck Connors）和兩名中國男子坐在一張桌子旁，一邊吃著雜碎，一邊熱絡聊天，不同文化的人像好哥們兒般親密的這一幕，八成嚇到許多觀眾。爾後幾十年間，中國餐館出現在幾部電影中，通常是代表都市勞工階級光顧的典型餐廳，在那種地方，經常有個性強悍的舞孃在談論自己的男人，或者有警察愛上黑社會的女流氓。這些電影偶爾會呈現白人奴隸的老舊刻板印象。在哈洛．洛伊德（Harold Lloyd）一九一九年的短劇《大鬧雜碎館》（*Chop Suey & Company*）裡，有一名警察，雖然十分英勇，但是耳根子很軟，誤信有邪惡的中國人意圖綁架一名在一家雜碎餐館用餐的年輕女子。鬧了許多笑話之後，他才發現，原來女子是演員，正在排練一齣戲。有些戲透露出大國沙文主義，像是蓋兒・亨利（Gale Henry）一九一九年的喜劇《女偵探》（*The Detectress*），戲裡有一種特殊的眼鏡，能讓人看見雜碎裡到底有什麼：死蜻蜓、繩子、鞋底和小狗。有一部罕見的電影，把這些刻板印象更沉重地投射到中國餐廳的背景，就是一九三〇年粗製濫造電影《東即是西》（*East Is West*），由陸・艾瑞斯（Lew Ayres）主演。在這部電影裡，由露珮・薇蕾姿（Lupe Vélez）飾演的年輕敏朵被救出了火坑，然後被帶到舊金山。她在舊金山吸引了愛德華・羅賓森（Edward G. Robinson）所飾演的楊查理的注意，楊查理是在舊金山掌控雜碎餐館最重要的首腦。在緊要關頭，他們發現敏朵根本不是中國人，而是白人傳教士的孩子，因此最後嫁給了陸・艾瑞斯所飾演的男主角。（《紐約時報》的書評寫道，連低俗的雜誌也不會隨便刊載這麼無聊的故事。）

早期有些歌詞在談到中國菜時，也會扯到種族。一九〇九年，廣獲喜愛的非裔美國輕歌舞劇表演者伯特・威廉斯（Bert Williams）創作了〈鬼子，鬼子，中國鬼子〉（Chink, Chink, Chinaman）這首曲子，一開始是這樣寫的：「街上曾經有家雜碎館／白人男孩聚集／整天唱著鬼子鬼子中國鬼子／整天製造噪音。」這位旁白演員後來決定搬到非裔美國人的社區，但卻發現就連那裡的居民都在唱「鬼子鬼子中國鬼子」。到一九二〇年代，這些刻板印象變得了無新意，被過度濫用——至少有些呈現得極度露骨的刻板印象是這樣。那個時代最流行的舞蹈是爵士狐步舞，催生出與雜碎相關的舞曲，像是一九二三年的〈嗨，李！嗨，羅——我愛你，狐步雜碎〉（Hi Lee Hi Lo–I Love You Chop Suey a la Foxee）路易斯・阿姆斯壯有名的〈雜碎小號〉（Cornet Chop Suey），是一首樂器演奏舞曲，旋律輕快活潑。兩年後，瑪格麗特・約翰森（Margaret Johnson）錄製了席尼・畢雪（Sidney Bechet）詼諧幽默的〈我走了，誰來雜你的碎？〉（Who'll Chop Your Suey When I'm Gone?）。

有件事兒，心肝寶貝，令我傷心。
我要是丟下你，我會擔心你的未來。
這實在令我傷腦筋啊——實在令我擔憂啊！
我走了，誰來雜你的碎？
星期日早上誰來炸玉米餅給你吃？

白人歌曲創作人模仿非裔美國藝人，用食物為主題，創作新奇的歌曲。例如，〈一碗雜碎和你〉（A Bowl of Chop Suey and You-ey），來自一九三四年傑克・奧克（Jack Oakie）的音樂劇《孤注一擲》（*Shoot the Works*）：

瞧瞧我們逛進來的這個地方，
不是阿拉伯人的店，也不是印度人的店，
只是中國人的餐館，這家餐廳不高檔，
我不要點飯或茶，吸引我的是別的。

我只要來碗雜碎，來碗雜碎和你，
一張舒適的雙人小桌子，和你一起吃碗雜碎。

類似這樣的歌曲太多了。這道中國菜、娛樂和戀愛結合而成的菜，持續燉到一九五〇年代，經典歌曲有路易斯・普利馬（Louis Prima）和凱莉・史密斯（Keely Smith）的〈雜碎、炒麵〉（「雜碎、炒麵、豆腐和你，我徹底瘋狂……」）。或許是以食物為主題的歌會讓人變得輕浮吧！只有羅傑斯（Rogers）和漢默斯坦（Hammerstein）的歌〈雜碎〉，來自一九五七年的音樂劇《花鼓歌》（*Flower Drum Song*），拒絕描繪卡通般的畫面，比較嚴肅地談論種族議題，反映出當代人開始比較嚴肅看待這些議題。

視覺藝術家也開始使用中國餐館作為繪畫的題材：雜碎餐館現在是典型的都市背景。從墨西哥藝術家密骨・柯瓦盧必亞斯（Miguel Covarrubias）在《浮華世界》（*Vanity Fair*）畫的非寫實漫畫，到雷吉諾・馬許（Reginald Marsh）比較樸實寫實的作品，都可以見到雜碎餐館。雷吉諾・馬許一九二九年的蝕刻版畫《二號雜碎舞者》（*Chop Suey Dancers #2*），描繪三對穿著時髦的女子正在一家中式夜總會裡練習舞步——可能是在吃午餐時間。背景是牆邊的一排雅座，有個穿著一身黑的模糊身影，可能是中國服務生，快步走過，看似斜眼看著那些女子。描繪中國餐館的畫裡，最有名的可以算是愛德華・霍普（Edward Hopper）一九二九年畫的《雜碎》（*Chop Suey*），與他的許多作品一樣，畫面裡充滿強烈的憂愁之情。畫面前景是兩名女性，都戴著鐘形帽，在一家位於二樓的中國餐館裡，坐在用餐區的一張小桌子旁。可以看見窗外一面大招牌的一部分，上頭寫著「碎」，還有防火逃生梯的一小段。可能是冬天，因為有一名女性的黃色外套掛在掛鉤上。其中一名女性穿著淡紫色上衣，背對著我們。她對面坐著一名女性，穿著綠色毛衣，顏色在陽光照射下變淡了；帽子下的臉非常慘白，嘴唇鮮紅，雙眼炯炯有光，似乎是聽了同桌友人說的話，感到驚訝或難過。這兩個女人之間的桌子上，擺著一個淡粉紅色的茶壺，和一個藍色的空碗。或許畫中這獨特的場景，雜碎餐館，是要營造緊繃與失落的氛圍吧！

到了一九二〇年代，雜碎和炒麵已經在美國飲食中占得一席之地，與火腿蛋、咖啡配餡餅和星期日燉牛肉並駕齊驅。對那些不屬於主流文化的人而言，吃中國菜提供一條能夠融入的路徑，證明自己屬於主流文化。位於小街二樓的雜碎餐館格外吸引在紐約、芝加哥和許多其他都市地區長大的猶太移民的孩子。到一九二五年，美國的猶太移民遠超過一百萬，大都來自東歐和俄國。猶太移民大都繼續遵奉舊世界正統猶太教的教規，認為食物與神靈密不可分：飲食是另一種敬神的方式。每餐一開始都會禱告，求神淨化酒、麵包和其餘的菜餚。（當然，猶太教的飲食不只重視該吃什麼，同樣重視不該吃什麼。）猶太教的潔食（kashrut）飲食規定，有許多食物是不能吃的，包括豬肉、兔肉、鰻魚、蝦子、龍蝦、昆蟲（某些蚱蜢例外），還有，只要不是由合格的潔食屠夫依規定宰殺的肉，都不能吃。肉品和乳製品不可以一起吃，也不可以放在同一口鍋子裡煮。食物如果不是猶太人做的，或者沒有拉比監督烹煮的過程，就不能多吃。相較之下，中國的飲食傳統是什麼都吃，誠如林語堂所說的：「中國人口過多，饑荒處處可見，所以能找到什麼，就吃什麼。」[16] 儘管差異如此之大，抑或許也是因為差異如此大，對於第二和第三代的美國猶太人而言，中國餐館感覺就像家一樣自在。

在一九二〇、三〇年代，中國餐館吸引了來自四面八方的成年猶太人。起初，他們會受到宗教習俗影響，因為他們的移民父母都謹守猶太教的習俗。猶太人來到美國之後，大多數前往大城市，定居於人口稠密的猶太區。在紐約的下東區，幾乎每個街區都有猶太會堂，通用語言是意第緒語，而不是英語。這些猶太社區保守封閉，是鮮少與外面社會接觸的文化貧民窟——其實，下東區的猶太人甚至根本很少會到鄰近的華埠。不過，對於受過美國教育的猶太移民的孩子，這種舊世界的猶太身分在許多方面都是死胡同。來自歐洲的猶太移民因為歐洲戰火延燒，政局動盪不安，反猶太主義高漲，而無法回到祖籍。他們的孩子在美國出生，可能一輩子都會住在美國。如果他們想要成功，就得會說英語，而且捨棄猶太教所規定的外在打扮，像是男人留鬍子和側邊髮辮，女人包頭巾。當猶太家庭從市中心的貧民窟搬遷到比較新的中產階級社區，與更多種族混居，就更加需要同化。同化其中的一環就是，習慣他們在學校所接觸到的外國飲食習慣（像是火腿三明治配牛奶）和工作環境。移民小孩的父母很少到外面用餐，甚至從來沒有在外面用餐過，他們只有吃自己準備的食物才能吃得安心。不過，在工廠和辦公室工作的年輕猶太人，偶爾會受到同事邀請到外面用餐，一般都是到餐廳吃，接觸陌生的用餐習慣，像是看菜單點菜，吃不符合潔食標準的神祕食物。在這個年代，下班後用餐找樂子最受歡迎的餐廳就是中國餐館。

我們在賀曼．伍克（Herman Wouk）一九五四年的暢銷小說《癡鳳啼痕》（*Marjorie Morning star*），可以看見第二和第三代的猶太人面對跨越飲食鴻溝吃中國菜時所遭遇的困難。故事是從一九三三年左右開始，主角是一位名叫瑪裘瑞（Marjorie）的女性，她的父母是來自東歐的移民，成就斐然，從布朗克斯區搬到了豪華的黃金國（El Dorado）——位於西中央公園（Central Park West）的一棟公寓大樓。她就讀亨特學院（Hunter College），由於才貌出眾，因此在《天皇》（*The Mikado*）一劇中飾演主角。演那齣戲的時候，她結識了瑪莎・卓藍可（Marsha Zelenko）。兩人剛結識不久時，有一天晚上，瑪莎帶瑪裘瑞到外面用餐：

她們走到一條小街上的一家舊褐砂石屋，爬上一段階梯，到了一扇門前，門框是一個金色的大龍口，龍耳上有個招牌寫著「迷風玉園」（Mi Fong's Jade Garden）。她們走過有一根根牙齒突起的龍下巴，走進亮著深紅色燈光的廳房，廳房裡有焚香的味道和烹調的古怪味道。瑪裘瑞慶幸自己沒有保證一定會吃，她本來就半信半疑，認為中國餐館用貓肉、狗肉和鼠肉做食物，這股無所不在的臭味似乎或多或少證實了她的懷疑沒有錯。[17]

瑪莎在小說裡是一名被同化了的紐約猶太人，大膽又聰明。她告訴瑪裘瑞中國菜十分美味，「而且便宜到極點，四十美分就能吃一頓大餐。」第一道菜是跟著新加坡司令雞尾酒一起送上桌：一個盤子「擺滿肥美的棕色東西」——蝦子。瑪裘瑞猶豫要不要吃，因為她從未吃過蝦子。瑪莎問道：「妳必須遵守潔食規定，是嗎？」「呃，我不太遵守。」瑪裘瑞答道。「我的家人會遵守。我只是不敢吃豬肉或是有殼海鮮。」最後，在瑪莎的勸誘下，瑪裘瑞終於願意品嚐中國菜，先從湯開始：「瑪裘瑞舀了幾湯匙的湯，忐忑不安地喝下去，覺得味道很辣，但是還不難喝。不過嚼到一些很像橡皮筋或蟲子的東西時，她急忙把嘴裡的東西全都吐出來，把湯推開。」[18]接著端上桌的是「牧雅杏仁」（Mook Yak with almonds），這道主菜裡有「一些油脂類的東西、蔬菜和動物肉」，擺在白米飯上面。餐館老闆說這肉是羊肉，不過瑪裘瑞知道豬肉是什麼味道。但是，她還是吃了：

瑪裘瑞擔心自己看起來像是在暗示瑪莎說謊，為了避免讓她尷尬，假裝很開心地吃起那道菜，管不了那到底是什麼東西。她用勺子想挖肉下面的米飯來吃，不過，燈光昏暗，餐具油膩膩的，費了好一番功夫才挖起來。不久後，她嚼到一大塊活像橡膠的肉，突然猛烈地咳嗽了起來，掏出手帕把食物吐在上面，然後將食物推到她的盤子旁邊，再也沒有吃任何一口。[19]

儘管瑪裘瑞心裡不舒服，但是那一餐對她而言仍舊是人生的轉捩點，因為用餐期間瑪莎說服她以戲劇為職業。

差不多在小說的四百頁之後，約莫三年後，瑪裘瑞第二次吃中國菜就吃得津津有味了。此時，她是個功成名就的戲劇女演員，遊歷世界各地，男朋友是波希米亞的戲劇作家，名叫諾爾．艾曼（Noel Airman）。彩排完他的歌舞劇大作之後，他在公寓裡舉辦一場小派對，請大家喝高球雞尾酒，吃外帶的中國菜：

這頓晚餐真是棒呀！吃自助餐，切成一片片的粉紅色豬肉，擺在盤子裡，還有蛋捲、炒麵、炸龍蝦和米飯。瑪裘瑞解開束縛，什麼都吃。不過她從來沒有刻意去吃豬肉，她不止一次懷疑自己吃到了豬

從 1959 年開始，紐約下東區的埃塞克斯街伯恩斯坦（Bernstein-on-Essex）率先賣起中式猶太潔食菜餚，菜單上有蘑菇雞片和猶太燻牛肉三明治（pastrami sandwiches）可以點用。
（Beth Hatefutsoth, Photo Archive, Tel Aviv）

肉，不過仍舊繼續吃。她看見倫伯格夫人（Mrs. Lemberg）拿了好多豬肉到盤子裡，才赫然驚覺，自己不應該再惺惺作態，假裝自己與眾不同，不吃豬肉。於是她拿了幾片豬肉，沾滿芥末醬，輕輕鬆鬆就吞下肚。吃豬肉讓她感到一種奇特的自由解放，同時卻也感到一股強烈的噁心厭惡。[20]

從這裡我們知道，瑪裘瑞最後拋棄了祖先的習俗，徹底被美國的生活方式所同化。那天晚上稍晚，又喝了一些高球雞尾酒之後，她失去了貞操。這個經歷一樣令她同時感到解放與厭惡。在小說的結尾，她最後拋棄一無是處的男朋友，嫁給一名優秀但卻無趣的律師，名叫米爾頓・施華茲（Milton Schwartz），定居在威斯特徹斯特的郊區，養家育子。

伍克的結局暗示現在是四個孩子的母親的施華茲夫人，最後戒除了邪惡敗德、沾染色慾的中國菜，謹守猶太的潔食規矩。不過，在現實世界，大部分的美國猶太人，包括嚴守猶太教規的人，都無法抗拒誘惑，喜愛雜碎、炒麵、炒蝦、烤豬肉，還有許多猶太教規定不能吃的食物。一九三六年，在芝加哥出版的《守衛猶太食譜》（*Sentinel Jewish Cook Book*），記載了多項烹調的方法，像是完全自製的雜碎、罐裝的雜碎和芙蓉蛋。同年，一份猶太報紙報導，中國餐館連下東區都占據了，在瑞納乳製品餐廳（Ratner's Dairy Restaurant）和凱賜熟食餐廳（Katz's Delicatessen）所在的街區裡，共有十八家中國餐館。在布朗克斯區和布魯克林區，社區不規則延伸，到處都是兩層樓的排屋和中產階級的公寓建築，雜碎餐館的霓虹招牌與義大利紅醬餐廳和美國咖啡簡餐店爭搶生意，吸引顧客。東歐移民的孩子、孫子與紐約的其他族群一樣，被相同的特色所吸引：中國菜便宜，容易填飽肚子，而且夠神祕。點一盤炒麵，就能顯得閱歷豐富，與眾不同，有別於舊世界的移民，即使他們的衣服仍舊總是散發出東歐猶太村莊的味道。不過，這兩種文化的融合並非完美圓滿，在一九三〇年代仍舊出現一些嘲諷猶太人吃中國菜的愚蠢創作。

在一九三八年《女模特》（*Mannequin*）這部電影裡，瓊・克勞馥（Joan Crawford）飾演一名強悍的女孩，來自赫斯特街（Hester Street），嫁給了一無是處的男友。婚禮在一家中式猶太菜餐廳舉辦，有一名服務生，名叫何洛維茲（Horowitz），穿著中國服飾，端著一盤中式猶太魚餅凍，送到新婚夫妻的餐桌上。（其實還有更奇怪的事發生，在地蘭西街的瑞納，許多服務生都是中國人，但是卻能夠與大都是講意第緒語的顧客流利地說笑。）在意第緒語作家山姆・李新（Sam Liptzin）的〈男人為了謀生什麼都肯幹〉（A Man Will Do Anything to Make a Living）這篇故事裡，有對夫妻開過「糖果店、百貨商行、民宿、婚姻介紹所、餐館、餐廳、麵包店、五分一角商店」[21]都失敗後，思考著接下來要做什麼。最後，妻子決定開一家中國餐館。於是丈夫取了余方這個中國名字，學習用筷子吃魚餅凍，開了一家餐廳，廚師、服務生、洗碗工都是中國人。他們等了又等，過了兩個月仍沒半個客人上門。「余方！」妻子說，「咱們得放棄這生意。我們是猶太人，不是中國人。我們無法與他們比啊！」[22]

逐漸地，美國猶太人發現猶太與中國菜有許多相似之處，像是使用大蒜、洋蔥、芹菜和雞肉，不使用奶類。然而，他們仍須解決猶太菜潔食規定的問題，中國菜普遍含有殼海鮮和豬肉。對於嚴格遵守猶太教教規的人而言，中國菜顯然是不潔的。猶太教有一種傳統的詮釋方式，刻意找出教規的漏洞，讓大家有些空間能夠吃中國菜。要如何在遵守猶太教規定的原則下吃中國菜，面對這個問題，貪吃又有創意的人想出了「安全不潔的食物」這個概念，也就是不潔但可吃的食物。豬排還是不能吃的，但是豬排雜碎就可以吃，因為肉切成小塊，藏在一堆沾滿醬料的蔬菜下面。（安全不潔的食物顯然是一種十分遷就的詮釋。）雖然中國的湯幾乎都會有加火腿調味，但是中國的湯也是可以吃的，因為裡頭的豬肉是看不見的。那蝦子和龍蝦呢？不知道為什麼，猶太人可以接受中國餐館裡賣的蝦子和龍蝦，或許是因為廚師和服務生都不是基督徒，而且在美國比猶太人更像外國人吧！相較之下，到鄰近的義大利餐廳用餐，反而使猶太人更加覺得不自在，因為歐洲基督教徒迫害猶太人的漫長歷史，猶太人記憶猶新。由於中國菜十分新奇，吸引猶太人想辦法把中國菜變成符合規定的食物，接下來的三十年間，美國猶太人成了喜歡吃中國菜的少數族群。

雜碎美國化之後，有一群人被換下場，而且幾乎被遺忘：那群人就是中國人。不過，與一八八〇年代的中國人得擔心生命安危相比，算是進步了。中國人現在做生意，不用再擔心附近會有暴民來燒掉他們的房子，把他們趕出城。美國人漸漸對中國人改觀，屏棄舊的偏見，尤其是在一九三七年日本入侵中國之後，美國人一開始以為中國人只是受害者，當中國人展開反擊之後，美國人才發現，原來中國人是勇敢的自由鬥士。在電影裡，聰明幹練的陳查理（譯註：美國作家厄爾．德爾．比格斯筆下的華人警探，足智多謀、捍衛正義）取代了邪惡奸詐的傅滿洲（譯註：英國作家薩克斯．羅默筆下的虛構人物，狡詐陰險，在美國被視為中國反派的代表人物。傅滿洲與陳查理同為美國家喻戶曉的虛構華人角色）。然而，華裔美國人仍舊在社會邊緣過生活。《排華法案》仍舊有效，在中國的中國人不能移居美國，在美國的中國人仍舊不能成為美國公民。經濟大蕭條來襲之後，回到中國大陸的在美中國人變得非常少，男女比例變大（從一八九〇年的四比一變成二十五比一），多數的中國居民都沒有生孩子就死了。如果這樣的趨勢繼續發展下去，美國的中國人口將消滅殆盡。

這種悲觀的情況只有在夏威夷領地（Territory of Hawaii）是例外，在夏威夷，數十年來的餐廳業都是由中國人掌控。中國人從十八世紀末葉開始來到夏威夷，從一八五〇年到一八八二年《排華法案》出現，數千名來自廣東省的契約工被帶到這個小島，在製糖業中工作。中國南方的商人也來到夏威夷，設立貿易公司和商行，許多都是設立在檀香山剛開始發展的華埠。夏威夷的中國居民主要是來自珠江三角洲的中山地區（在澳門附近），還有來自廣東東部的客家人。他們與前往新世界其他地區的中國冒險家一樣，把中國菜帶到當地，主要是廣東與客家的農家菜餚。他們在鄉下開雜貨店，同時賣夏威夷和美國菜。在檀香山，大部分的廉價餐館都是他們開的。中國人本身都是到華埠用餐，在那裡可以吃到珠江三角洲的鄉村菜，主要有各式湯、粥、麵和餃子。一八八二年開業的和發酒家（Wo Fat），據說有一位來自中山的年輕人特別喜歡，他叫孫逸仙，後來成為中國最受尊敬的革命領袖之一。一九〇一年，在檀香山至少有一家中國餐館是賣比較精緻的餐宴菜餚——「醃臘雞、魚翅、新鮮蓮藕、鴨肉、能夠下咽的燕窩配切雞肉、醃黃花魚頭、醃雪珊瑚枝、杏仁鮮龜肉、金錢雞和中式蛋塔」[23]——不過，這是例外。

一八九〇年，夏威夷有百分之二十的人口是中國人，不過，自此之後，由於嚴格的移民法規，中國居民人數就慢慢減少。儘管如此，中國人在夏威夷的生活中仍舊扮演重要的角色，主要是農夫、商人和工廠老闆。許多中國人與當地的夏威夷人通婚，促成文化融合，傳教士也樂見出奇多的中國人改信基督教。由於來自美國本土的觀光客暴增，為了順應觀光客的需求與期待，當地的商家不得不改變：大部分的中國餐館在名稱上都加了「雜碎」，和發酒家變成了和發雜碎酒家——這樣觀光客就知道裡頭有賣雜碎。儘管如此，夏威夷的中國人靠著人數、文化長處以及與中國關係密切，來維續傳統。一九四一年，檀香山基督教女青年會華人委員會（Chinese Committee of the Honolulu YWCA）編撰了一本食譜，書名為《中國家庭烹飪食譜》（*Chinese Home Cooking*），編撰者可能是瑪莉．李．西亞（Mary Li Sia），她是食譜作家，也是基督教女青年會的中國烹飪指導員。這本食譜裡記載超過一百種菜的製作方法，公開呈現當地中國人喜歡吃的菜單，像是豬腳薑、苦瓜炒牛肉、蔬菜麵筋鮑魚、許多種「長米」（米粉）作成的食物，還有九種雜碎。他們的烹調方式可能與觀光客在家鄉所熟悉的不太一樣，不過，觀光客的人數與消費遠少於華埠居民。夏威夷的中國人保持自己獨特的飲食文化，比美國本土的中國人更加久遠。

一九三〇、四〇年代，華裔美國人繼續仰賴開餐館和家庭洗衣店維生。不過，此時他們有競爭對手了，機械化的大型洗衣店使得中國洗衣工失業。中國人不再壟斷雜碎和炒麵，因為美國人學會自己烹煮這兩道菜；還有禁酒時期結束，非華人經營的夜總會變得高朋滿座，雜碎餐館裡的寬敞舞池反倒變得冷冷清清。全美境內仍有二十八個華埠，但只有舊金山和紐約的華埠人口增加，出人意料之外的是，此時全國最大的舊金山華埠遠近馳名，不再是骯髒神祕的貧民窟，而是熱鬧的現代觀光勝地：

確實，華埠現在不只乾淨，而且古雅，活像一處展示東方之美的常設展覽，座落在美國都市生活的灰色單調之中。建築的風格與裝飾經常具有東方的色彩與設計。這裡有商店展示東方藝術，吸引觀光客。「中華會館」大樓的樓上有寺廟，在那裡，親切的嚮導會敲響聲音深沉的銅鑼，焚香，在雕刻精美的彩色觀音（觀音是慈悲女神）神龕前面搖算命籤，還會發送紀念品——不過這是要錢的喔！[24]

舊金山和紐約這兩個城市的最重要地區的主要街道分別是格蘭特大道和勿街，在這兩條主街上，閃閃發亮的雜碎招牌和古董店林立。在小街上，中國人也有經營生意，像是開百貨商行、茶行、診所、製麵工廠、印刷行和糕餅店。確實，這兩座城市裡的華埠是製造與批發中心，生產中國餐館所需要的許多種產品，從進口茶葉和醬油到杏仁餅乾和餐館菜餚。這些產品從紐約運送到密西西比州以東的餐館，舊金山則包辦美國西半部的買賣。

紐約和舊金山的華埠餐館有兩種，一種是專門服務中國顧客的，另一種以服務非華人顧客為主。一九三九年，一八六五年在舊金山一樣，中國人與非常需要大型餐宴餐館，在假日、婚禮、週年紀念日和商業聚會時，舉辦餐宴。就在那一年，拯救中國兒童委員會（Committee to Save China's Children）在紐約華埠宰也街（Doyers Street）的中國帆船酒店（China Clipper）舉辦募款餐會，菜色有豆腐湯、杏仁燉棕鴨、中國蔬菜骰子乳鴿肉、「中國棕色起司」（豆腐）雞肉、廣東麵、甜辣蝦、米飯、甜點湯和蓮花酒。這是真正的廣東餐宴菜，相對於侷限四邑地區的菜餚。此外，在堅尼街的林芳（Lum Fong），主要菜色有雜碎、炒麵、芙蓉蛋、雞湯麵、炒飯、番茄牛肉、黑胡椒牛排和蛋捲，不過林芳說，蛋捲已經改成美國菜了。再加一兩美元，顧客就能點蘑菇雞片、廣式龍蝦、蝦沾龍蝦醬，還有一些其他的

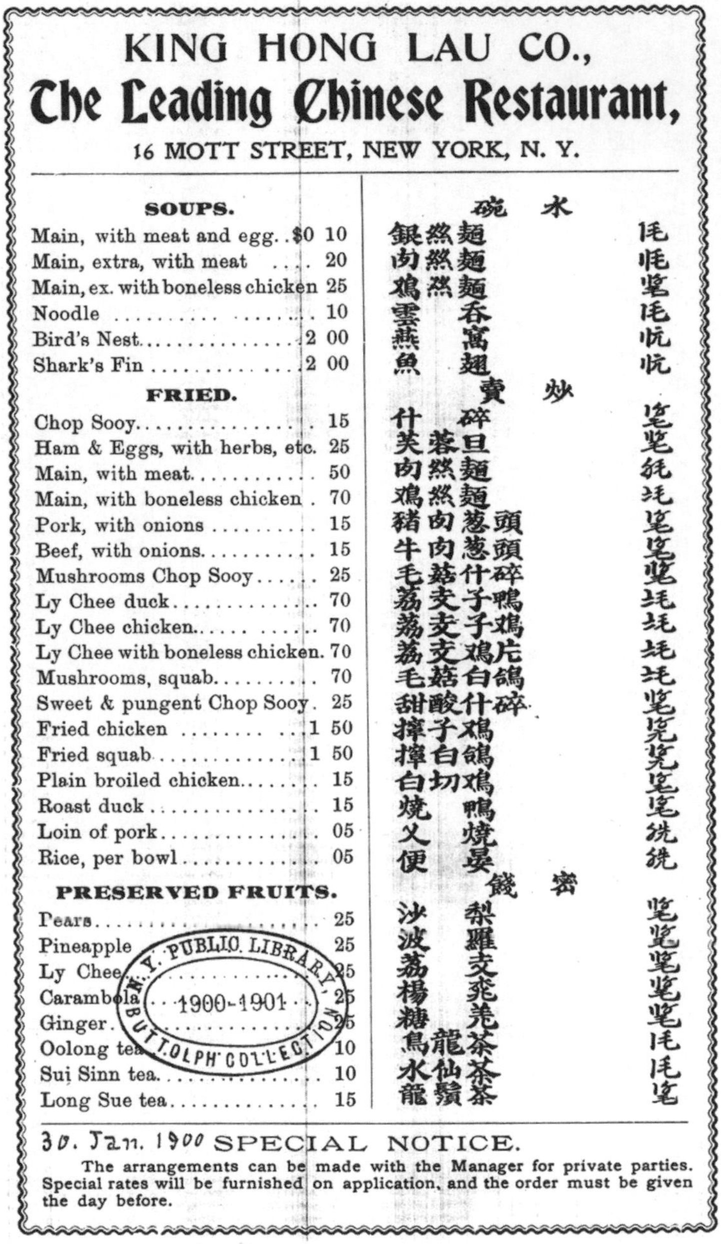

KING HONG LAU CO.,

The Leading Chinese Restaurant,

16 MOTT STREET, NEW YORK, N. Y.

SOUPS.		水碗
Main, with meat and egg	$0 10	銀絲麵
Main, extra, with meat	20	肉絲麵
Main, ex. with boneless chicken	25	鷄絲麵
Noodle	10	雲呑
Bird's Nest	2 00	燕窩
Shark's Fin	2 00	魚翅
FRIED.		炒賣
Chop Sooy	15	什碎
Ham & Eggs, with herbs, etc.	25	芙蓉旦
Main, with meat	50	肉絲麵
Main, with boneless chicken	70	鷄絲麵
Pork, with onions	15	豬肉葱頭
Beef, with onions	15	牛肉葱頭
Mushrooms Chop Sooy	25	毛菇什碎
Ly Chee duck	70	荔支子鴨
Ly Chee chicken	70	荔支子鷄
Ly Chee with boneless chicken	70	荔支鷄片
Mushrooms, squab	70	毛菇白鴿
Sweet & pungent Chop Sooy	25	甜酸什碎
Fried chicken	1 50	揸子鷄
Fried squab	1 50	揸白鴿
Plain broiled chicken	15	白切鷄
Roast duck	15	燒鴨
Loin of pork	05	叉燒
Rice, per bowl	05	便晏
PRESERVED FRUITS.		蜜餞
Pears	25	沙梨
Pineapple	25	波羅
Ly Chee	25	荔支
Carambola	25	楊桃
Ginger	25	糖羗
Oolong tea	10	烏龍茶
Sui Sinn tea	10	水仙茶
Long Sue tea	15	龍鬚茶

30. Jan. 1900 SPECIAL NOTICE.

The arrangements can be made with the Manager for private parties. Special rates will be furnished on application, and the order must be given the day before.

1900 年，勿街上的金鴻樓有白人顧客，賣湯麵和雜碎，點心是茶配甜點。
（From the Harley Spiller Collection）

特色菜。有些餐館也有賣炸餛飩，他們稱之為猶太餃子（kreplach），一種包肉餡的小餃子。在美國的其他地區，只有像林芳這種美式中國菜。如果想要吃比較有趣的菜餚，可以預先打電話訂不在菜單內的菜。在內布拉斯加州的奧馬哈，中國家庭或許能找到合口味的廣式餐點，不過還是得先確定有，才能上門光顧。一九四〇年代左右，中國餐館的菜色就不再推陳出新，中國菜變得平淡無味，與珠江三角洲的烹調方式天差地遠，競爭對手紛紛後來居上。中國菜失去了魅力，不再令人聞之興奮。若不改變，中國餐館很可能會漸漸沒落，乏人問津。

CHPATER 7

第七章

大啖北京烤鴨

DEVOURING THE DUCK

二戰後幾十年，中國餐館的老闆順利撐了過去。他們透過改變經營模式，來順應社會的變遷。他們跟著美國人離開市中心，遷到萊維敦（Levittown）、紐約和伊利諾州的森林公園（Park Forest）等城市，在新的近郊住宅區開餐館。然而，在那裡他們遭逢競爭對手，新的速食漢堡攤商、炸雞餐廳和披薩店，也爭相賣餐點給又餓又忙的美國人。中國餐館利用長久以來的長項來競爭：能夠賣許多種廉價餐點的能力。菜單裡最重要的賣點就是「家庭餐」，其中包含幾道美國人特別喜愛的廣東菜，而且價格低廉。在田納西州諾克斯維爾的新喬楊（New Joy Young），最便宜的兩人家庭餐有四道菜：餛飩或中國蔬菜湯、芙蓉蛋或炒飯、什錦炒麵和蛋捲，一共只要三點二美元。（有些餐館把餐點分門別類，讓顧客可以「在各個分類的餐點裡都選一樣來搭配」，許多人認為這種點餐方式是來自這個時代。）只要花一點二五美元，就能吃到炒飯、蛋捲和雞肉炒麵。也可以單點，有廣式龍蝦、蘑菇雞片、美式牛排、紐堡龍蝦和三明治。不論如何，吸引最多顧客上門的，還是常見的廉價中國餐。

一九五八年《華盛頓郵報》（*Washington Post*）刊登了一篇文章，報導中國餐館生意遭遇的考驗。哥倫比亞特區有一百一十家中國餐館，生意大都不好：「雖然有些餐館大發利市，有的賺得差強人意，但是大部分的餐館還是只能勉強營生而已。」當地華人社群領袖認為餐館生意奄奄一息，而且中國餐館賣的餐點，中國味也與日俱減。有一名商人向記者抱怨餐廳老闆：「他們得做些公關工作。還要改善餐點、服務和用餐氣氛。中國餐館應該有令人愉悅的中式用餐環境，而不是鉻黃色、霓虹燈和自動點唱機。為什麼看起來華盛頓有進步，但是中國餐館卻沒有呢？」[1] 問題有很多，其中一個問題是，有抱負的年輕廚師不肯幹一年四千美元薪水的工作，因此，大部分的餐點都是老廚師做的，而老廚師都墨守陳規，只會用陳腐的方法做菜。有些大餐館試圖從香港或台灣將訓練有素的廚師送到美國，但是總是受限於移民法規，不得其門而入。

一九五四年，畫家威爾・艾爾德（Will Elder）在《瘋狂雜誌》（*Mad*）畫了〈餐廳！〉（Restaurant!）的連環漫畫。在漫畫裡，在一個美國典型的星期日下午，老爸決定帶一家人去吃午餐。[2]艾爾德在這個作品上塗滿他所稱的「雞油」，也就是有趣的笑料，圖畫中處處可見他逗趣的巧思。一開始就有許多逗趣的地方：史得力家在座無虛席的餐廳裡等待入座用餐，沒人來招呼；顧客和寵物叫嚷吵架，湯裡有蒼蠅飛來飛去，小孩頭上頂著夜壺跑來跑去，別的漫畫裡的角色跑過來串場，諸如此類。接著是畫一些通常令人火大的事情：坐到雅座，等待服務生收掉上一批用餐顧客的油膩餐盤、史莫力叔叔決定要吃什麼。最後，炒麵送來了。老爸聞了聞香噴噴的柔嫩麵條、炒洋蔥、豆芽菜、雞肉絲和雪白色的米飯，就在他用筷子夾第一口炒麵要送進嘴裡之際，娃兒說要上廁所。最後老爸終於能夠好好吃炒麵時，卻又發生了氣人的事，隔壁雅座有個調皮的小孩，打了他的腦袋。吃完這一餐之後，一家人發誓以後都在家裡吃就好，結果下個星期日又跑來同一家餐館——「望眼欲穿、垂涎三尺」——等著入座。在艾爾德描繪的畫面裡（除了誇飾的畫法之外），值得注意的是那家中國餐館是多麼沒有中國特色。必須仔細看才能注意到四處掛著紅色燈籠，只有一個服務生看起來像是亞洲人，看一下廚房，會發現裡頭沒有中國人，只有一群鬍鬚沒剃、渾身大汗、抽著大麻菸的廚師。儘管如此，飲食習慣和價格仍不斷把顧客吸回美式中國餐館。

在紐約、芝加哥和舊金山之類的城市裡頭與附近，有些餐館的老闆比較有錢，能嘗試改變餐館的裝

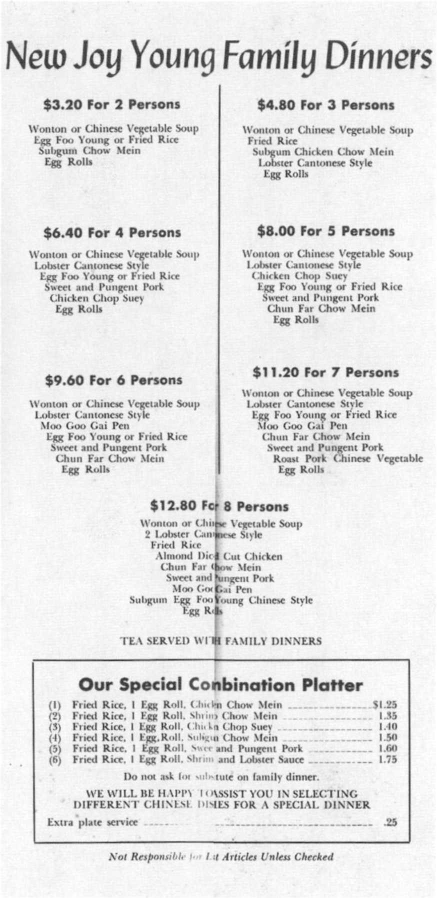

New Joy Young Family Dinners

$3.20 For 2 Persons

Wonton or Chinese Vegetable Soup
Egg Foo Young or Fried Rice
Subgum Chow Mein
Egg Rolls

$4.80 For 3 Persons

Wonton or Chinese Vegetable Soup
Fried Rice
Subgum Chicken Chow Mein
Lobster Cantonese Style
Egg Rolls

$6.40 For 4 Persons

Wonton or Chinese Vegetable Soup
Lobster Cantonese Style
Egg Foo Young or Fried Rice
Sweet and Pungent Pork
Chicken Chop Suey
Egg Rolls

$8.00 For 5 Persons

Wonton or Chinese Vegetable Soup
Lobster Cantonese Style
Chicken Chop Suey
Egg Foo Young or Fried Rice
Sweet and Pungent Pork
Chun Far Chow Mein
Egg Rolls

$9.60 For 6 Persons

Wonton or Chinese Vegetable Soup
Lobster Cantonese Style
Moo Goo Gai Pen
Egg Foo Young or Fried Rice
Sweet and Pungent Pork
Chun Far Chow Mein
Egg Rolls

$11.20 For 7 Persons

Wonton or Chinese Vegetable Soup
Lobster Cantonese Style
Egg Foo Young or Fried Rice
Moo Goo Gai Pen
Chun Far Chow Mein
Sweet and Pungent Pork
Roast Pork Chinese Vegetable
Egg Rolls

$12.80 For 8 Persons

Wonton or Chinese Vegetable Soup
2 Lobster Cantonese Style
Fried Rice
Almond Diced Cut Chicken
Chun Far Chow Mein
Sweet and Pungent Pork
Moo Goo Gai Pen
Subgum Egg Foo Young Chinese Style
Egg Rolls

TEA SERVED WITH FAMILY DINNERS

Our Special Conbination Platter

(1)	Fried Rice, 1 Egg Roll, Chicken Chow Mein	$1.25
(2)	Fried Rice, 1 Egg Roll, Shrimp Chow Mein	1.35
(3)	Fried Rice, 1 Egg Roll, Chicken Chop Suey	1.40
(4)	Fried Rice, 1 Egg Roll, Subgum Chow Mein	1.50
(5)	Fried Rice, 1 Egg Roll, Sweet and Pungent Pork	1.60
(6)	Fried Rice, 1 Egg Roll, Shrimp and Lobster Sauce	1.75

Do not ask for substute on family dinner.

WE WILL BE HAPPY TO ASSIST YOU IN SELECTING DIFFERENT CHINESE DISHES FOR A SPECIAL DINNER

Extra plate service ---- .25

Not Responsible for Lost Articles Unless Checked

廉價的「家庭餐」，像是田納西州諾克斯維爾新喬楊（New Joy Young）賣的這些餐點，是 1950 年代美式中國餐館的主要餐點。
（From the Harley Spiller Collection）

潢設計，增加新的菜色。典型的中國餐館裝潢數十年沒變過：雅座沿著牆面設置，桌子擺中間，燈籠吊在天花板上，牆上有一些廉價的中國印刷圖畫，一座擺放收銀機的櫃枱，門口擺放著展示用的雪茄和香菸。在一九五〇年代末期，餐館老闆開始雇用建築師，將內部改裝得別具匠心又有現代感，但有時甚至改得太過現代化。《紐約時報》曾說曼哈頓的皇后餐廳（Empress）是現代的丹麥式裝潢，卻又摻雜中式風格，令人看得摸不著頭腦：「牆是黑色和鮮紅色的，長形軟座是金色的，餐巾是鮮粉紅色的。」[3]這種趨勢在一九七三年達到巔峰，當時格瓦斯美席格聯合建築事務所（Gwathmey Siegel Associates）重新裝修珍珠中國餐館（Pearl's Chinese Restaurant），深受曼哈頓的權貴所喜愛。《紐約時報》的建築評論員稱讚珍珠的設計典雅高檔，運用簡單的幾何形狀（但造成噪音會在餐廳裡迴盪）。然而，雖然大部分的餐廳為了迎合顧客的喜好，改成了現代化的裝潢，但是菜色仍舊沒變。

一九三四年，原本在走私酒的海邊流浪漢恩尼斯特・雷蒙・波蒙・甘特（Ernest Raymond Beaumont Gantt）在好萊塢開了一家夜總會，取名為「閣下是海邊流浪漢」（Don's Beachcomber）。店裡販售獨特的蘭姆酒，包括他發明的殭屍調酒，酒吧用熱帶主題裝潢。三年後，他把夜總會改裝成餐廳，改名為「海邊流浪漢閣下」（Don the Beachcomber），賣起廣東菜，還添加了一些玻里尼西亞風味，大都用寶寶盤盛菜。這樣的創意成功引發熱潮，他甚至改名為唐・畢屈（Donn Beach）。維特・伯傑倫（Victor Bergeron）注意到這股風潮，這位年輕的老闆在奧克蘭開了一家酒吧，叫心機丁克酒館（Hinky Dink's Tavern）。他模仿「海邊流浪漢閣下」的蘭姆雞尾酒、熱帶風貌和廣式菜單，把餐廳改名為「商人阿維」（Trader Vic's）。他還增加了一些新創的菜色，像是臘肉捲、仰光蟹和加爾各答羊肉咖哩。然而，這兩家餐廳賣的主要菜單都是廣東菜，蛋捲、餛飩湯、烤豬肉、杏仁雞、番茄牛肉、炒飯等等。到了一九五〇年代，「海邊流浪漢閣下」和「商人阿維」已經在美國各地開了分店，後來許多業者爭相模仿，包括許多家中國老闆開的餐廳。芝加哥康提基俱樂部（Kon-Tiki Club）的廣告詞是：「逃到南太平洋吧！」在那裡，只要一點八五到三點二五美元，就能享受一頓全套的廣東餐。（酒吧賺了不少錢，加上寬敞的餐廳經常高朋滿座，餐點才能賣得那麼便宜。）這股廣東菜「玻里尼西亞」餐廳的熱潮持續到一九七〇年代，尤其在紐澤西的郊區，商街上多采多姿的餐館林立，像是東方饗宴（Orient Luau），供應熱門的吃到飽「夏威夷自助餐」。（現在只剩寥寥幾家，顧客大都是老居民和嬰兒潮世代懷念老餐廳而上門光顧，還有重新復興的提基酒吧熱愛者。）

這些花招仍不足以拯救典型的美式中國餐館，到一九六〇年代，顯而易見，雜碎、炒麵、芙蓉蛋等餐點，漸漸隨著華埠的老居民一同老去。最後一批「單身漢」世代（幾乎全是男性），在《排華法案》時代的前幾十年長大，在美國各地的中國餐館擔任廚房工作人員，此時漸漸凋零了。限制終於放寬了，又有來自中國的新移民開始進入美國。這些改變是循序漸進的。首先，《一九四三年麥諾森法案》（Magnuson Act of 1943）廢止了《排華法案》，終於准許居住在美國的中國人成為歸化公民。一九四七年，《戰爭新娘法案》（War Brides Act）為大約六千名華裔美國軍人的中國新娘打開了大門。在舊金山，華人夫妻的生育數增加超過一倍。共產黨占據中國之後，美國再度修改移民法規，准許來自中國的一些政治流亡人士取得美國公民身分。一九六五年，《移民暨國籍法》（Immigration and Nationality Act）廢除依國籍規定的移民限額，以家庭團圓為優先考量，數千名移民從台灣和香港湧入美國，全都帶著飲食傳統移居美國。美國華裔社群與他們在東亞的家人交流變得更加頻繁，促成這兩個地區的經濟文化聯繫更加緊密。在美國的中國菜開始改變，一開始是慢慢的。

在一本最早記載中國菜的食譜裡，不只是幾道美國廣式特色菜。一九四五年，中國移民趙楊步偉（Buwei Yang Chao）出版了一本小食譜《中國食譜》（*How to Cook and Eat in Chinese*）。一八八九年趙楊步偉出生於長江流域下游的大城市——南京，是受過醫學教育的醫生。後來她嫁給一位語言學教授，夫妻倆生了四個女兒，丈夫在中國、歐洲和美國擔任教職。第二次世界大戰時，一家人定居在麻薩諸塞州的劍橋，丈夫在哈佛大學教書，她開始寫食譜。她在上層家庭長大，小時候沒有學過烹飪，她在一篇文章中寫道，她在日本研讀醫學時，才開始做菜：「實在吃不下日本料理，所以我得自己做三餐。我以前總是瞧不起食物，但是我實在不想再吃日本料理了，所以我在學醫的同時，也學了一些廚藝。」[4] 她陪同丈夫到中國各地進行研究，當丈夫學習各地的方言時，她則學習各地的菜餚。她說她因聽從一名教職員的妻子的建議，才開始寫食譜的。不過，顯然這個建議深深撥動了她更深的心弦，因為《中國食譜》不單只是記載她在教職員聚會中特別喜歡準備的菜餚，在丈夫和女兒卞趙如蘭的協助下，趙楊步偉為自己設定了更加遠大的目標：在美國境內重新創立正統的中國飲食傳統。

她用五十頁談論這個主題之後，才開始介紹烹飪方法。首先，她說明中國人從家中的早餐到大餐廳的盛宴，是如何安排餐點的。許多讀者讀了這本書才第一次瞭解粥和點心，並且學到家庭聚餐和晚餐宴會時複雜難懂的共餐禮儀。趙楊步偉也談了幾樣中國的地方菜，這應該是第一次有人用英文來記述吧。接下來，她提起一個敏感的問題：「各位在中國之外的中國餐廳，吃的是純正的中國菜嗎？答案是，只要點，就吃得到。……只要向服務生說想要純正的中國菜，用中國人的方法吃，也就是幾道合菜，用筷子吃。這樣他們就知道你懂中國菜了。」她提到只有三家餐館賣的不是廣東菜：紐約和華盛頓的天津餐館和紐約的寧波餐館。至於典型廣式餐館所賣的餐點，她是這麼評論的：

問題經常在於顧客不曉得中國菜哪裡好吃，經常點中國人不太吃的東西。至於餐廳的人員，自然會盡量賣他們認為大眾想要吃的東西。因此，隨著時間過去，發展出了一套美式中國菜和用餐規矩的傳統，這卻是與中國本土的飲食傳統截然不同。[5]

儘管她在食譜裡寫了一種美式芙蓉蛋的做法，但她委婉地說雜碎和炒麵並非中國菜。然後繼續井井有條地談論食材、調味料、餐具和調理方法，最後才是烹調食物的方法。在這部分，她顛覆一般食譜的順序，沒有依照米飯、湯和主菜的這個順序來討論，反而從肉開始談起，最後才談米飯和麵。書裡創造了許多新詞，像是「包餃」（類似鍋貼）和「混餃」（餛飩），讓讀者感到陌生，更加覺得書裡介紹的中國菜與他們吃過的不一樣，是有趣的新料理。

《中國食譜》問世時，《紐約時報》的美食作家珍．霍特（Jane Holt）說，那是一本「與眾不同的食譜」。雖然霍特自稱不是這方面的專家，但是她說：「我們覺得這本食譜寫出了道地的中國烹飪技術，顯然，中國的烹飪技巧與中國文化一樣複雜。」[6]後來，這本書持續暢銷，經常有對中國菜感興趣的人說這本書是最棒的食譜，一九六八年第三版出版，也是最後的版本，但是到一九七〇年代仍舊持續出版。很難斷定到底有多少人實際做過《中國食譜》裡的菜餚，不過可以確定的是，熱愛中國菜的人經常會去翻閱那本書，以瞭解中國飲食文化，取得新的飲食體驗。

第二次世界大戰之後，開了一些開創中國菜新風味的新餐廳。這些新餐廳背後的企業家經常是華埠的商人（他們不滿錢賺得少，還有雜碎餐館令人難堪的文化），或是中國菁英分子（主要是學者和外交官，先後因為戰爭與共產黨占領中國而受困於海外）。華盛頓特區康乃狄克大道上的北京餐廳是最早開設的創新中國餐廳之一，一九四七年由一位盧先生和四個合夥人共同開設，盧先生曾擔任中國外交官的廚師，後來又到中國大使館當司膳總管。顧客包括當地外交社群的成員和許多「中國通」，他們在中國大陸工作時，愛上了中國菜。菜單上都是「北京中國菜」，包括木須肉和家常菜北京烤鴨。舊金山的創新中國餐館是冠園（Kan's），是當地生意人簡漢（Johnny Kan）開設的：

> 我們的概念是以明朝或唐朝作為裝潢主題，聘僱一班優秀的大廚，還有一班分工完備的食堂服務人員，由一名殷勤認真的總管或領班來領導。不只如此，廚房用玻璃牆圍住，這有許多好處，其一是讓顧客能清楚看到廚師們在做中國菜，其二是能夠敦促大家保持廚房乾淨。[7]

十九世紀在舊金山的高檔餐宴餐廳興旺繁榮，冠園試圖振興高檔餐廳的傳統。顧客如果想要點雜碎，服務生就會強力推薦顧客點別的餐點。菜單很厚，不只有廣東菜，還有許多昂貴的菜餚，像是燕窩湯和北京烤鴨。很快地，美食觀光客湧入華埠，到冠園或是皇后酒樓和皇宮酒樓之類的高檔競爭餐廳用餐。許多顧客是當地人：中國菜都已經傳入一百年了，舊金山人現在才迫不及待想要花大錢吃中國菜。

一九六一年，有家名為福祿壽（Mandarin）的新餐廳，開在華埠外的一個艱困地區，老闆江孫芸（Cecilia Chang）曾經歷過中國近代歷史一些重大事件。她生於豪門，因日本侵華而被迫逃了兩千五百哩路，大都徒步行走，穿著骯髒的農夫服裝作為掩飾。後來她嫁給中國國民黨的外交官，之後又再次逃亡，這次是逃向日本，逃離被共產黨占據的中國。到一九五八年，她來到舊金山，決定開設餐廳：「我把餐廳取名為『福祿壽』，選擇賣華北、北京、湖南和四川菜：真正的中國菜，引人矚目的是，沒有雜碎和芙蓉蛋。」[8]「福祿壽」贏得赫伯・坎恩（Herb Caen）等具影響力的專欄作家的支持，成功掀起熱潮，推出樟茶鴨、鍋貼和鍋巴湯等餐點。到了一九六八年，「福祿壽」擴大到三百個座席，變得更加精美，有漂亮的中國畫與刺繡，還有戶外蒙古烤肉。同時，其他擁有中華（Mandarin）這個名字並標榜非廣東菜的中國餐廳，在全美各地一家接著一家開設，芝加哥就開了好幾家。在紐約，第一家開設的是「中華樓」（Mandarin House），老闆是上海人艾蜜麗・郭（Emily Kwoh）。她在一九五〇年代中期進入餐廳業，曾在百老匯和一〇三街交會處開了「大上海」（Great Shanghai），賣三種菜——廣東菜、上海菜和美國菜。（接下來三十年間，從八十六街到一一〇街的上百老匯，變成中國菜熱愛者的聖地。）一九五八年開幕的「中華樓」賣的是非廣式特色菜，像是叫化雞、芝麻燒餅，最重要還有木須肉。

這些菜色很快就引起了某個人的注意，他對中國菜不甚瞭解，但是很喜歡中國菜，這個人就是《紐約時報》編輯奎格·克雷邦（Craig Claiborne）。一九二〇年代末，當克雷邦七、八歲時，住在密西西比州的小鎮太陽花（Sunflower），全家曾到阿拉巴馬州的伯明罕旅行，享受明亮的陽光：

我記得我們有去一家中國餐廳，老實說，對於那次旅行，我就只記得這件事。餐廳裡有懸掛燈籠，有外國服務生、真正的中國瓷器和筷子，還有非常熱的外國茶。我不記得詳細的菜單內容，但我清楚地記得有餛飩湯和一道有豆芽菜的餐點。……我合理猜測當時吃的菜餚不是正統的中國菜，而是為了迎合南方口味而經過改造的，雖然難吃，但卻點燃了我對中國菜的熱情。[9]

三十年後，克雷邦在《紐約時報》工作時，對中國菜瞭解只比在伯明罕的那天多一點。但是他很想拓展眼界，瞭解雜碎和炒麵以外的中國菜，於是找了幾位中國廚藝老師當學徒，其中最有名的就是在「中華樓」教課的桂絲·邱（Grace Chu），以及和他一起寫了一本食譜的維吉尼亞·李（Virginia Lee）。他還結識了許多開始開設非廣東菜餐廳的廚師，向他們學習。他在報紙上寫了許多精彩的評論，讓中國廚藝學校、食譜，還有最重要的餐館，都大受歡迎。

從克雷邦的宣傳中受益最大的餐廳應該是「順利宮」（Shun Lee），老闆是來自上海，原本在華盛頓的北京餐廳工作的主廚王春庭，和生於上海的餐廳經理湯英揆。一九六〇年代初順利宮剛開幕時，克雷邦如此描述：「那家中國餐廳很大，熙熙攘攘，外觀顏色黯淡，牆壁沒有裝飾，只擺了一些假花。」[10]顧客可以點便宜的午間特餐雞肉炒麵，或是比較精緻的菜餚，像是砂鍋乳鴿。兩年後，這家餐廳在第二大道和四十九街交會處重新開幕，改名為「順利王朝」（Shun Lee Dynasty），內部裝潢華麗，由設計師羅素．萊特（Russel Wright）所設計。還是有賣蛋捲和炒麵，不過克雷邦現在真正感興趣的是川菜，像是海鮮醬炒雞肉和「四川醬」炒蝦等菜餚，愈辣愈好吃。然而，他抱怨「川菜……為了迎合大眾口味，調味較淡，並不是它原來應該有的味道」。這些新引進的菜餚與七十五年前的雜碎一樣，為了迎合占多數的美國人，都調整過口味。無論如何，克雷邦持續熱愛「順利王朝」的菜餚，一九六九年達到巔峰，在《紐約時報紐約外食指南》（*New York Times Guide to Dining Out in New York*）裡，給予順利王朝四星評價，四星是美國有史以來中國餐廳獲得的最高評分。

民眾能夠接受創新的中國餐廳的這股新趨勢，把一些廚師從台灣吸引到紐約來。他們與廚藝高超的大廚拜學廚藝，那些大廚逃離了被共產黨占據的中國大陸，來到台北開餐廳。當《一九六五年移民法》（Immigration Act of 1965）打開美國的門戶時，他們決定到美國尋找新機會。他們大都開設賣上海和四川的特色菜餚的餐廳，像是位於紐約少女巷（Maiden Lane）的四海（Four Seas），四海鎖定的顧客主要是中國通和流亡美國的中國人。接著，在克雷邦和《紐約雜誌》（*New York*）專欄「地下美食家」（Underground Gourmet）的引導下，一群新的美食波希米亞人開始光顧川菜館，品嚐從微辣到麻辣的菜餚。克雷邦提醒用餐的顧客，有些菜真的會讓人吃了眼淚直流，然而這似乎不怎麼重要。廚師追逐賺錢機會，餐廳生意興旺，一家接著一家開，像是且林士果的四川味餐館（Szechuan Taste）、百老匯和九十五街交會處的葛大衛四川餐館（David Keh's Szechuan）、第二大道和第八街交會處的四川東餐館（Szechuan East）。中國菜的饕客喜歡尋找刺激感，到處尋找頂尖的大廚在哪家做菜、哪家餐廳有賣最新、最「道地」的菜。當饕客得知大廚王雲清（Wang Yun Ching）從四川餐廳（Szechuan Restaurant）跳槽到同樣在百老匯的北京餐廳，排隊的人龍也跟著跑到北京餐廳，想要品嚐他的蔥爆羊肉。

在紐約飲食界，中國人很熱門，正好就在這個時候，尼克森總統史無前例地造訪北京。一九七二年二月，在一個嚴寒的晚上，人民大會堂裡攝影燈光亮晃晃的——人民大會堂位於北京天安門廣場西側相當寬敞的宴會廳，也是會議廳。在人民大會堂的主宴會廳裡，燈光照亮了擺在講台旁邊的一張橢圓形大桌子，桌子中央擺著一簇低矮的綠色植物，上頭有一棵棵的金桔。在白色的桌巾上擺設了二十個席位，陳列著盤子、筷子、刀叉、茶杯和玻璃杯，還有擺放精巧的開胃冷盤。中國共產黨總理周恩來坐在主位上，背對著講台，穿著素淨的深灰色毛裝。他的兩側坐著主客，尼克森總統（他的臉化了妝，活像貼著一片烤餅，白得詭異）和總統夫人（她的金色蓬鬆髮型被亮光照得發亮）。周恩來總理把餐巾攤開，放到大腿上，拿起筷子，示意餐宴開始。

大會堂裡還有許多張比較小的餐桌，坐著超過六百名中美賓客，大家開始取菜用餐。尼克森總統拿起筷子，夾起碟子裡的開胃菜，一臉疑惑地看了一下，才放進嘴裡嚼了起來。一排電視和電影攝影機颼颼轉動，全球數百萬人觀看著美國總統吃中國菜。

尼克森造訪中國是世界外交史上的重大轉捩點，兩個水火不容的死對頭竟然化敵為友。兩國是在一九四九年交惡的，當時毛澤東領導的共產黨全面占據中國大陸。兩國立刻斷絕外交關係，韓戰期間美軍對抗紅軍，中華人民共和國與蘇聯結盟。到了一九六〇年代，蘇聯與中國變成死敵，兩軍在漫長的共同邊境上對峙。一九六七年，尼克森參選總統時提議與中國重新建交，藉此裂解共產集團，讓擁有數億人口的中國不再自我孤立。他當上總統之後，雙方偷偷通訊、祕密會面兩年，才克服彼此之間的不信任，開始認真協商。新聞記者、學者和參與協商的人士都詳盡記錄了重新建交的複雜過程。雙方在整個協商過程中，都沒有談到食物的重要性，尤其是中國菜，但是尼克森的訪中之旅不僅改變了美國外交關係的進程，也促使美國人對中國菜徹底改觀。

雖然尼克森提出與中國重新建交的想法，但真正實現這個想法的智囊，是足智多謀的國家安全顧問亨利．季辛吉（Henry Kissinger）。為了說服中國人相信美國認真想要恢復邦交，季辛吉保密到家，督導棘手的外交談判。雙方對於對方的國家都不甚瞭解，導致協商窒礙難行。在華盛頓，沒有人親身瞭解中華人民共和國的狀況，大部分中央情報局所掌握的情資都是中國叛逃人士提供的，或來自中央情報局香港監視中心閱讀的中國報刊。基本上，美國新聞記者和學者不可能取得入境中國的簽證，尤其是在一九六六年中國文化大革命開始之後。美國的老「親共人士」艾傑．斯諾（Edgar Snow）卻是例外，他曾經獲邀晉見毛主席，並且被拍到與毛主席一起校閱遊行。（美國人後來才發現，其實中國人一直試著傳遞訊息給他們。）季辛吉靠兩名親信的顧問提供協助，一名是他的得力助手溫斯頓．羅德（Winston Lord），羅德娶了中國小說家包柏漪（Bette Bao Lord）。另一名是綽號「小查」的查爾斯．弗里曼（Charles Freeman），中文姓名是傅立民，他是國務院的中國事務專家，曾經到台灣研究多年，熟悉台灣菜。時機成熟時，白宮便請益羅德和弗里曼等專家，學習怎麼用筷子。

一九七一年七月，季辛吉和三名助手以及兩名十分緊張的特勤局幹員搭巴基斯坦的客機，飛越喜馬拉雅山，進入中國領空。這趟祕密旅行的任務代號叫「波羅一號」，目的地是一個未知的世界。季辛

1972年2月21日，尼克森總統與周恩來總理一起用餐，這是歷史上重要的轉捩點。全球有數百萬觀眾在電視機前觀看這場餐宴。（Photograph by Ollie Atkins / Courtesy of Special Collections and Archives, George Mason University Libraries）

吉看向窗外，世界屋脊上的山峰寸草不生，白雪覆蓋，他腦子裡充滿疑問：中國人會怎麼接待他們？這趟旅行會成功？還是會貽笑國際？他們能夠見到毛主席本人嗎？他們要怎麼處理棘手的台灣議題呢？在預訂停留中國的五十個小時裡，他們要吃什麼？

美國人聽說，共產黨占據中國之後那幾十年，對中國菜的發展有害無益。一流的廚師都逃離中國，他們的餐廳也歇業；不論是在鄉下或都市，人民都被迫放棄與家人單獨用餐，必須到公共食堂用餐。到了一九六〇年，飲食的品質降低到只比牲畜飼料好一點而已。文化大革命期間，留在中國的廚師變成了眾矢之的，遭到揮舞《毛語錄》的暴民批鬥與毆打。不過，接著毛主席決定削弱他自己發動的破壞力量，把滿腔怒火的暴民送到鄉下，全心全力投入耕種。他還命令總理周恩來去與外國領袖吃飯喝酒，想辦法與非共產世界重新建立邦交。短短幾個月後，中國報紙再度報導人民大會堂舉辦國宴，不過，這次自然有所限制，菜餚只有六到八道，不像以前大清帝國時代那樣，動輒好幾百道。然而，並非人人都贊同改變方針：「不過連筷子尖端都存在著階級鬥爭。」一九七〇年一名激進分子在《紅旗》（*Red Flag*）裡寫道：「俗話說，拿人手短，吃人嘴軟。」[11]儘管如此，毛主席下了命令，於是餐宴繼續。不過，有一項嚴格的規定，反映出中國人的民族主義更勝於共產主義：菜單上只能有中國菜。只有台灣的蔣介石那種帝國主義的馬屁精才會請美國賓客吃西餐，在中華人民共和國，外國人必須配合中國人的口味，而不是中國人迎合外國人的口味。

一九七一年七月九日，那架巴基斯坦噴射客機降落在北京，中國共產黨副主席葉劍英元帥一臉肅穆，在機場跑道迎接季辛吉及其隨行助手，一隊禁止閒雜人員靠近的車隊旋即把一行人載到隱蔽的魚台國賓館。每當重要的外國賓客來訪時，通常都會在魚台國賓館下榻。在賓館裡，年紀老邁的葉劍英元帥辦了一場盛宴，宴請美國人品嚐數道菜。這感覺有點不像是真的。美國人受到時差的影響，加上文化衝擊，無法相信自己真的在北京，與一群友善的中國共產黨員同桌共餐。季辛吉可能說得誇張了點，他告訴尼克森餐點的「種類和數量都多得嚇人」；溫斯頓・羅德則只記得「那一餐很棒」。不論如何，那場餐宴很快就因為那天下午接下來發生的事而相形失色：周恩來總理獨自來到賓館。周恩來溫文儒雅、堅毅聰明，是中國與外界接觸的主要橋梁。當他住在重慶，是第二次世界大戰期間中國國民黨的首都，他接待過許多美國人，瞭解美國人的想法與飲食喜好。中方與美方人員前往會議室，接下來的七個小時，季辛吉和周恩來商討中美未來的關係。在回憶錄中，季辛吉說，在他見過的世界領袖中，最令他印象深刻的有兩個，其中一個就是周恩來，另一個是戴高樂。

隔天早上，雙方在人民大會堂繼續進行協商，語調變得刺耳許多。周恩來「言辭激烈地」說明當前的世界局勢，強調中國與美國的重要差異。季辛吉本來想要以牙還牙，但就在準備發表強硬的談話之際，被周恩來打斷了：「我想您要討論的第二個議題是中南半島，那也要討論很久。我建議咱們現在先休息放鬆一下。否則等一下氣氛會變得很緊繃，鴨肉也會冷掉。」

「緊繃倒是沒關係。」季辛吉答道，「鴨肉冷掉可就不好囉！」[12]

周恩來領著美國人到隔壁的餐廳，他們圍坐在一張圓形大宴會桌旁。穿著白上衣的服務生開始端上盤子，這一餐是他們在中國最難忘的一餐。「如果死之前我可以選擇最後一餐要吃什麼，」羅德說，「我會選北京烤鴨。」這場餐宴上的鴨肉菜餚不只一道，是完整的傳統北京烤鴨大餐，每道菜都是鴨子的各個部位所做成的，包括酥脆的鴨皮、鴨腳、鴨胗和鴨腦，還有鴨骨熬成的湯。主菜是軟嫩多汁的鴨肉，沾上酸甜鹹辣的濃稠醬汁，與青蔥或小黃瓜一起包在薄煎餅裡吃。中方的東道主周恩來禮數周到，親自熟練地包了幾份美味多汁的烤鴨捲給貴賓吃。用餐時，會議的緊繃氛圍緩和了下來，消失在烤鴨大餐中。周恩來把話題帶到文化大革命，說文化大革命造成中國四分五裂，許多人遭到殺害，其中不乏共產黨官員。美國人原本認為中國共產黨固執難纏、無法理解，此時卻覺得周恩來這番話出自肺腑，說出了內心深處的痛苦。

吃完午餐後，總理堅持請賓客們擠進一台小電梯裡，往上升到一間特別的廚房，顯然是專門負責做北京烤鴨的，裡頭只有一名軍人，正在刷洗乾淨無瑕的地板。季辛吉的助手何志立（John Holdridge）寫道：「他看到中國總理本人竟然親自帶著一群外國人到他的廚房參觀，一臉驚呆，光看到他的表情就不虛此行了。」[13]周恩來帶他們去參觀烤鴨用的特製烤爐，解釋如何使用蘋果木和櫻桃木作成的炭來增添烤鴨的香氣。根據何志立的記載，參觀廚房讓美國人留下極佳的印象：「從這個舉動可以看出來，周恩來總理好客親切，想辦法讓我們放輕鬆，說他是當代中國最偉大的領導人之一，實在當之無愧。」[14]

雙方回到會議室，季辛吉繼續強力反駁周恩來的論點，但他的心——其實應該說他的胃——卻心不在焉。烤鴨大餐帶來的親善氛圍瀰漫會議室，談話內容很快就回到比較受歡迎的主題，也就是尼克森總統打算造訪中國。其實，這場餐宴成了樣板，美國人來中國的先遣造訪期間，這套樣板反覆被套用。每當雙方討論得太激烈，或中國人覺得美國人需要稍微放鬆時，周恩來就會建議再吃一頓烤鴨大餐。在一九七一年十月季辛吉的「波羅二號」之旅期間，雙方針對重要的中美公報進行商談，對於遣辭用句，僵持不下，於是周恩來便邀請美國人去吃烤鴨。他認為自己的兩名貴賓是當然是季辛吉，還有德懷特．切平（Dwight Chapin）。當時切平是尼克森身邊最年輕的助手，後來捲入水門醜聞。

「周總理幫我們包了烤鴨薄餅捲，」切平回憶道，「他真是親切的中國人啊！這完全出乎我的意料，烤鴨捲真是好吃：我沒辦法用言語來形容有多美味。最後，他們端出最重要的菜餚，鴨頭，剖成兩半。他告訴我們要吃鴨腦。老實告訴各位，我只用嘴脣碰了碰鴨腦，實在不敢吃。」

用完餐後，總理向吃完烤鴨、心情愉悅的季辛吉建議，用截然不同的方法來編寫公報，把中美的立場各自寫出來，完全不整合。「這是史無前例的做法，」季辛吉寫道，「把中國人對諸多議題的立場毫不讓步地陳述出來……但是進一步深思之後，我開始覺得這個十足創新的做法，或許能夠化解僵局。」[15]吃烤鴨吃得飽飽的季辛吉贊同周恩來的提議。

可惜他們沒辦法只吃北京烤鴨就好。美方先遣代表團幾乎每天得忍受中國餐宴，用餐禮儀繁複，菜色多得令人眼花撩亂。切平從一九六〇年代初期就為尼克森工作，雖然職稱好聽，其實不過就是跑腿。這次他代表尼克森前來中國，因此他寫信提醒上司，以後面對一大堆陌生的食物該如何處理。他建議總統從一開始就淺嚐則止，因為菜會出個不停。他也建議總統學習使用筷子，而且提醒總統，中國東道主可能會熱情地幫總統把特選的菜餚夾到盤子裡。此外，依照中國用餐禮儀，每道菜都應該嚐嚐看。如果他們是在上海，那「每道菜」可能會格外危險喔！在波羅二號之旅期間，上海的共產黨領導們請季辛吉及其團員吃一道名叫「龍虎鳳」的菜，結果那是燉蛇肉、貓肉和雞肉。一九七二年一月亞歷山大・海格（Alexander Haig）將軍那次所帶領的先遣之旅期間，在上海有一道很特別的菜，一隻油炸成棕色的小鳥放在盤子裡。「各位貴賓，」東道主開心地說，「這道菜是用來迎接春天的——麻雀！沒錯，就是會飛的麻雀。」切平只猶豫了一下：「我夾了一塊扔進嘴裡，很脆，不難吃。」（過了很久之後，美國人才知道，上海那些東道主根本不想要與美國重新建交。毛澤東死後，他們成了共產黨激進派的關鍵成員，稱為四人幫。）

美國人面對的另一項挑戰是筷子。雖然每個餐桌座席上都有擺放刀叉，羅德還是建議大家使用筷子，以表示尊重中國東道主。不幸的是，在波羅一號之旅期間，季辛吉完全不會使用筷子，只好用叉子。更糟的是，每道菜結束時，中國服務生總是會把叉子收走，他只好開口再要一支，每次都覺得很尷尬。波羅二號之旅剛開始時，何志立和助手們在夏威夷，何志立一看到機會便趕緊抓住。他把所有人都召來，正式教季辛吉「如何快速有效地練習使用筷子」，練習使用「三種筷子，木筷、象牙筷和銀筷，練習用筷子夾各式各樣不同的東西，像是樟腦丸、彈珠和木屑。就我記得，在我替他工作期間，他就只有那一次完全說不出話來」。何志立回憶道。[16]四個月後，切平送給要去中國的白宮幕僚每人一雙筷子，同時建議：「借句中國人的成語，『熟能生巧』，我建議各位熟練我送的那雙筷子。」

一九七二年二月初，最後一批先遣團隊下榻北京民族飯店（Hotel of the Nationalities），夜以繼日地準備迎接總統到來，中國禮賓主管詢問白宮先遣辦公室（Advance Office）主任朗・渥克（Ron Walker）：「尼克森總統最喜歡吃的中國菜是什麼？」渥克用衛星電話打回華盛頓，轉達這個問題，在華盛頓的切平向尼克森的幕僚長霍德曼（H. R. Haldeman）呈報這個問題。霍德曼是經驗豐富的廣告宣傳專家，從一九五六年起就開始幫尼克森打選戰，他瞭解這個問題其實是在問：他們想要全世界看到尼克森吃什麼？

若要說美國人對尼克森的飲食習慣有什麼瞭解，那大概就是他喜歡吃茅屋起司，喜歡得不得了。他很在意體重，不想在電視上讓國人看見他發福。平常午餐他都獨自吃，或者與霍德曼一起吃，會吃一匙低脂茅屋起司配鳳梨（加州吃法），或加番茄醬調味。不過，忌口甚嚴的尼克森偶爾還是會滿足口腹之欲，就政治人物而言，他的喜好著實獨特。他喜歡肉多的豐盛食物。在家裡，他喜歡吃牛排、肉捲、肉丸子義大利麵、義大利千層麵和燉雞。在外用餐時，他喜歡到華盛頓和紐約的頂級法式餐廳，點酸奶牛肉和香橙鴨之類的餐點。用餐時，他一定會一邊大口喝頂級葡萄酒和烈酒；空軍一號上存放著許多酒，包括三十年的百齡罈蘇格蘭威士忌、一九六六年份的瑪歌酒莊、一九六六年份的拉菲酒莊、一九五五年份的侯伯王酒莊和香檳王的香檳，大都是總統要喝的。說得直白一點，就是世界上最有權力的人嗜酒如命（尤其在總統任期結束之時）。然而，他顯然不太吃中國菜。在華盛頓，尼克森夫婦年輕時最喜歡到附近的「商人阿維」（Trader Vic's）西餐廳，後來廣為人知的是，他們喜歡走路到「提基廟」（Tiki Temple），儘管他們已經一年沒去了。然而，此刻尼克森有比滿足口腹之欲還要重要的事要操心，像是贏得即將到來的選舉。霍德曼和尼克森仔細思考這個問題片刻之後，回覆了切平。幾個小時後，渥克答覆中國人：「貴國準備什麼，總統就吃什麼。」

霍德曼認為尼克森訪中能夠利用視覺畫面來淡化政治議題，理由有二：第一，他們想讓民眾別去注意繁瑣的細節，忽視美國與中國可能會簽訂的任何條約，尤其是與台灣地位這個敏感問題有關的條約。第二，在選戰方面，必須讓尼克森表現得像自信老練的世界領袖：商談國際協議，與毛主席對話，在中國的萬里長城思考歷史，吃道地的中國菜（反觀民主黨的對手艾德蒙·穆斯基和喬治·麥戈文只能在新罕布夏州的簡餐店吃了無新意的油炸圈餅）。他們沒告訴民眾，一九七二年二月十七日空軍一號何時從安德魯斯空軍基地起飛，貯藏室裡放滿了冷凍牛排、漢堡、龍蝦尾、金寶湯、魏斯邦牌（Wishbone）沙拉醬、番茄醬、培珀莉農場牌（Pepperidge Farm）白麵包、蘋果櫻桃派，還有三種口味的冰淇淋。尼克森的私人管家左西莫·孟總（Zosimo Monzon）在接獲指示之後，很快就能用這些食材做出一頓美味的美國菜。然而，在走訪外國的那個星期，有攝影機在的時候，吞進總統嘴巴裡的只有中國菜。

那天，空軍一號上的乘客都乖乖攜帶筷子，厚厚的說明手冊上印著總統的印璽，裡頭寫著他們接下來走訪中國時必須知道的大小事，從中美關係歷史到中國餐桌禮儀：「中華人民共和國餐宴端上的料理，與美國餐廳賣的『中國菜』相比，就像是威靈頓牛肉之於自助餐廳的漢堡。」可能會有魚翅、燕窩、海參、蛇肉、狗肉、熊掌，還有許多沒有人知道的食物。「幸好，要嚐出這些佳餚的優點，味蕾比想像力更加可靠。大部分的西方人在嚐過那些菜餚之後，都非常喜歡，連自己都不禁感到驚訝。」中國的用餐禮儀，與華盛頓國宴和大使館餐宴的用餐禮儀天差地別，對於這個棘手的問題，尼克森夫人這麼說：「中國人用餐時喜歡吃得津津有味，聽到他們喝湯喝得呼嚕呼嚕響，甚至吃飽後打飽嗝，各位千萬別介意。中國社會可以接受這些無意識的用餐習慣。」[17]當然，餐宴上中國人會敬酒，喝的是濃烈的茅台——一〇六度的烈酒，從高粱蒸餾來的。幕僚提醒尼克森敬酒時別真的喝下去，輕輕碰到嘴脣就夠了。最後是用餐話題，這個問題可傷腦筋了：與經歷過長征的老兵同桌用餐，要和他們聊什麼呢？這還用問嗎？當然是食物：「許多國家的國民都認為自己國家的菜餚是世界上最棒的，中國人比大部分的民族更有憑據地以自己國家的菜餚為傲，當別人誇讚中國菜滋味、口感、氣味千變萬化，中國人聽了總是歡欣喜悅。」專家提出警告：「如果不喜歡某道菜，最好別假意說那道菜『好吃』或『有趣』，因為東家希望你吃得開心，可能會多拿一些給你，這下你可就尷尬了。」最重要的一點就是，謹記一百多年前凱萊布・顧盛一行人的經驗：「張口結舌，忸怩假笑，最後把食物吞下肚！」

二月二十一日空軍一號抵達北京，尼克森與幕僚不知道這趟中國行會成功或失敗。一開始就出現了不祥的徵兆：機場沒有群眾在等待，歡迎他們到來的只有四十名穿著深色外套的官員和一隊軍儀隊。一名身材魁梧的幕僚把其他人全擋在機艙裡，只有尼克森總統和穿著火紅色外套的總統夫人單獨走下階梯，走到柏油路上。在柏油路上，尼克森和周恩來握手握了很久，兩人都要確保每一台相機都拍到了，藉此消除兩國在外交上的舊傷痕。（一九五四年，國務卿約翰・福斯特・杜勒斯在一場和平會議上拒絕與周恩來握手。）接著，美國人被迅速帶上車隊，載到現在他們已經熟悉的釣魚台國賓館吃午餐。同樣根據季辛吉的記述，我們只知道這場餐宴很「豐盛」。餐宴結束後，周恩來把季辛吉拉到一旁，告訴他說，毛主席希望尼克森總統立刻到官邸會面。毛澤東雖然年事已高，身患重疾，仍舊是中國的最高領導人，仍舊心心念念著個人的歷史地位。兩人談了一個小時，雖然沒有談太多具有實質意義的事情，不過倒是清楚傳達了一個訊息：毛澤東殷切期盼中美恢復邦交。見完毛澤東之後，尼克森幾乎沒有時間換新的衣服，緊接著就去參加正式的歡迎餐宴，這場餐宴可能是這趟訪中之旅最受媒體矚目的活動。

對中國人而言，那場晚宴絕對不只是單純的國宴，更是出關之宴，昭告世人，中華人民共和國閉關自守二十二年之後要出關了。他們一絲不苟地規劃這場晚宴的每個階段，動員國內用之不竭的人力資源，運來頂級食材，徵調頂尖飯店與餐廳的廚師到人民大會堂的廚房幫忙。晚宴的菜色和上菜方式都會依照中國的傳統，這一點從頭到尾都是無庸置疑的，不過，還是有一些通融。過去七個月，中國人利用美國人先遣來訪中國，測試美國人的飲食喜好，經過這些測試後，中國禮賓幕僚向美國人保證，尼克森總統訪中期間絕對不會吃到海參。

尼克森夫婦搭乘中國製造的「紅旗」廂型禮車抵達之後，進入人民大會堂，走過一尊巨大的毛主席塑像。周恩來陪他們走上一道富麗堂皇的樓梯拍照，接著走過長長的迎賓隊伍，最後進入宴會廳。美國電視台有播放這段報導，在美國，數百萬美國人一邊吃早餐，一邊觀看攝影機拍攝的空餐桌，還有穿著白色上衣的服務人員嚴陣以待地站著，記者則拚命講些無關緊要的事來填滿這段空檔。國家廣播公司的芭芭拉．華特斯（Barbara Walters）對在紐約的艾德．紐曼（Ed Newman）說：「我們吃過第一餐了。艾德，你知道嗎？那一餐吃起來就像中國菜！中方人員告訴我們，那一餐有十足的異國風味，與我們吃過的中國菜截然不同。不過，我們倒是覺得沒有那麼不同，只是比我們在美國吃的中國菜好吃而已。」她還說，中國人招待「上等」外國貴賓是用九道菜的餐宴，招待普通賓客的話，就會用比較少道菜。

最後，尼克森總統和周恩來總理走進宴會廳，餐宴開始，攝影燈光的刺眼強光照著講台旁邊的圓形

1972 年 2 月，尼克森夫人參觀北京飯店的廚房，熟練地使用筷子，夾起辣茄子來吃。白宮利用對中國菜的興趣來分散注意力，讓民眾忘記比較重大的議題。
（Photograph by Byron Schumkaer / Courtesy of the Richard Nixon Library）

大餐桌。除了冷盤——鹽封雞、素火腿、黃瓜捲、酥鯽魚、菠蘿鴨片、三色蛋（內含有硫磺味和氨味的皮蛋）、廣東三臘（臘肉、臘鴨、臘腸），眼尖的人會發現，每個座席上還有大玫瑰花形狀的奶油及幾片白麵包。如此一來，洋鬼子就不用在口袋裡偷藏麵包了。眼前的畫面讓華特斯看得敬畏之情油然而生：「總統夫人竟然會用筷子！」完美稱職的中國東道主周恩來從一個盤子裡選了一樣菜，夾給總統夫人。總統夫人小心謹慎地在自己的盤子裡撥動那樣菜，撥了一兩分鐘，最後才送進嘴裡，非常緩慢地開始嚼了起來。從紐約觀看這個畫面的艾德．紐曼評論道：「我想大家都看到了，總統夫人正在使用筷子，顯然她用筷子用得非常好。」在美國廣播公司，哈利．瑞瑟納（Harry Reasoner）也是驚訝萬分：「這個畫面著實令人驚奇：美國總統竟然在用筷子！」隔天，《紐約時報》的電視評論員寫道，「有些畫面是文字或靜態照片無法呈現的」，包括「尼克森總統伉儷小心翼翼使用筷子」的畫面。

筷子很快就被遺忘了，周恩來站起身來為中美人民的友誼敬酒。記者說他「熱情親切」，驅散了來自機場的那股冷淡氛圍。接著尼克森站上講台讀敬酒詞，希望中美兩國應該像毛主席所說的，「只爭朝夕」。尼克森稱讚並感謝廚師們準備了豐盛的餐宴之後，便走下講台，用茅台與每位中國高官敬酒，他沒有忘記顧問的叮嚀：他杯子裡的酒幾乎都沒有減少。丹．拉瑟（Dan Rather）認為，總統看起來「精神奕奕，歡欣喜悅」。餐宴繼續進行兩個小時，主菜有芙蓉竹蓀湯、三絲魚翅、兩吃大蝦、草菇蓋菜、椰子蒸雞，甜點是冷杏仁酪。搭配各式各樣的酥皮點心，像是豌豆黃、炸春捲、梅花餃和炸年糕。最後是簡單的水果，有哈密瓜和橘子，接著餐宴就結束。對於在場的人而言，那天晚上著實令人驚奇，締造了歷史，哪怕那些烈酒喝下肚之後，細節都變得有點模糊了。在場的美國人裡面，只有在台北參加過無數次餐宴的查爾斯．弗里曼說，那場餐宴的菜色雖然好吃，不過充其量只是「標準的中國餐宴菜餚」。

在美國看電視的觀眾沒看到整場餐宴，因為敬完酒後電視台就切回平常的節目。不過切回去之前，觀眾接收到贊助商傳達的訊息。在哥倫比亞廣播公司電視台，麥當勞推銷炸櫻桃派，慶祝華盛頓的生日。而國家廣播公司電視台則播放輕快的廣告歌曲：「東方與西方交會。辣炒讓美國人愛上中國菜。辣炒讓大家能在家做東方料理。」一個穿著整齊的核心家庭坐在乾淨無瑕的白色餐廳裡，聲調中低的旁白說：「讓東方在你家與西方交會。嚐嚐辣炒雞肉或牛肉炒麵。想要吃道地的異國料理嗎？嚐嚐辣炒的菜餚，由中國蔬菜、豆芽菜、荸薺和醬油調製而成。」鏡頭慢慢拉近，一家人笑吟吟看著白色餐桌中央的盤子，盤子裡裝滿冒著蒸氣的雞肉炒麵。辣炒買下那個時段的廣告，確實是深諳行銷，但他們未料到，即將席捲的中國菜風潮什麼都有，獨缺雜碎和炒麵。

尼克森尚未離開中國，美國人就開始瘋狂追求中國事物，就像當年李鴻章訪美一樣，中國熱潮再現。美國民眾蜂擁去上課，學習中文和中國烹飪；百貨公司銷售中國手工藝品（紐約布魯明戴爾百貨公司的毛裝銷售一空）；出版社爭相出版關於中華人民共和國的書；中國餐館突然高朋滿座。上門的顧客看過尼克森在北京吃國宴的畫面之後，開始使用筷子，詢問有沒有賣魚翅湯和北京烤鴨。在紐約、芝加哥和華盛頓特區，餐廳老闆都想要趁這波熱潮大賺一筆，紛紛推出九道菜的特餐，聲稱與尼克森和周恩來吃的國宴一模一樣。為了因應這股熱潮，台灣政府派一組廚師來美國，想證明台灣才是中國餐飲傳統的真正守護者。國宴熱潮延燒了幾個星期，這是美國人第一次選擇那種形式最複雜的中國餐宴。不過，美國人一窩蜂嘗試新的餐飲體驗之際，發現自己必須學習一些新技術，才能夠好好品嚐中國菜，像是要會點性質相反的菜（軟的對脆的，煎的對煮的，諸如此類），必須懂得平衡；要會選適當的飲料；要會用筷子；要學會共餐；要會判斷煮出來的菜是中國人吃的中國菜，而不是迎合美國人口味的中國菜。如果能讀和說一些中文，那就更好了。如果對中國菜一竅不通，《華爾街日報》這樣建議：「那麼就交給廚師吧！讓廚師根據那天廚房的新鮮食材，以及他想要做什麼菜，來幫你決定菜色。不過一定要告訴廚師，你期待他的獨到手藝。中國廚師大概是最具藝術才華的廚師，他們喜歡懂得欣賞的顧客。」[18]

用餐顧客確實也很喜歡他們做的菜。一九七〇年代經濟衰退期間，許多高檔餐廳倒閉，包括知名的亭閣（Le Pavillon），中國餐館反而興盛發展，尤其是賣新奇菜色的中國餐館。尼克森訪中不久之後，順利王朝的老闆們再度震撼飲食界，推出一種新的中國地方菜，湖南菜，廣告上說「辣得不得了」。

他們新開的餐廳叫湖南（Hunam），立刻在《紐約時報》獲得四星評價，其他餐廳紛紛模仿，像是湘園（Uncle Tai's Hunan Yuan）。一九七四年，鍾武雄（Henry Chung）在舊金山開設「湖南小吃」（Hunan Restaurant），這可能是密西西比河以西的第一家湘菜小餐館。原本在美國賣的湖南特色菜有回鍋肉、牛肉炒空心菜、蓮子蜜汁火腿。很快地，用餐顧客也開始注意到這道菜，雞肉塊加上美味的辣醬汁，「順利王朝」稱之為「國藩雞球」，其他餐館則稱之為「左宗棠雞」。餐館老闆葛大衛向《芝加哥論壇報》的羅伊・安德里斯・狄・古魯特（Roy Andries de Groot）說了一個複雜的故事，解釋名副其實的軍事英雄左宗棠總督如何在退隱之後發明這道菜，左宗棠退隱後「善用創意發展並提升又香又辣的湘菜」。[19]

然而，其實發明左宗棠雞的廚師是彭長貴，他當時在曼哈頓東四十四街當廚師。一九一九年彭長貴生於湖南省省會長沙，曾經向一名湖南最有名的廚師拜師學藝，共產黨占據中國大陸後來到台灣。他在台灣受到蔣介石的賞識，蔣介石很欣賞他的廚藝，交代他準備盛宴，招待貴賓和外國賓客。在這段期間，他發明了幾道招牌菜，包含左宗棠雞。左宗棠雞的製作方法是把雞肉的黑肉切成塊，浸泡在蛋白和醬油裡。將雞塊快速油炸之後，加入薑、蒜、醬油、醋、玉米澱粉、芝麻油和乾辣椒拌炒。由於彭長貴崇拜這位與他同省的英雄，於是以左宗棠來為這道菜取名。後來許多搬到美國的年輕廚師都學習做他的菜，包括「順利王朝」的王師傅和戴叔。彭長貴耳聞他們成功創業的消息，一九七四年決定到紐約試試運氣。他的第一家餐廳是東四十四街的「彭叔湘園」，但很快就倒閉，導致他幾乎破產。他不願帶著恥辱回台灣，於是向朋友借錢，在五十二街開了「滇園」。不久後來了一位最重要的顧客，就是剛打開中國門戶的季辛吉。好不容易成功之後，彭長貴師傅回到四十四街的舊址，開了他在美國最有名的餐廳「彭園」。一九八四年，他認為他已經證明了自己的堅毅，該是回家鄉的時候了。於是他把餐廳都賣了，搬回台灣，在台灣開設連鎖店「彭園」，經營得十分成功。他最有名的菜已經從曼哈頓傳到郊區，再傳到全美各地，每次有新的廚師做左宗棠雞，左宗棠雞就又變了。早在一九七八年，在紐澤西州有人品嚐左宗棠雞後，就說那是「有點辣的炸雞肉」。[20]早就有人為了迎合美國人的口味，改變湘菜和川菜。

就在美國人愛上辛辣的中國菜之際，另一項重要的改變也正在發生。百年來頭一遭，一波又一波的

Hunam Specialties

✱ ▲ 1. **SLICED LEG OF LAMB, Hunam Style . . . . 5.15** 湖南羊肉
Choice spring lamb with scallions and hot pepper sauce

✱ ▲ 2. **GENERAL CHING'S CHICKEN . . . . 5.15** 國藩雞球
General Ching, the renowned General of the Chung Dynasty trained the famous Hunam Army. Chicken chunks with tingling Hot Sauce

✱ 3. **LAKE TUNG TING SHRIMP . . . . 5.25** 湘綺蝦片
Giant Shrimp marinated with broccoli, ham, bamboo shoots and mushrooms in a white sauce (Lake Tung Ting is the largest lake in China)

✱ ▲ 4. **HUNAM BEEF . . . . 5.25** 岳陽牛柳
Fillet of beef garnished with fresh water cress in a hot sauce

✱ 5. **HUNAM'S HONEY HAM . . . . 6.25** 湘蓮雲腿
China's finest preserved ham, honey glazed with lotus nuts

✱ ▲ 6. **SPICY CRISPY WHOLE SEA BASS . . . . 7.50** 湖南翠皮魚
Sea Bass, deep fried till crisp coated with Hunam hot sauce

✱ ▲ 7. **BAMBOO STEAMER'S SPARERIBS . . . . . 5.15** 粉蒸排骨
An authentic Hunam specialty. Baby spareribs marinated in hot sauce coated with rice flour. Steamed in a bamboo steamer

✱ 8. **NEPTUNE'S PLATTER . . . . 6.75** 湘江第一菜
An assortment of culinary sea treasures with crisp Chinese vegetables

✱ 9. **HUNAM PRESERVED DUCK . . . . 5.25** 蒸臘雙味
Young preserved duckling steamed on a bed of marinated lean pork patties

✱ ▲ 10. **FILLET OF SEA BASS with SHRIMP ROE SAUCE 5.25** 長沙魚脯
Sea Bass fillet sauteed in a hot shrimp roe sauce

✱ ▲ 11. **SHREDDED LAMB TRIPE . . . . 4.50** 椒麻羊肚絲
Authentic Hunam country style cooking. Shredded lamb tripe sauteed in hot Hunam Sauce

✱ ▲ 12. **GENERAL GAU'S DUCKLING . . . . 5.15** 宗棠鴨麟
Boned Duckling with button mushrooms and Chinese five spices in red hot sauce. (General Gau was a famous Governor of Hunam during the Chung's Dynasty)

1972 年，湖南餐廳推出「辣得不得了」的湘菜給用餐的顧客品嚐。現在全美各地的中國餐廳都有左宗棠雞和洞庭蝦。（From the Harley Spiller Collection）

紐約曼哈頓中國城（攝影：莊士杰）

中國移民紛紛來到美國，他們不只與過去幾十年一樣來自香港和台灣，也有來自越南、馬來西亞、新加坡、緬甸、泰國，最重要的是，還有來自中華人民共和國。其中，廣東移民早已經透過家人與宗親會與美國有所聯繫，通常會住到現有的華埠，其中又以曼哈頓和舊金山最為重要。有些人尋找新的起始點，在皇后區的法拉盛和布魯克林區的日落公園之類的鄰里，建立華人社區，從那兩個地方搭地鐵到曼哈頓工作很便捷。在西岸，最重要的華人區創設在蒙特利公園市（Monterey Park），位於洛杉磯郡的聖蓋博谷。不論定居哪裡，這些中國移民都開餐廳營生。蒙特利公園市有很多台灣人，被稱為「小台灣」，有幾十家台式餐館，顧客主要是新來的移民。在一些美國其他地方的餐廳，則專門賣來自其他地區的菜餚，像是上海、福建、潮州、中國東北、新疆、客家人、新加坡華人、越南、馬來西亞、甚至還有古巴。廣東人不甘示弱，開設寬敞的宴會餐廳，同時也是午餐點心餐廳，像是紐約市的喜相逢（Hee Seung Fung）。（舊金山人對這樣的發展絲毫不感到驚訝，因為他們吃中式茶點已經吃一百年了。）從一九八〇年代起，凡是中國新移民聚集的地方，中國菜就盛行。

同時，川菜和湘菜餐廳的老闆也在改進做生意的技巧，消除不確定的因素。這種轉變的中心是「四川峽谷」（又稱「湖南沖溝」），位於曼哈頓上百老匯，那裡幾乎每個街區都有四川或湖南菜餐廳。餐廳老闆會把菜單標準化，這樣就不用高價聘請暴躁易怒的名廚來做菜，只要雇用一組稱職的中國廚師就行了。四川帝國（Empire Szechuan）發展成連鎖餐廳，遍及曼哈頓各地，菜色不只有大千雞、宮保蝦球、西蘭花炒牛肉等四川菜，還有廣式龍蝦、蛋花湯和雞肉炒麵。（到了一九九三年，四川帝國也有賣壽司、照燒雞肉、廣式點心、低脂蔬菜糙米飯。）而且，為了迎合當地非華人的口味，烹調方式再次改變，順利王朝的湯英揆發現，「只要是辣的、甜的、脆的，美國人都喜歡。」[21]現在許多餐廳，廚師都會把切丁的肉塊浸泡在全方位調味的濃稠醬料裡，接著油炸，上菜時附上不同的沾醬，像是微辣和甘甜的醬料。為了讓生意更興隆，老闆也開始提供外送服務，並且到曼哈頓各地，把數千張摺好的菜單從門下的縫隙塞進公寓裡。如此一來，在嚴寒的冬夜，顧客就不用再排隊等位置用餐，只要打通電話，二十分鐘後餐點就送到家門口。生意確實是興隆了，但是與顧客卻不再親近，因為叫外送在家用餐實在太容易了。

在一九八〇年代末期，亞洲最大的新移民族群注意到了餐廳事業，這個族群是來自廣東省沿岸北方的福建省。七〇年代末期，鄧小平展開自由市場改革之後，大批人潮湧入省會福州附近的新開發區，尋找資本主義的機會。共產主義的生活方式崩潰瓦解，經濟動盪，導致該區社會嚴重混亂失序。許多居民與華南地區的祖先一樣，決定大膽冒險，移居外國，尋找更好的出路。他們沒辦法取得簽證，只好付幾萬美元給「蛇頭」，偷渡到美國。他們一到紐約的華埠，就會被帶到曼哈頓大橋下的街區，到一間擁擠不堪的求職小辦公室，查看東部從佛羅里達州到緬因州哪些餐廳有職缺。一通電話之後，他們就會被帶上下一班公車，前往巴頓魯治、匹茲堡或溫斯頓—塞勒姆，到餐廳當洗碗工和雜工，月薪一千美元。與前人一樣，這些福建移民把餐廳當成邁向成功的墊腳石。一個家庭辛苦工作幾年之後，就可以存到足夠的錢，到阿拉巴馬州的小鎮或芝加哥南區的公共住宅對面，買一間店面式中國餐館。與一九二〇年代和一九三〇年代的雜碎餐廳老闆一樣，這些移民不過就是想要討生活。他們賣的菜色都是經過驗證受到喜愛的，像是春捲、雞撈麵、西蘭花炒牛肉、炒飯、烤豬肋排、叉燒炒麵，諸如此

店面式中國餐廳，像照片中這家位於布魯克林區貝德福德—司徒文森（Bedford-Stuyvesant）的餐廳，許多是由剛移民過來的福建人所經營。這些餐廳就像 1920 和 1930 年代的雜碎餐館一樣，專賣迎合美國人口味的中國菜。（© www.sharonkwik.com）

華館在美國有數百家分店，賣高檔美式中國菜，環境很像「中國村莊」，充滿異國風情。菜色包括新加坡街麵、「四川海鮮」干貝、「巧克力萬里長城」點心。（© Steven Brooke Studios）

類。此外，在餐廳裡工作的福建籍員工喜歡吃員工午餐，有湯麵、綠色蔬菜，還有海鮮蒸飯，這是華南地區的傳統家常菜。現在美國絕大多數的中國餐館都是像這樣。

在美國餐飲的領域裡，中國菜始終與中美兩國之間的國際關係有關，雖然關係經常是鬆散的。一九八九年，中共血腥鎮壓天安門廣場抗議，讓人徹底幻滅，不再認為中國會發展出美國式的民主。文化交流遂逐漸停止，美國人取消到中國的觀光行程，美國政府對共產黨政府展開經濟制裁。同時，美國餐飲界的注意力移轉到別的地方，特別是在餐廳市場占首要地位的日式餐廳和新美式餐廳。這些餐廳經常運用美國烹飪學院（Culinary Institute of America）等烹飪學校所教的法國烹飪技巧，來結合亞洲或美國的菜餚和食材。然而，餐飲界還是有許多人相信中國菜只要稍微改變，還是能夠繼續吸引顧客上門。企業家開始開設中國菜連鎖店，像是熊貓快餐（一九七三年創立）、滿洲鑊、城市鑊、還有雄心更大的華館。他們主打美式中國簡餐，到店面式的福建餐廳的地盤之外去搶顧客來賺錢，特別是大賣場、機場和火車站等地方，與塔可鐘和必勝客等速食連鎖店或橄欖園和星期五美式餐廳等比較高檔的「休閒餐飲」連鎖店競爭。懷有更高抱負的烹調學校畢業生，則開始將法式烹飪技術運用在北京烤鴨等經典菜餚上面，「創造新的」中國菜。率先這樣做的人可能是在加州接受訓練的廚師譚榮輝（Ken Hom），他在一九八七年寫了《譚榮輝的東西融合食譜》（*Ken Hom's East Meets West Cuisine*）。沃夫岡・帕克（Wolfgang Puck）的「主街中華餐館」（Chinois-on-Main）和楊麗鑽（Patricia Yeo）的「AZ」分別在西岸和東岸開張，這類中式「複合」餐廳賣的亞洲菜大膽又受歡迎，但並不一定非常有中國味。在費城的蘭苑（Susanna Foo's）和波士頓郊區的藍薑（Blue Ginger）這兩家知名的中式融合餐廳裡，賣起羊起司餛飩和芝麻凱薩沙拉配中式麵包丁之類的食物。但在今天，如果饕客想要大啖「中國」大餐，常會被這些文化上比較熟悉的餐廳所吸引，反而不會想去距離最近的華埠。

二〇〇八年八月，一群美國運動員、記者和運動迷來到北京參加夏季奧運，世界媒體再度聚焦中國，不只報導運動，也報導中國的人民和文化。對於中國政府而言，這場奧運遠不只是一場體育活動，也是一場展覽，展示中國的政治、文化與經濟力量，當時中國的製造業商品出口量已經超越了美國。世界頂尖的建築師為奧運比賽設計了令人嘆為觀止的新比賽場地，象徵中國崛起，成為世界強權。中國已融入世界經濟體，因此造訪中國的美國運動員和觀光客自然相當熟悉中國的餐飲風味，不同於十八世紀到廣州的新英格蘭商人。麥當勞是這場夏季奧運的官方指定餐廳，而且中國有大約一千五百家肯德基連鎖店。儘管如此，文化障礙依舊存在，尤其是語言障礙，會說中文的美國人少之又少，地方餐廳的觀光菜單上，經常用直譯的方式來翻譯菜餚的奇特名稱，像是「夫妻肺片」和「童子雞」，這樣只會更容易讓觀光客以為中國菜盡是古怪的食物；逛完王府井夜市後，更容易如此認為，因為那裡販售烤蠍子、蜥蜴尾巴和燉馬肉等食物。於是，《南佛羅里達太陽衛報》（*South Florida Sun-Sentinel*）下了這樣的標題：「從豬肝到羊鞭，道地中國菜實在難以下嚥。」確實有少數熱愛中國菜的人會到胡同小巷裡尋找當地美味的餃子，或者找中國餐館，品嚐在美國沒聽過、菜名令人一頭霧水的中國地方菜。不過，多數人覺得到飯店附近的麥當勞吃漢堡，或者到奧運村餐廳試吃清淡的展示試吃品就夠了。奧運村餐廳是由美國餐飲服務巨擘愛瑪客（Aramark）所經營，輪流販售各種主流料理，共四百六十種餐點。奧運一開始，每天賣出三百隻烤鴨，後來增加到六百隻，晚上早早就賣光。似乎全世界的人都喜歡北京烤鴨，這實在是始料未及的。

中國皇后號航行於珠江、美國商人初次品嚐中國菜，已經是逾兩個世紀以前的事了，在這段時間裡，發生了多少改變？從一七八九年起，有數批中國人移民美國，中國文化深深影響了美國人的生活。現美國各地有四萬家以上的中國餐廳，到處可見，就像高速公路入口附近的街角加油站或超級八汽車旅館一樣令人興奮。超級市場販賣各式各樣的中國食材，從醬油、薑，到大白菜、豆芽菜、綠茶，再到米粉，應有盡有。華人夠多的社區裡，也有大華連鎖超級市場（主要分布於西岸）之類的賣場，銷售各式各樣的產品，以移民廚師和用餐者為目標客戶。也有許多美國人會用筷子吃東西，而且不怕在家中的廚房使用炒與蒸之類的烹飪技術。

儘管發展進步至此，還是有人極度抗拒中國菜，尤其是正統的中國菜。《中國餐廳快報》（*Chinese Restaurant News*）的編輯估算，在那四萬家左右的餐廳中，有百分之八十賣的美式中國菜並不多，菜色只有幾樣而已，像是宮保雞丁、酸辣湯、蛋捲、西蘭花炒牛肉和左宗棠雞。美國人還是一樣，食物只要是辣的、甜的、脆的，都喜歡吃。就像湯英揆在一九八〇年代所說的那樣，而且也與雜碎和炒麵流行的時代一樣，期望中國菜價格便宜。喜歡品嚐新奇料理的人可以到剩下的那百分之二十的餐廳，品嚐稀罕的獨特料理，這類餐廳通常位於華人移民社區裡。在法拉盛和聖蓋博谷之類的地方，可以品嚐到令人心動、烹調完美、甚至是價格昂貴的料理，像是肥肝作成的上海湯包。

用餐顧客仍舊需要觀察一項重要指標，才能瞭解一家餐廳將如何發展：華人與非華人用餐顧客的比率。比率最高的顧客族群勢必會對餐廳的菜色和用餐方式產生最大的影響。畢竟餐廳老闆要討生活

紐約中國城皇后區的法拉盛（攝影：莊士杰）

啊！如果沒看到任何移民或移民後代到餐廳用餐，就可知道它的餐點會以美式口味為主，有點辣，但不會太辣，有蒸蔬菜和糙米飯，還有壽司和泰式炒河粉。（這些都是亞洲菜，不是嗎？）大多數的美國人與一百五十年前的祖先一樣，仍希望中國菜是便宜的，容易填飽肚子，熟悉而清淡無味。

致謝

感謝許多人與機構的協助，這次探索中美歷史鮮為人知的領域，方能成功。在這項寫作計畫期間，我做了無數研究，感謝紐約公共圖書館的館藏、人員和資料，包括人文社會科學藏書室，尤其是亞洲與中東區，以及且林士果分館的中華遺產收藏品。我也曾諮詢尼克森總統圖書館、馬里蘭州大學公園市國家檔案館，以及紐約州立大學石溪分校 Frank Melville Jr. 紀念圖書館特殊收藏與大學檔案室所收藏的 Dr. Jacqueline M. Newman 中國食譜典藏。感謝 Culinary Trust 的 Linda D. Russo Grant，讓我參觀加州大學柏克萊分校的 Bancroft 圖書館，以及美國華人歷史學會。美國華人博物館的「吃飯了嗎？美國的中式餐館」展覽，是我寫這本書的靈感來源之一。寫這本書期間，紐約商業圖書館的作家工作室和紐約社會圖書館及其員工助我良多。感謝 Richard Snow, Magnus Bartlett, Andrew Smith, Anne Mendelson, Harley Spiller, Jakob Klein, Anthony Chang, Charles Perry, H. Mark Lai, Madeline Y. Hsu, Harold Rolnick, Stella Dong, Paul Mooney, Eileen Mooney, 布朗克斯區金門餐廳的 Kenny, Jacqueline Newman 和 *Flavor & Fortune*, Aaron 和 Marjorie Ziegelman，在整個寫作過程中提供協助；感謝家父 Michael D. Coe 提供技術協助。感謝 Dwight Chapin、Charles Freeman 和 Winston Lord 慷慨接受我的訪問，提供尼克森訪中之旅的資訊。感謝熱愛閱讀的 Joanna Waley-Cohen 和 John Eng-Wong，提供鞭辟入裡的見解。感謝牛津大學出版社的編輯 Benjamin Keene 和 Grace Labatt，盡心盡力，耐心付出。也感謝小犬Buster和Smacky熱愛中國菜，總是讓我安心工作。

註釋

導讀

1. 就英文學界研究「中國食物」的相關書籍有 K.C. Chang ed., *Food in Chinese Culture*. New Haven: Yale University Press, 1977, E.N. Anderson. *The Food of China*. New Haven: Yale University Press, 1988, E.N. Anderson. *Food and Environment in Early and Medieval China*. Philadelphia: University of Pennsylvania Press, 2014, E.N. Anderson. *Food and Environment in Early and Medieval China*. Philadelphia: University of Pennsylvania Press, 2014, David Y.H. Wu and Chee-beng Tan ed,*Changing Chinese Foodways in Asia*. Hong Kong: The Chinese University Press, 2001, Tan Chee-Beng ed. *Chinese Food and Foodways in Southeast Asia and Beyond*. Singapore: NUS Press, 2011, James L. Watson. *Golden Arches East: McDonald's in East Asia*. Stanford: Stanford University Press, 1997, Judith Farquhar. *Appetites: Food and Sex in Post-Socialist China*. Durham, NC and London: Duke University Press, 2002, Roel Sterckx ed. *Of Tripod and Palate: Food, Politics, and Religion in Traditional China*. New York: Palgrave Macmillan Press, 2005, Roel Sterckx. *Food, Sacrifice, and Sagehood in Early China*. Cambridge: Cambridge University Press, 2011, Mark Swislocki. *Culinary Nostalgia: Regional Food Culture and the Urban Experience in Shanghai*. Stanford: Stanford University Press, 2008, Edward Q. Wang. *Chopsticks: A Cultural and Culinary History*. Cambridge: Cambridge University Press, 2015, 以及 Isaac Yue and Siufu Tang eds. *Scribes of Gastronomy: Representations of Food and Drink in Imperial Chinese Literature*. Hong Kong: Hong Kong University Press, 2013. 就英文學界研究「日本食物」的相關書籍有 Eric C. Rath. *Food and Fantasy in Early Modern Japan*. Berkeley: The University of California Press, 2010, Eric C. Rath. *Japan's Cuisines: Food, Place and Identity*. London: Reaktion Books, 2016, Katarzyna J. Cwiertak. *Modern Japanese Cuisine*. London: Reaktion Books, 2006, Katarzyna J. Cwiertak. *Cuisine, Colonialism and Cold War: Food in Twentieth-Century Korea*. London: Reaktion Books, 2012, George Solt. *The Untold*

History of Ramen: How Political Crisis in Japan Spawned a Global Food Craze. Berkeley: University of California Press, 2014, Barak Kushner. *A Social and Culinary History of Ramen*. United Kingdom: Global Oriental, 2012, Eric C. Rath and Stephanie Assmann eds. *Japanese Foodways, Past and Present*. Champaign, IL: the University of Illinois Press, 2010, Katarzyna J. Cwiertka ed. *Critical Readings on Food in East Asia*. Leiden: Brill, 2013, Emiko Ohnuki-Tierney. *Rice as Self: Japanese Identities through Time*. Princeton: Princeton University Press, 1994, Rebecca Corbett. *Cultivating Femininity: Women and Tea Culture in Edo and Meiji Japan*. Honolulu: University of Hawaii Press, 2018 以及 Nancy K. Stalker ed. *Devouring Japan: Global Perspectives on Japanese Culinary Identity*. Oxford: Oxford University Press, 2018.

2. Anne Mendelson. *Chow Chop Suey: Food and the Chinese American Journey*. New York: Columbia University Press, 2016.

3 .Bruce Makoto Arnold, Tanfer Emin Tunc, and Raymond Chong, eds., *Chop Suey and Sushi from Sea to Shining Sea: Asian Restaurants in the United States*. Fayetteville: The University of Arkansas Press, 2018.

4. Yong Chen. *Chop Suey, USA: The Story of Chinese Food in America*. New York: Columbia University Press, 2009.

5. 郭忠豪，〈權力的滋味：明清時期的鰣魚、鰣貢及賞賜文化〉，《九州學林》三三（二〇一四），頁二九－五四。

6. 郭忠豪，〈滋血液，養神氣：日治到戰後臺灣的養鱉知識、養殖環境與食療文化〉，《中國飲食文化》15.1（2019）:35-78。

7. 詳見郭忠豪評 Roel Sterckx, *Food, Sacrifice, and Sagehood in Early China*." *East Asian Science, Technology and Society: An International Journal* (2015) 9: 217-219.

8. 關於臺灣移民在紐約經營餐館的歷史，請參考胡川安、郭婷與郭忠豪合著，《食光記憶：十二則鄉愁的滋味》（臺北：聯經出版社，二〇一七），頁一七一－二五〇。

9. 關於紐約臺菜變遷的詳細討論，參閱郭忠豪，〈家鄉的滋味：紐約的臺灣移民與臺菜歷史〉，《高雄文獻》6.1:110-117。筆者曾撰文討論紐約臺菜餐館的變遷，詳見郭忠豪 "When Little Island Cuisine Encountered Chinese Food: The Evolution of Taiwanese Cuisine in New York City's Flushing Neighborhood (1970–Present)" in Bruce Makoto Arnold, Tanfer Emin Tunc and Raymond Chong, eds., *Chop Suey and Sushi from Sea to Shining Sea: Asian Restaurants in the United States*(Fayetteville: The University of Arkansas Press, 2018).

第一章

1. Samuel Shaw and Josiah Quincy, *The Journals of Major Samuel Shaw* (Boston: Wm. Crosby and H. Nichols, 1847), 111–2.
2. Shaw and Quincy, *Journals*, 155.
3. Shaw and Quincy, *Journals*, 167–8.
4. Shaw and Quincy, *Journals*, 168.
5. Shaw and Quincy, *Journals*, 338.
6. Shaw and Quincy, *Journals*, 180–1.
7. Philip Dormer Stanhope Chesterfield, *Lord Chesterfield's Advice to His Son* (Philadelphia: Thomas Dobson, 1786), 52.
8. Shaw and Quincy, *Journals*, 182.
9. Shaw and Quincy, *Journals*, 179.
10. Shaw and Quincy, *Journals*, 179.
11. William Hickey, *Memoirs of William Hickey*, 4 vols. (New York: Knopf, 1921), 1:224.
12. Shaw and Quincy, *Journals*, 199–200.
13. *Li Chi: Book of Rites*, trans. James Legge, 2 vols. (New Hyde Park, N.Y.: University Books, 1967), 1:229.
14. Jean-Baptiste Du Halde, *The General History of China*, 4 vols. (London: J. Watts, 1751), 2:201.
15. *The Chinese Traveller* (London: E. and C. Dilly, 1772), 204.
16. *Chinese Traveller*, 118.
17. *Chinese Traveller*, 37–8.
18. Du Halde, *General History*, 201.
19. "Walks about the City of Canton," *Chinese Repository*, May 1835, 43.
20. Lawrence Waters Jenkins, *Bryant Parrott Tilden of Salem, at a Chinese Dinner Party* (Princeton: Princeton University Press, 1944), 18–21.

21. Eliza J. Gillett Bridgman, *The Pioneer of American Missions in China* (New York: A. D. F. Randolph, 1864), 43.
22. Bridgman, *Pioneer*, 97.
23. Edmund Roberts, *Embassy to the Eastern Courts of Cochin-China, Siam, and Muscat* (New York: Harper, 1837), 151.
24. Frederick Wells Williams, *The Life and Letters of Samuel Wells Williams* (New York: Putnam, 1889), 64.
25. Williams, *Life and Letters*, 69.
26. "Diet of the Chinese," *Chinese Repository*, February 1835, 465.

第二章

1. Josiah Quincy, *Memoir of the Life of John Quincy Adams* (Boston: Crosby, Nichols, Lee, 1860), 341.
2. Quincy, *Memoir*, 340.
3. Claude M. Fuess, *The Life of Caleb Cushing*, 2 vols. (Hamden, Conn.: Archon Books, 1965) 1:414.
4. William C. Hunter, *Bits of Old China* (London: K. Paul, Trench, 1885), 38–9.
5. "Mr. F. Webster's Lecture on China," *American Penny Magazine*, November 15, 1845, 645–6.
6. "Mr. Fletcher Webster's Lectures," *Niles' National Register*, November 15, 1845, 170–1.
7. Earl Swisher, *China's Management of the American Barbarians* (New Haven, Conn.: Far Eastern, 1953), 160.
8. Swisher, China's Management, 174.
9. John R. Peters, Jr., *Miscellaneous Remarks upon the Government, History, Religions, Literature, Agriculture, Arts, Trades, Manners, and Customs of the Chinese* (Boston: John F. Trow, 1846), 162.
10. "China," *Wisconsin Herald*, December 11, 1845, 1.
11. "Miscellaneous," *Niles' National Register*, November 1, 1845, 9–10.
12. "Too Good," *Sandusky (OH) Clarion*, May 24, 1845, 2.

13. Mayers, William F., N. B. Dennys, and C. King, *The Treaty Ports of China and Japan* (London: Trübner, 1867), 397.
14. Charles M. Dyce, *Personal Reminiscences of Thirty Years' Residence in the Model Settlement Shanghai* (London: Chapman and Hall, 1906), 95.
15. Arthur Ransome, *The Chinese Puzzle* (London: Allen and Unwin, 1927), 29.
16. Samuel Wells Williams, *The Middle Kingdom*, 2 vols. (New York: Wiley, 1849), 1: xv.
17. Williams, *Middle Kingdom*, 1:3.
18. Williams, *Middle Kingdom*, 2:47–8.
19. Williams, *Middle Kingdom*, 2:50.
20. Frederick Wells Williams, *Life and Letters* (New York: Putnam, 1889), 172.
21. William Dean, *The China Mission* (New York: Sheldon, 1859), 271.
22. Dean, *China Mission*, 7–8.
23. Charles Taylor, *Five Years in China* (New York: Derby and Jackson, 1860), 133–4.

第三章

1. Arthur Waley, *Yuan Mei* (London: Allen and Unwin, 1956), 191.
2. Waley, *Yuan Mei*, 53.
3. Waley, *Yuan Mei*, 52.
4. Waley, *Yuan Mei*, 196.
5. Herbert A. Giles, *A History of Chinese Literature* (New York: F. Ungar, 1967), 410.
6. Giles, *History*, 411.
7. Giles, *History*, 412.
8. Anne Birrell, *Chinese Mythology: An Introduction* (Baltimore: Johns Hopkins University Press, 1993), 49.

9. *Li Chi: Book of Rites,* trans. James Legge, 2 vols. (New Hyde Park, N.Y.: University Books, 1967), 1:369.
10. David, R. Knechtges, "A Literary Feast: Food in Early Chinese Literature," *Journal of the American Oriental Society* 106, no. 1 (January–March 1986): 53.
11. Fung Yu-Lan and Derek Bodde, ed., *A Short History of Chinese Philosophy* (New York: Macmillan, 1948), 289.
12. Birrell, *Chinese Mythology,* 57.
13. Dominique Hoizey and Marie-Joseph Hoizey, *A History of Chinese Medicine* (Edinburgh: Edinburgh University Press, 1993), 28–9.
14. *The Yellow Emperor's Classic of Internal Medicine,* trans. Ilza Veith (Berkeley: University of California Press, 1972), 206.
15. Knechtges, "Literary Feast," 49.
16. H. T. Huang, *Fermentations and Food Science,* vol. 6, pt. 5 of *Science and Civilization in China, ed. Joseph Needham* (Cambridge: Cambridge University Press, 2000), 68.
17. Silvano Serventi and Françoise Sabban, *Pasta: The Story of a Universal Food* (New York: Columbia University Press, 2002), 273–4.
18. Jonathan Spence, "Ch'ing," in *Food in Chinese Culture, ed. K. C. Chang* (New Haven, Conn.: Yale University Press, 1977), 277.
19. John Minford and Joseph Lau, *Classical Chinese Literature* (New York: Columbia University Press, 2000), 223.
20. Buwei Y. Chao, *How to Cook and Eat in Chinese* (New York: John Day, 1945), 35.
21. Michael Freeman, "Sung," in Chang, *Food in Chinese Culture,* 161.
22. John Henry Gray, *China: A History of the Laws, Manners, and Customs of the People* (London: Macmillan, 1878), 64.
23. Gray, *China,* 72.

第四章

1. Samuel Bowles, *Our New West* (Hartford, Conn.: Hartford,1869), 410.
2. Bowles, *New West,* 411.

3. "From California," *Chicago Tribune*, September 28, 1865, 3.
4. Albert D. Richardson, Beyond the Mississippi (Hartford, Conn.: American, 1867), 440.
5. Bowles, *New West*, 412–3.
6. "Restaurant Life in San Francisco," *Overland Monthly*, November 1868, 471.
7. Bayard Taylor, *Eldorado* (New York: Putnam: 1850), 116–7.
8. John Frost, *History of the State of California* (Auburn, N.Y.: Derby and Miller, 1851), 100–101.
9. William Kelly, *An Excursion to California* (London: Chapman and Hall, 1851), 244.
10. William Shaw, *Golden Dreams and Waking Realities* (London: Smith, Elder, 1851), 42.
11. *Notes on California and the Placers* (New York: H. Long,1850), 100.
12. "The Chinese," *Weekly Alta California*, June 18, 1853, 4.
13. Frank Soulé, *The Annals of San Francisco* (San Francisco: Appleton,1855), 378.
14. "Chinese Dinner and Bill of Fare," *Charleston (SC) Mercury*, September 30, 1853, 2 (from the San Francisco Whig, August 16, 1853).
15. Albert H. Smyth, *Bayard Taylor* (Boston: Houghton, Mifflin,1896), 70.
16. Bayard Taylor, *A Visit to India, China, and Japan, in the Year 1853* (New York: Putnam, 1855), 285.
17. Taylor, *Visit*, 353–4.
18. Frederick Whymper, *Travel and Adventure in the Territory of Alaska* (London: J. Murray, 1868), 280.
19. J. D. Borthwick, *Three Years in California* (Edinburgh:W. Blackwood, 1857), 75.
20. Albert S. Evans, Á la California (San Francisco: A. L. Bancroft, 1873), 320.
21. "How Our Chinamen Are Employed," *Overland Monthly*, March 1896, 236.
22. *Auburn Stars and Stripes, 1866* (in Bancroft Scraps, Vol 6), p. 28.
23. "A Dinner with the Chinese," Hutchings' *California Magazine*, May 1857, 513.
24. Noah Brooks, "Restaurant Life in San Francisco," *Overland Monthly*, November 1868, 472.

25. Hubert Howe Bancroft,"Mongolianism in America,"in *The Works of Hubert Howe Bancroft*, vol. 38, Essays and Miscellany (San Francisco: A. L. Bancroft, 1890), 331.
26. Otis Gibson, *The Chinese in America* (Cincinnati: Hitchcock and Walden, 1877), 71–2.
27. George H. Fitch, "A Night in Chinatown," *Cosmopolitan*, February 1887, 349.
28. Josephine Clifford, "Chinatown," *Potter's American Monthly*, May 1880, 353.
29. New York Journal of Commerce, December 14, 1869, clipping, in "Chinese clippings," vols. 6–9 of *Bancroft Scraps*, Bancroft Library, University of California, Berkeley.
30. Clifford, "Chinatown," 354.
31. Ira M. Condit, *The Chinaman as We See Him* (Chicago: F. H. Revell, 1900), 43.
32. Ralph Keeler, "John Chinaman Picturesquely Considered," *Western Monthly*, May 1870, 348.
33. J. W. Ames, "A Day in Chinatown," *Lippincott's*, October 1875, 497–8.
34. "The Old East in the New West," *Overland Monthly*, October 1868, 365.
35. Benjamin F. Taylor, *Between the Gates* (Chicago: S. C. Griggs,1878), 109–10.
36. Will Brooks, "A Fragment of China," *Californian*, July 1882, 7–8.
37. Brooks, "Fragment," 8.
38. "The Chinese in California," *New York Evangelist*, October 21, 1869, 2.
39. "My China Boy," *Harper's Bazaar*, December 1, 1877, 763.
40. "A California Housekeeper on Chinese Servants," *Harper's Bazaar*, May 8, 1880, 290.
41. Ira M. Condit, *English and Chinese Reader with a Dictionary* (New York: American Tract Society, 1882), 41.
42. William Speer, *An Humble Plea* (San Francisco: Office of the Oriental, 1856), 24.
43. Herman Francis Reinhart, *The Golden Frontier* (Austin: University of Texas Press, 1962), 104.
44. Mark Twain, *Roughing It* (New York: Harper, 1913), 110.

45. Charles Nordhoff, *California: for Health, Pleasure, and Residence* (New York: Harper, 1873), 190.
46. "California Culinary Experiences," *Overland Monthly*, June1869, 558.

第五章

1. Edwin H. Trafton, "A Chinese Dinner in New York," *Frank Leslie's Popular Monthly*, February 1884, 183.
2. Trafton, "Chinese Dinner," 183.
3. "Chinese in New-York," *New York Times*, December 26, 1873, 3.
4. "With the Opium Smokers," *New York Times*, March 22, 1880, 2.
5. "The Rush at Castle Garden," *New York Times*, May 15, 1880, 4.
6. "Mott-Street Chinamen Angry," *New York Times*, August 1, 1883, 8.
7. "Mott-Street Chinamen Angry."
8. Wong Ching Foo, "Chinese Cooking," *Brooklyn Eagle*, July 6, 1884, 4.
9. Wong, "Chinese Cooking," 4.
10. Ward McAllister, *Society as I Have Found It* (New York: Cassell, 1890), 305.
11. Allan Forman, "New York's China-Town," *Washington Post*, July 25, 1886, 5.
12. Forman, "New York's China-Town."
13. Wong Ching Foo, "The Chinese in New York," *Cosmopolitan*, June 1888, 297.
14. Wong Ching Foo, "Chinese Cooking," *Boston Globe*, July 19, 1885, 9.
15. Wong, "Chinese in New York," 305.
16. Allan Forman, "Celestial Gotham," *Arena*, April 1893, 623.
17. Li Shu-Fan, *Hong Kong Surgeon* (New York: Dutton, 1964), 211.

18. "The Viceroy Their Guest," *New York Times,* August 30, 1896, 2.
19. "Presents His Letter," *Washington Post,* August 30, 1896, 1.
20. "A Chinese Dinner," *Brooklyn Eagle,* September 22, 1896, 8.
21. "Queer Dishes Served at the Waldorf by Li Hung Chang's Chicken Cook," *New York Journal,* September 6, 1896, 29.
22. Margherita Arlina Hamm, "Some Celestial Dishes," *Good Housekeeping,* May 1895, 200.
23. "Chinatown Full of Visitors," *New York Tribune,* July 30, 1900, 3.
24. "Conversations with a Chorus Girl," *Washington Post,* November 2, 1902, 6.
25. "Chinese Restaurants," *New York Tribune,* February 2, 1901, B6.
26. "Chinese Restaurants."
27. "Chinese Cuisine a Christmas Dinner Oddity," *New York Herald,* December 14, 1902, E12.
28. "Quoe's Guests," *Boston Daily Globe,* March 1, 1891, 4.
29. "The Quest of Bohemia," *Washington Post,* October 23, 1898, 10.
30. "Where Chinamen Trade," *Chicago Tribune,* May 5, 1889, 26.
31. Theodore Dreiser, "The Chinese in St. Louis," *St. Louis Republic,* January 14, 1894, 15.
32. "Where Kansas City's Foreign Population Takes Its Meals," *Kansas City Star,* March 8, 1908, 1.
33. "The Most Original Hostess in San Francisco," *San Francisco Call,* May 10, 1903, 13.
34. "Who Is the Noodle Lady of Chinatown?" *Los Angeles Times,* September 18, 1904, A1.
35. "Credit Men's Year," *Los Angeles Times,* January 19, 1906, 16.
36. *San Francisco Call,* February 6, 1907, 2.
37. "Should Eliminate Chinese," *Washington Post,* June 28, 1909, 2.
38. "Chop Suey Injunction," *New York Times,* June 15, 1904, 7.
39. "Never Heard of Chop Suey in China," *Boston Daily Globe,* October 1, 1905, SM4.

40. Carl Crow, "Shark's Fins and Ancient Eggs," *Harper's*, September 1937, 422–9.
41. "Will the World Go on a Chop Suey Diet?" *Philadelphia Inquirer*, September 15, 1918, 5.
42. Jennifer Lee, *The Fortune* Cookie Chronicles (New York: Twelve, 2008), 49.

第六章

1. William M. Clemens, "Sigel Girl Alive as Leon's Bride?" *Chicago Tribune*, August 15, 1909, 2.
2. Elizabeth Goodnow, *The Market for Souls* (New York: M. Kennerley, 1910), 151. 3."Suey 'Joints' Dens of Vice," *Chicago Tribune*, March 28, 1910, 2.
4. *Lancet Clinic*, March 19, 1910, 305.
5. Marion Harland, "Chop Suey and Some Rice Dishes," *Los Angeles Times*, October 12, 1913, VIII6.
6. Sara Bossé, "Cooking and Serving a Chinese Dinner in America," *Harper's Bazaar*, January 1913, 27.
7. Sinclair Lewis, *Main Street, in Main Street & Babitt* (New York: Library of America, 1992), 87.
8. Lewis, *Main Street*, 88.
9. Lewis, *Main Street*, 107.
10. Lewis, Main Street, 231.
11. Fremont Rider, *Rider's New York City and Vicinity* (New York: Holt, 1916), 24.
12. George Ross, *Tips on Tables* (New York: Covici, Friede, 1934), 226–7.
13. "Chop Suey's New Role," *New York Times*, December 27, 1925, XX2.
14. "Chop Suey Sundae," *Lincoln (NE) Evening News*, July 18, 1904, 6.
15. "Chop Suey and How to Make It," *Alton (IL)Evening Telegraph*, August 26, 1910, 4.
16. Lin Yutang, *My Country and My People* (New York: Reynal and Hitchcock, 1935), 335.

17. Herman Wouk, *Marjorie Morningstar* (Garden City, N.Y.: Doubleday, 1955), 58.
18. Wouk, *Marjorie Morningstar*, 62.
19. Wouk, *Marjorie Morningstar*, 63.
20. Wouk, *Marjorie Morningstar*, 408.
21. Sam Liptzin, *In Spite of Tears* (New York: Amcho, 1946), 219.
22. Liptzin, *In Spite of Tears*, 220.
23. "Events in Society," December 20, 1901, *Hawaiian Gazette*, 6.
24. Albert W. Palmer, *Orientals in American Life* (New York: Friendship Press, 1934), 3.

第七章

1. Frank C. Porter, "Area's 110 Chinese Restaurants Keep Going Despite Low Profits," *Washington Post*, April 27, 1958, C9.
2. Will Elder, "Restaurant!" *Mad 1*, October 1954, 1–6.
3. Craig Claiborne, "Food: Chinese Cuisine, Two New Restaurants That Specialize in Oriental Food Open on East Side," *New York Times*, July 22, 1958, 31.
4. Buwei Y. Chao, *How to Cook and Eat in Chinese* (New York: John Day, 1945), 15.
5. Chao, *How to Cook and Eat in Chinese*, 31. 6."News of Food," *New York Times*, May 10, 1945.
7. Victor Nee and Brett de Bary Nee, *Longtime Californ'* (New York: Pantheon, 1972), 115.
8. Cecilia S. Y. Chiang, *The Mandarin Way* (Boston: Little, Brown, 1974), 265.
9. Craig Claiborne and Virginia Lee, *The Chinese Cookbook* (Philadelphia: Lippincott, 1972), xiii.
10. "Directory to Dining," *New York Times*, December 18, 1964, 38.
11. Richard H. Solomon, *A Revolution Is Not a Dinner Party*, New York, 1975, 53.

12. Memorandum of conversation, July 10, 1971, 12:10 p.m.–6 p.m., National Security Archive, electronic briefing book no. 66, doc. 35, 21.
13. John Holdridge, *Crossing the Divide* (Lanham, Md.: Rowman and Littlefield, 1997), 60.
14. Holdridge, *Crossing the Divide*, 60.
15. Henry Kissinger, *The White House Years* (Boston: Little, Brown, 1979), 783.
16. Holdridge, *Crossing the Divide*, 69.
17. Visit of Richard Nixon, President of the United States, to the People's Republic of China, notes for Mrs. Nixon, February 1972, box 43, Richard Nixon Presidential Library; briefing books, 1969–74, staff member and office files - Susan A. Porter, White House central files, National Archives, College Park, Maryland.
18. Howard Hillman, "Beware of Yankee Chow Mein," *Wall Street Journal*, June 22, 1972, 16.
19. Roy Andries de Groot, "One Great Dish," *Chicago Tribune*, September 11, 1978, D3.
20. B. H. Fussell, "An Oriental Touch in Cedar Grove," *New York Times*, December 17, 1978, NJ 35.
21. Fred Ferretti, "Chinese Dishes, American Style," *New York Times*, April 13, 1986, C1.

參考書目

Anderson, Eugene N. *The Food of China*. New Haven, Conn.: Yale University Press, 1988.

Arkush, R. David, and Leo O. Lee, eds. *Land without Ghosts*. Berkeley: University of California Press, 1989.

Arndt, Alice, ed. *Culinary Biographies*. Houston: Yes Press, 2006.

Avakian, Monique. *Atlas of Asian-American History*. New York: Facts on File, 2002.

Bancroft, Hubert Howe. History of California. Vol. 6. 1848–1859.San Francisco: A. L. Bancroft, 1888.

——. "Mongolianism in America." In *The Works of Hubert Howe Bancroft, vol. 38, Essays and Miscellany*. San Francisco: A. L. Bancroft, 1890, 331.

Barbas, Samantha. " 'I'll Take Chop Suey': Restaurants as Agents of Culinary and Cultural Change." *Journal of Popular Culture* 36, no. 4 (spring 2003): 669–86.

Barth, Gunther. *Bitter Strength*. Cambridge: Harvard University Press, 1964. Beck, Louis J. New York's Chinatown. New York: Bohemia, 1898.

Birrell, Anne. *Chinese Mythology: An Introduction*. Baltimore: Johns Hopkins University Press, 1993.

Bishop, William H. *Old Mexico and Her Lost Provinces*. New York: Harper, 1883.

Borthwick, J. D. *Three Years in California*. Edinburgh: W. Blackwood,

1857.

Bossé, Sara. "Cooking and Serving a Chinese Dinner in America."

Harper's Bazaar, January 1913, 127.

——. "Giving a Chinese Luncheon Party." Harper's Bazaar, March 1913, 135.

——. "Giving a Chinese Tea in America." *Harper's Bazaar,* April 1913, 192.

Bowles, Samuel. *Across the Continent.* Springfield, Mass.: Samuel Bowles, 1865.

——. Our New West. Hartford, Conn.: Hartford, 1869.

Bridgman, Eliza J. Gillett. *The Pioneer of American Missions in China.*

New York: A. D. F. Randolph, 1864.

Brooks, Will. "A Fragment of China." *Californian,* July 1882, 6–14.

Brownstone, David M., and Irene M. Franck. *Facts about American Immigration.* New York: H. W. Wilson, 2001.

Capron, E. S. *History of California.* Boston: John Jewett, 1854.

Carpenter, Frank G. *China.* Garden City, N.Y.: Doubleday, Page, 1925.

Chan, Shiu Wong. *The Chinese Cook Book.* New York: Frederick A.

Stokes, 1917.

Chan, Sou. *The House of Chan Cookbook.* Garden City, N.Y.: Doubleday, 1952.

Chan, Sucheng. *This Bittersweet Soil.* Berkeley: University of California Press, 1986.

——, ed. *Chinese American Transnationalism.* Philadelphia: Temple University Press, 2006.

Chang, Iris. *The Chinese in America.* New York: Viking, 2003. Chang, K. C., ed. Food in Chinese Culture. New Haven, Conn.: YaleUniversity Press, 1977.

Chao, Buwei Y. *How to Cook and Eat in Chinese.* New York: John Day,1945.

Chapman, Mary. "Notes on the Chinese in Boston." *Journal of American Folklore* 5, no. 19 (October–December 1892): 321–4.

Chen, Yong. *Chinese San Francisco, 1850–1943.* Stanford, Calif.: Stanford University Press, 2000.

——. "The Internal Origins of Chinese Emigration to California Reconsidered." *Western Historical Quarterly* 28, no. 4 (winter 1997): 520–46.

Cheng, F. T. *Musings of a Chinese Gourmet.* London: Hutchison, 1954. Chesterfield, Philip Dormer Stanhope. *Lord Chesterfield's Advice to His Son.* Philadelphia: Thomas Dobson, 1786.

Chiang, Cecilia S. Y. *The Mandarin Way*. Boston: Little, Brown, 1974.

Chinatown Handy Guide. San Francisco: Chinese, 1959. Chinese Committee, International Institute, Y.W.C.A., Honolulu.

Chinese Home Cooking. Honolulu: Paradise of the Pacific, 1945.

The Chinese Traveller. London: E. and C. Dilly, 1772.

Ching, Frank. "China: It's the Latest American Thing." *New York Times*, February 16, 1972, 1.

Chinn, Thomas W., ed. *A History of the Chinese in Calfornia:A Syllabus*. San Francisco: Chinese Historical Society of America, 1969.

Chu, Louis H. "The Chinese Restaurants in New York City." Master's thesis, New York University, 1939.

Chung, Henry W. S. *Henry Chung's Hunan Style Chinese Cookbook*. New York: Harmony, 1978.

Claiborne, Craig. *The New York Times Guide to Dining Out in New York*. New York: Atheneum, 1969.

Claiborne, Craig, and Virginia Lee. *The Chinese Cookbook*. Philadelphia: Lippincott, 1972.

Clark, Helen F. "The Chinese of New York, Contrasted with Their Foreign Neighbors." *Century*, November 1896, 104–13.

Clifford, Nicholas R. "A Revolution Is Not a Tea Party: The 'Shanghai Mind(s)' Reconsidered." *Pacific Historical Review* 59, no. 4 (November 1990): 501–26.

Cohen, Lucy M. *Chinese in the Post–Civil War South*. Baton Rouge: Louisiana State University Press, 1984.

Condit, Ira M. *The Chinaman as We See Him*. Chicago: F. H. Revell, 1900.

——. *English and Chinese Reader with a Dictionary*. New York: American Tract Society, 1882.

Conlin, Joseph R. *Bacon, Beans, and Galantines*. Reno: University of Nevada Press, 1986.

Conwell, Russell H. *Why and How: Why the Chinese Emigrate, and the Means They Adopt for the Purpose of Reaching America*. Boston: Lee and Shepard, 1871.

Crawford, Gary, and Chen Shen. "The Origins of Rice Agriculture." *Antiquity* 72, no. 278 (December 1998): 858–67.

Crawford, Gary, A. P. Underhill, J. Zhou, et al. "Late Neolithic Plant Remains from Northern China." *Current Anthropology* 46, no. 2 (April 2005): 309–18.

Crow, Carl. "Shark's Fins and Ancient Eggs." *Harper's*, September 1937, 422–9.

Culin, Stewart. "Customs of the Chinese in America." Journal of American Folklore 3, no. 10 (July–September 1890): 191–200.

Curti, Merle, and John Stalker. "The Flowery Flag Devils'—The American Image in China 1840–1900." *Proceedings of the American Philosophical Society* 96, no. 6 (December 1952): 663–90.

Dall, Caroline. *My First Holiday*. Boston: Roberts, 1881.

Damon, Frank W. "The Chinese at the Sandwich Islands." *Missionary Herald*, December 1885, 518–9.

Danton, G. H. "Chinese Restaurants in America." *China Journal of Science and Arts*, May 1925, 286–9.

Davis, John Francis. *The Chinese*. New York: Harper, 1836.

De Casseres, Benjamin. "All-Night New York in the Dry Season of

1919." *New York Times*, August 17, 1919, 73.

De Groot, Roy Andries. "How to Get a Great Chinese Meal in an American Chinese Restaurant." *Esquire*, August 1972, 130.

Dean, William. *The China Mission*. New York: Sheldon, 1859.

Delfs, Robert A. *The Good Food of Szechwan*. Tokyo: Kodansha, 1974.

Denker, Joel. *The World on a Plate*. Boulder, Colo.: Westview Press,

2003.

Dennys, N. B., ed. *The Treaty Ports of China and Japan*. London: Trübner, 1867.

Densmore, G. B. *The Chinese in California*. San Francisco: Pettit and Russ, 1880.

"Diet of the Chinese." *Chinese Repository*, February 1835, 465.

Dirlik, Arif, ed. *Chinese on the American Frontier*. Lanham, Md.: Rowman and Littlefield, 2001.

Donovan, Holly Richardson, Peter Donovan, and Harvey Mole. *A Guide to the Chinese Food and Restaurants of Taiwan*. Taipei: By the authors, 1977.

Doolittle, Justus. *Social Life of the Chinese*. London: Sampson Low, Son, and Marston, 1868.

Downing, C. Toogood. *The Fan-Qui in China*. London: Henry Colburn,1838.
Downs, Jacques M. *The Golden Ghetto*. Bethlehem, Penn.: Lehigh University Press, 1997.
Dreiser, Theodore. "The Chinese in St. Louis." *St. Louis Republic*, January 14, 1894, 15.
Du Halde, Jean-Baptiste. *The General History of China*. 4 vols. London: J. Watts, 1751.
Dufferin, Lady Helen. *Songs, Poems, and Verses*. London: John Murray, 1894.
Dunlop, Fuchsia. *Shark's Fin and Sichuan Pepper*. New York: Norton,2008.
Dyce, Charles M. *Personal Reminiscences of Thirty Years' Residence in the Model Settlement Shanghai*. London: Chapman and Hall, 1906.
Ellis, George E. *Bacon's Dictionary of Boston*. Boston: Houghton Mifflin, 1886.
Elston, Robert G., X. Cheng, D. B. Madsen, et al. "New Dates for the North China Mesolithic." *Antiquity* 71, no. 274 (December 1997): 985–94.
Evans, Albert S. Á La California. San Francisco: A. L. Bancroft, 1873.
Fairbank, John King. *Trade and Diplomacy on the China Coast*. Cambridge, Mass.: Harvard University Press, 1953.
The "Fan Kwae" at Canton before Treaty Days. London: Kegan Paul, Trench, 1882.
Fanning, Edmund. *Voyages and Discoveries in the South Seas*. Salem, Mass.: Marine Research Society, 1924.
Ferretti, Fred. "Chinese Dishes, American Style." *New York Times*, April 13, 1983, C1.
Fisher, Vardis, and Opal Laurel Holmes. *Gold Rushes and Mining Camps of the Early American West*. Caldwell, N.J.: Caxton, 1968.
Forman, Allan. "Celestial Gotham." *Arena*, April 1893, 623.
———. "New York's China-Town." *Washington Post*, July 25, 1886, 5.
Fortune, Robert. *A Journey to the Tea Countries of China*. London: John Murray, 1852.
Franck, Harry A. *Roving through South China*. New York: Century, 1925.
Frost, John. *History of the State of California*. Auburn, N.Y.: Derby and Miller, 1851.
Fuess, Claude M. *The Life of Caleb Cushing*. 2 vols. Hamden, Conn.: Archon Books, 1965.

Fuller, Sheri G. *Chinese in Minnesota.* St. Paul: Minnesota Historical Society Press, 2004.

Fung Yu-Lan and Derek Bodde, eds. *A Short History of Chinese Philosophy.* New York: Macmillan, 1948.

Garner, W. E. *Reliable Recipes for Making Chinese Dishes.* Long Branch, N.J.: F. M. Taylor, 1914.

Gernet, Jacques. *Daily Life in China on the Eve of the Mongol Invasion1250–1276.* London: Allen and Unwin, 1962.

Gibson, Otis. *The Chinese in America.* Cincinnati: Hitchcock and Walden, 1877.

Giles, Herbert A. *A History of Chinese Literature.* New York: F. Ungar, 1967.

Glick, Clarence E. *Sojourners and Settlers.* Honolulu: Hawaii Chinese History Center, 1980.

Goddard, Francis W. *Called to Cathay.* New York: Baptist Literature Bureau, 1948.

Gong, William K. *Insider's Guide to Gourmet Chinatown.* San Francisco: VCIM, 1970.

Goodnow, Elizabeth. *The Market for Souls.* New York: M. Kennerley,1910.

Graham, Stephen. *New York Nights.* New York: George H. Doran,1927.

Gray, John Henry. *China: A History of the Laws, Manners, and Customs of the People.* London: Macmillan, 1878.

Greene, Charles. "The Restaurants of San Francisco." *Overland Monthly,* December 1892, 561–72.

Greene, Gael. "A Scrutable Guide to New York's Chinese Restaurants."*New York,* April 2, 1979, 43–58.

Gutzlaff, Charles. *China Opened.* 2 vols. London: Smith, Elder, 1838.

Haig, Alexander M., Jr. *Inner Circles.* New York: Warner Books, 1992.

Haldeman, H. R. *The Haldeman Diaries.* New York: Putnam, 1994.

Haller, Henry. *The White House Family Cookbook.* New York:Random House, 1987.

Hamilton, Roy W., ed. *The Art of Rice.* Los Angeles: UCLA Fowler Museum of Cultural History, 2003.

Hamm, Margherita A. "The Anti-foreign Movement in China."*Independent,* July 26, 1900, 1785–8.

Hammond, Jonathan. "Ecological and Cultural Anatomy of Taishan Villages." *Modern Asian Studies* 23, no. 3 (1995): 555–72.

Hansen, Gladys, ed. *The Chinese in California: A Brief Bibliographic History.* Portland, Ore.: Richard Abel, 1970.

Harper, Donald. "Gastronomy in Ancient China." *Parabola* 9, no. 4 (1984): 38–47.

Harrison, Alice A. "Chinese Food and Restaurants." *Overland Monthly*, September 1917, 527–32.

Harte, Bret. *The Heathen Chinee*. Boston: James R. Osgood, 1871.

Hess, John L. "The Best American Food Is Chinese." *New York Times*, August 18, 1974, 206.

Hickey, William. *Memoirs of William Hickey*. 4 vols. New York: Knopf,

1921.

Higman, Charles, and Tracey L-D Lu. "The Origins and Dispersal of Rice Cultivation." *Antiquity* 72, no. 278 (December 1998): 867–78.

Hittel, John S. *The Resources of California*. San Francisco: A. Roman, 1863.

Hoizey, Dominique, and Marie-Joseph Hoizey. *A History of Chinese Medicine*. Edinburgh: Edinburgh University Press, 1993.

Holdridge, John. *Crossing the Divide*. Lanham, Md.: Rowman and Littlefield, 1997.

"Hot Hunan." *Sunset*, October 1976, 88–9.

"How about Sampling the Spicy Food of She-chwan?" *Sunset*, October 1974, 192–5.

Howells, William Dean. *A Hazard of New Fortunes*. New York: Harper,1889.

The How Long Chinese Cook Book. New York: How Long, 1924.

Hu, Shiu-ying. *Food Plants of China*. Hong Kong: Chinese University Press, 2005.

Huang, H. T. *Fermentations and Food Science*. Vol. 6, pt. 5 of *Science and Civilization in China*, ed. Joseph Needham. Cambridge: Cambridge University Presss, 2000.

Hunter, William C. *Bits of Old China*. London: K. Paul, Trench, 1885.

Jenkins, Lawrence Waters. *Bryant Parrott Tilden of Salem, at a Chinese Dinner Party*. Princeton, N.J.: Princeton University Press, 1944.

Johnson, Bryan R. "Let's Eat Chinese Tonight." *American Heritage*, December 1987, 98–107.

Johnson, James Weldon. *Black Manhattan*. New York: Knopf, 1940.

Jones, Idwal. "Cathay on the Coast." *American Mercury*, August 1926,453–60.

Keeler, Charles. *San Francisco and Thereabout.* San Francisco: California Promotion Committee, 1903.

Keeler, Ralph. "John Chinaman Picturesquely Considered." *Western Monthly,* May 1870, 348.

Kelly, William. *An Excursion to California.* London: Chapman and Hall, 1851.

Kilgannon, Corey. "In Search of Chow Mein." *New York Times,* November 23, 1997, CY1.

Kissinger, Henry. *The White House Years.* Boston: Little, Brown,1979.

Klein, Jakob A. "For Eating, It's Guangzhou': Regional Culinary Traditions and Chinese Socialism." In Harry West and Parvathi Raman, eds., *Enduring Socialism: Explorations of Revolution and Transformation, Restoration and Continuation.* New York: Berghahn Books, 2008, 44–76.

Knechtges, David R. "Gradually Entering the Realm of Delight: Food and Drink in Early Medieval China." *Journal of the American Oriental Society* 117, no. 2 (April–June, 1997): 229–39.

—— "A Literary Feast: Food in Early Chinese Literature." *Journal of the American Oriental Society* 106, no. 1 (January–March 1986): 49–63.

Koutsky, Kathryn S., and Linda Koutsky. *Minnesota Eats Out.* St. Paul: Minnesota Historical Society Press, 2003.

Kwong, Peter. *The New Chinatown.* New York: Hill and Wang, 1988. Kwong, Peter, and Dusanka Miscevic. Chinese America. New York: New Press, 2005.

Lapidus, Dorothy Farris. *The Scrutable Feast.* New York: Dodd, Mead, 1977.

Laudan, Rachel. *The Food of Paradise.* Honolulu: University of Hawai'i Press, 1996.

Lay, G. Tradescant. *The Chinese as They Are.* London: William Ball,1841.

Lee, Calvin. *Calvin Lee's Chinese Cooking for American Kitchens.*New York: Putnam, 1958.

——. *Chinatown, U.S.A. Garden City,* N.Y.: Doubleday, 1965. Lee, Jennifer. The Fortune Cookie Chronicles. New York: Twelve, 2008.

Lee, M. P. *Chinese Cookery.* London: Faber and Faber, 1943.

Lee, Ping Quan. *To a President's Taste.* Emmaus, Penn.: Rodale Press,1939.

Lee, Robert G. *Orientals: Asian Americans in Popular Culture.* Philadelphia: Temple University Press, 1999.

Lee, Rose Hum. *The Chinese of the United States of America.* Hong Kong: Hong Kong University Press, 1960.

——. "The Decline of Chinatowns in the United States." *American Journal of Sociology* 54, no. 5 (March 1949): 422–32.

Leping Jiang and Li Liu. "New Evidence for the Origins of Sedentism and Rice Domestication in the Lower Yangzi River, China." *Antiquity* 80, no. 308 (June 2006): 355–61.

Lewis, Sinclair. *Main Street & Babitt*. New York: Library of America,1992), 87.

Li Chi: Book of Rites. Trans. James Legge. 2 vols. New Hyde Park, N.Y.: University Books, 1967.

Li Shu-Fan. *Hong Kong Surgeon*. New York: Dutton, 1964.

Light, Ivan. "From Vice District to Tourist Attraction: The Moral Career of American Chinatowns, 1880–1940." *Pacific Historical Review* 43 (1974): 367–94.

Lim, Genny, ed. *The Chinese American Experience*. San Francisco: Chinese Historical Society of America, 1984.

Lin, Hsian Ju, and Tsuifeng Lin. *Chinese Gastronomy*. New York: Harcourt Brace Jovanovich, 1969.

Liptzin, Sam. *In Spite of Tears*. New York: Amcho, 1946.

Lloyd, B. E. *Lights and Shades of San Francisco*. San Francisco: A. L. Bancroft, 1876.

Lo, Kenneth. *Chinese Food*. London: Hippocrene Books, 1972.

Lobscheid, William. *The Chinese: What They Are, and What They AreDoing*. San Francisco: A. L. Bancroft, 1873.

Lui, Mary Ting Yi. *The Chinatown Trunk Mystery*. Princeton, N.J.: Princeton University Press, 2005.

Luo, Michael. "As All-American as Egg Foo Yong." *New York Times*, September 22, 2004, F1.

MacMillan, Margaret. *Nixon and Mao*. New York: Random House, 2007.

Malcolm, Elizabeth. "The Chinese Repository and Western Literature on China, 1800 to 1850." *Modern Asian Studies* 7, no. 2 (1973):165–78.

McAdoo, William. *Guarding a Great City*. New York: Harper, 1906. McAllister, Ward. Society as I Have Found It. New York: Cassell,1890.

McCawley, James D. *The Eater's Guide to Chinese Characters*. Chicago: University of Chicago Press, 1984.

McGovern, Patrick E., J. Zhang, J. Tang, et al. "Fermented Beverages of Pre- and Proto-historic China." *Proceedings of the National Academy of Sciences* 101, no. 51 (December 21, 2004): 17593–8.

McLeod, Alexander. *Pigtails and Gold Dust.* Caldwell, N.J.: Caxton, 1947.

Mei, June. "Socioeconomic Origins of Emigration, Guangdong to California, 1850–1882." *Modern China* 4, no. 4 (October 1979): 463–501.

Meloney, William B. "Slumming in New York's Chinatown." *Munsey's Magazine*, September 1909, 818–30.

Miller, Hannah. "Identity Takeout: How American Jews Made Chinese Food Their Ethnic Cuisine." *Journal of Popular Culture* 39, no. 3 (June 2006): 430–66.

Miller, Stan, Arline Miller, Rita Rowan, et al. *New York's Chinese Restaurants.* New York: Atheneum, 1977.

Miller, Stuart Creighton. *The Unwelcome Immigrant.* Berkeley: University of California Press, 1969.

Minford, John, and Joseph Lau. *Classical Chinese Literature.*New York: Columbia University Press, 2000.

Morley, Charles, ed. *Portrait of America: Letters of Henry Sienkiewicz.*New York: Columbia University Press, 1959.

Moss, Frank. *The American Metropolis.* 3 vols. New York: Peter Fenelon Collier, 1897.

Nee, Victor, and Brett de Bary Nee. *Longtime Californ'.* New York: Pantheon, 1972.

Newman, Jacqueline M. *Food Culture in China.* Westport, Conn.: Greenwood Press, 2004.

Notes on California and the Placers. New York: H. Long, 1850. Nordhoff, Charles. California: For Health, Pleasure, and Residence.New York: Harper, 1873.

O'Neill, Molly. "The Chop Suey Syndrome: Americanizing the Exotic."

New York Times, July 26, 1989, C1.

Palmer, Albert W. *Orientals in American Life.* New York: Friendship Press, 1934.

Pan, Lynn. *The Encyclopedia of the Chinese Overseas.* Cambridge, Mass.: Harvard University Press, 1999.

——, ed. *Sons of the Yellow Emperor.* Boston: Little, Brown, 1990.

Peabody, A. P. "The Chinese in San Francisco." *American Naturalist,* January 1871, 660–4.

Peters, John R., Jr. *Miscellaneous Remarks upon the Government, History, Religions, Literature, Agriculture, Arts, Trades, Manners, and Customs of the Chinese.* Boston: John F. Trow, 1846.

"Philadelphia Is Getting the Chinese Restaurant Craze." *Philadelphia Inquirer*, November 12, 1899, 3.

Ping-Ti Ho. "The Introduction of American Food Plants to China." *American Anthropologist* 57, no. 2, pt. 1 (April 1955): 191–201.

Pitt, Leonard. "The Beginnings of Nativism in California." *Pacific Historical Review* 30, no. 1 (February 1961): 23–38.

Quincy, Josiah. *Memoir of the Life of John Quincy Adams*. Boston: Crosby, Nichols, Lee, 1860.

Rae, W. F. *Westward by Rail*. New York: D. Appleton, 1871.

Ransome, Arthur. *The Chinese Puzzle*. London: Allen and Unwin,1927.

Rast, Raymond W. "The Cultural Politics of Tourism in San Francisco's Chinatown, 1882–1917." *Pacific Historical Review* 76, no. 1 (2007): 29–60.

Rawls, James J., and Walton Bean. *California: An Interpretative History*. New York: McGraw-Hill, 2002.

Rawski, Evelyn. *The Last Emperors*. Berkeley: University of California Press, 1998.

Reinhart, Herman Francis. *The Golden Frontier*. Austin: University of Texas Press, 1962.

Renqiu Yu. "Chop Suey: From Chinese Food to Chinese American Food." In *Chinese America: History and Perspectives*, 1987.

San Francisco: Chinese Historical Society of America, 1987, 87–100.

Reynolds, I. P. "What Sam of Auburn Avenue Says." *Chicago Daily World*, March 18, 1932, 4.

Rhodes, F. S. "The Chinese in Honolulu." *Overland Monthly and Out West Magazine*, November 1898, 467–75.

Richardson, Albert D. *Beyond the Mississippi*. Hartford, Conn.: American, 1867.

Rider, Fremont. *Rider's New York City and Vicinity*. New York: Holt,1916.

Roberts, Edmund. Embassy to the Eastern Courts of Cochin-China, Siam, and Muscat. New York: Harper, 1837.

Ross, George. *Tips on Tables*. New York: Covici, Friede, 1934.

Ruschenberger, W. S. W. *Narrative of a Voyage Round the World*. 2 vols. Folkestone, England: Dawsons, 1970.

Sakamoto, Nobuko. *The People's Republic of China Cookbook*.New York: Random House, 1977.

Scheffaner, Herman. "The Old Chinese Quarter." *Living Age*, August 10, 1907, 359–66.

"Seitz in Chinatown." *Frank Leslie's Popular Monthly*, May 1893, 612–8.

The Sentinel Jewish Cook Book. 4th ed. Chicago: Sentinel, 1936.

Serventi, Silvano, and Françoise Sabban. *Pasta: The Story of a Universal Food*. New York: Columbia University Press, 2002.

Shaw, Samuel, and Josiah Quincy. *The Journals of Major Samuel Shaw*.Boston: Wm. Crosby and H. Nichols, 1847.

Shaw, William. *Golden Dreams and Waking Realities*. London: Smith, Elder, 1851.

Sia, Mary Li. *Chinese Chopsticks: A Manual of Chinese Cookery and Guide to Peiping Restaurants*. Beijing: Peiping Chronicle, 1935.

Simoons, Frederick J. *Food in China: A Cultural and Historical Inquiry*.

Boca Raton, Fla.: CRC Press, 1991.

Singleton, Esther, ed. *China, as Described by Great Writers*. New York: Dodd, Mead, 1912.

Smith, Richard J. *Chinese Maps*. Hong Kong: Oxford University Press,1996.

Smyth, Albert H. *Bayard Taylor*. Boston: Houghton, Mifflin, 1896.

Solomon, Richard H. *A Revolution Is Not a Dinner Party*. New York:

Anchor Press, 1975.

Soulé, Frank. *The Annals of San Francisco*. San Francisco: D. Appleton,1855.

Spence, Jonathan D. *The Search for Modern China*. New York: Norton,1990.

Spier, Robert F. G. "Food Habits of Nineteenth-century California Chinese." *California Historical Society Quarterly*, March 1958, 79–84.

——. "Food Habits of Nineteenth-century California Chinese (Concluded)." *California Historical Society Quarterly*, June 1958, 129–36.

Spiller, Harley. "Late Night in the Lion's Den: Chinese Restaurant- nightclubs in 1940s San Francisco." *Gastronomica*, 4, no. 4 (fall 2004): 94–101.

Starr, Kevin. *Americans and the California Dream, 1850–1915*. New York: Oxford University Press, 1973.

Strassberg, Richard E., ed. *A Chinese Bestiary*. Berkeley: University of California Press, 2002.

Sung, Betty Lee. *Mountain of Gold*. New York: Macmillan, 1967.

Swisher, Earl. *China's Management of the American Barbarians*. New Haven, Conn.: Far Eastern, 1953.

Takaki, Ronald. *Strangers from a Different Shore*. Boston: Little, Brown, 1989.

Taylor, Bayard. *Eldorado*. New York: Putnam: 1850.

——. *A Visit to India, China, and Japan, in the Year 1853*. New York: Putnam, 1855.

Taylor, Benjamin F. *Between the Gates*. Chicago: S. C. Griggs, 1878. Taylor, Charles. Five Years in China. New York: Derby and Jackson,1860.

Tchen, John Kuo Wei. *New York before Chinatown*. Baltimore: Johns Hopkins University Press, 1999.

Tiffany, Osmond, Jr. *The Canton Chinese*. Boston: James Munroe, 1849.

Tong, Michael. *The Shun Lee Cookbook*. New York: Morrow, 2007.

Trader Vic's Book of Food and Drink. Garden City, N.Y.: Doubleday,1946.

Trewartha, Glenn T. "Field Observations on the Canton Delta of South China." *Economic Geography* 15, no. 1 (January 1939): 1–10.

"The Truth about Chow Mein." *New Yorker*, May 6, 1972, 32–3.

Tuthill, Franklin. *The History of California*. San Francisco:H. H. Bancroft, 1866.

Twain, Mark. *Roughing It*. New York: Harper, 1913.

Volkwein, Ann. *Chinatown New York*. New York: Collins Design,2007.

Waley, Arthur. *Yuan Mei*. London: Allen and Unwin, 1956.

Walker, Anne C. *China Calls*. Lanham, Md.: Madison Books, 1992.

"Walks about the City of Canton." *Chinese Repository*, May 1835, 43.

Whymper, Frederick. *Travel and Adventure in the Territory of Alaska*.London: J. Murray, 1868.

Wilkinson, Endymion. *Chinese History: A Manual*. Cambridge, Mass.: Harvard University Press, 2000.

William Speer. *An Humble Plea*. San Francisco: Office of the Oriental,1856.

Williams, Frederick Wells. *The Life and Letters of Samuel Wells Williams*. New York: Putnam, 1889.

Williams, Samuel Wells. *The Middle Kingdom*. 2 vols. New York: John Wiley, 1849.

Wilson, Richard, ed. *The President's Trip to China*. New York: Bantam Books, 1972.

Wimsatt, Genevieve. *A Griffin in China*. New York: Funk and Wagnalls,1927.

Wines, E. C. *A Peep at China, in Mr. Dunn's Chinese Collection*. Philadelphia: Nathan Dunn, 1839.

Wong Ching Foo. "Chinese Cooking." *Boston Globe*, July 19, 1885, 9.

——. "Chinese Cooking." *Brooklyn Eagle*, July 6, 1884, 4.

——. "The Chinese in New York." *Cosmopolitan*, June 1888, 297.

Wood, W. W. *Sketches of China*. Philadelphia: Carey and Lee, 1830.

Wouk, Herman. *Marjorie Morningstar*. Garden City, N.Y.: Doubleday,1955, 58.

Wright, G. N. *China, in a Series of Views*. London: Fisher, 1848.

Wu Tingfang. *America, through the Spectacles of an Oriental Diplomat*.New York: Frederick A. Stokes, 1914.

Yan-kit So. *Classic Food of China*. London: Macmillan, 1992.

The Yellow Emperor's Classic of Internal Medicine. Trans. Ilza Veith. Berkeley: University of California Press, 1972.

Yuan Jing and Rowen K. Flad. "Pig Domestication in Ancient China." *Antiquity* 76, no. 293 (September 2002): 724–33.

Yutang, Lin. *My Country and My People*. New York: Reynal and Hitchcock, 1935.

Zito, Angela. *Of Body and Brush*. Chicago: University of Chicago Press, 1997.

國家圖書館出版品預行編目(CIP)資料

美國中式料理文化史 / 安德魯.柯伊(Andrew Coe)作 ; 高紫文譯. -- 初版. -- 新北市 : 遠足文化, 2019.11
面； 公分. -- (歷史.跨域)
譯自 : Chop suey : a cultural history of Chinese food in the United States
ISBN 978-986-508-020-4(平裝)

1.飲食風俗 2.文化史 3.美國

538.7852 108011316

遠足文化 讀者回函

歷史・跨域10

雜碎：美國中餐文化史

Chop Suey: A Cultural History of Chinese Food in the United States

作者・安德魯・柯伊（Andrew Coe）｜譯者・高紫文｜責任編輯・龍傑娣｜協力編輯・胡慧如｜校對・楊俶儻｜封面設計・林宜賢｜出版・遠足文化・第二編輯部｜社長・郭重興｜總編輯・龍傑娣｜發行人兼出版總監・曾大福｜發行・遠足文化事業股份有限公司｜電話・02-22181417｜傳真・02-86672166｜客服專線・0800-221-029｜E-Mail・service@bookrep.com.tw｜官方網站・http://www.bookrep.com.tw｜法律顧問・華洋國際專利商標事務所・蘇文生律師｜印刷・崎威彩藝有限公司｜排版・菩薩蠻數位文化有限公司｜初版・2019年11月｜定價・420元｜ISBN・978-986-508-020-4